渠道管理

就这么简单

QUDAOGUANLI

JIUZHEMEJIANDAN

耿鸿武◎著

中国财政经济出版社

图书在版编目（CIP）数据

渠道管理就这么简单／耿鸿武著.—北京：中国财政经济出版社，2015.12

ISBN 978-7-5095-6441-7

Ⅰ.①渠… Ⅱ.①耿… Ⅲ.①购销渠道-销售管理 Ⅳ.①F713.1

中国版本图书馆CIP数据核字（2015）第250648号

责任编辑：蔡　宾　　　　责任校对：杨瑞琦
责任印制：刘春年　　　　版式设计：丁丁图文

中国财政经济出版社出版

URL：http://www.cfeph.cn

E-mail：cfeph@cfeph.cn

社址：北京市海淀区阜成路甲28号　邮政编码：100142

营销中心电话：010-88190406　北京财经书店电话：010-64033436

北京时捷印刷有限公司印刷　各地新华书店经销

787×1092毫米　16开　20.75印张　292 000字

2015年12月第1版　2020年9月北京第6次印刷

定价：42.00元

ISBN 978-7-5095-6441-7/F·5190

（图书出现印装问题，本社负责调换）

本社质量投诉电话：010-88190744

反盗版举报热线：88190492　88190446

前言 PREFACE

现代商业中，渠道之间的对垒成为企业竞争的焦点内容。特别是对于广大生产型企业而言，渠道是否完备、是否强大，直接关乎企业产品的推广及销售，与企业的利润息息相关，甚至还会影响企业品牌和形象的树立。

鉴于渠道工作的重要性与日俱增，越来越多的企业都逐渐抛弃了“放养式”的渠道管理法，而是寻求用更科学的方式开展系统性的渠道管理工作。“渠道经理”这一管理职位应运而生。

放眼国内，由于专业化、系统化的渠道管理知识普及得较晚，各行业缺乏实践的反馈，许多企业渠道管理开展乏力，效率低下。随着“互联网 +”时代的到来，也给渠道的发展提出了更多的可能。这使得广大渠道经理往往陷入困惑，应该如何改进？如何学习和管理呢？若按照传统思维和方法进行渠道管理，已经无法满足现阶段渠道竞争的需求，我们已经进入一个“不换脑子就换人”的渠道管理时代。

渠道经理是企业渠道管理工作的核心，在渠道工作中处于统筹全局的位置。如果渠道经理自己都对渠道管理和渠道未来的发展一知半解，缺乏先进的思想和工具，企业的渠道自然无法强大起来。渠道经理的成长会影响整个企业的生存和发展。

本人自 1993 年从事医药企业管理，服务过国有企业、外资企业、民营企业等，其中不乏大型上市公司，既有医药生产企业的从业经验，也有医药流通企业的从业经验，出任过渠道经理、商务总监、业务总裁等职位，积累了丰富的渠道管理实践经验。这使得我对于渠道有了更深入的了解，对于渠道管理也有了更多的感悟。

十几年前，为了企业渠道经理的快速成长，本人先是在自己所服务的企业，结合理论和实践开始对渠道经理进行培训，后来经朋友引荐开始尝试给其他企业讲课，再后来又受邀于清华、北大、人大等高校的工商管理班培训机构进行渠道管理课程的讲授。

记得那是2010年，由于长期给《医药经济报》、《中国医药报》、《销售与市场》等报刊和杂志写稿，因此分别建立专栏，当时《医药经济报》的编辑范晓燕提出可否以"渠道和流通"为题写一些文章，于是我便产生了将自己总结的渠道管理课程连载的念头，结果一拍即合，在《医药经济报》建立了渠道专栏，每周一期，在一年多的时间里总共发表了50多篇文章，范晓燕编辑还智慧地将此专栏命名为《渠道微积分》。

渠道微积分是十分有创意的名字，我非常喜欢，因为它为我们提供了一个新的研究视角。在随后的几年中，无论在具体的工作中，还是在企业和大学的培训中，在各个层面的行业营销和政策论坛中以及发表的各类文章中，凡涉及到渠道管理的内容，我都将其纳入到渠道微积分的研究范围，工作之余还给上百家企业进行了培训，这个名称渐渐被同行所熟悉，内容、结构、工具、图表等越来越简练、清晰、明了。

2015年初，朋友再次提出应该将连载文章内容整理出版，于是，我开始对连载的文章进行系统的梳理。原本计划仅聚焦医药行业，但是有接受过我培训和看过我书稿的朋友认为，渠道微积分的内容对于各个行业的渠道管理都有很强的指导性，并且管理工具也是实用和通用的。为了能够将这些整理的资料在更大的范围内应用，我接受了这个建议，将此书定位为一个全行业都可以应用的工具书，没有想到这个改变对我提出了很多新的挑战，使得我重新对书稿进行了彻底的修改和调整，但愿我的这个决定没有错。

我写这本书的目的，就是为了给广大从事渠道、商务、营销的经理们提供一本全面、专业，且通俗易懂、易于理解的渠道管理教材。为了增加阅读的生动性，采用了故事做引子，开篇采用“引导＋专业化解说”的表述方式，塑造了“马亮”这一“菜鸟”的渠道经理形象，描述了他从初入渠道管理行当，逐渐成长、成熟和感悟、开悟的过程。通过他与渠道专家“包教授”的学习，展示了渠道微积分的全部内容，让广大读者更容易融入书中的世界。希望这种尝试性的写法能够得到大家的认可和喜欢。

“马亮”可以说是目前很多企业渠道经理的典型代表，通过本书大家可以从“马亮”身上找到很多自己的影子，我也希望大家可以像他那样取得渠道管理的成功。同时，我也希望借用“马亮”从一开始对工作的迷茫，在学习中不断成长、不断成熟的过程，让广大饱受挫折的渠道经理提振信心，相信自己只要肯学习，一定能有所进步、有所成就。本书内容由6章48课构成，涵盖了60个渠道经理必备的管理工具以及60多个常用的参考图表。第1章从全渠道和“互联网＋”的角度讲述了渠道管理的概念、历史、理论形成、演变、热点等内容；第2章至第5章是本书的重点内容，详细介绍了渠道微积分的四大模块——渠道结构、渠道成员、渠道运营和渠道绩效的相关管理知识和工具；第6章立足于渠道经理的成长和发展，讲解了渠道经理的素质能力要求和重点工作技巧的学习。

最值得一提的就是书中的全部内容均来源于我个人及其他行业内人士的宝贵工作实践经验，是我多年研究、学习和工作成果的结晶。经过十余年的打磨和提炼，将专业性的理论通俗化，管理的方法工具化，管理的经验图表化，融入了部分行业的实际案例，用丰富的形式向广大读者展示了渠道微积分的全部内涵。本书绝对是渠道经理不可多得的实战宝典。希望阅读本书的渠道经理们直面挑战，本书将成为你们最忠实的“战友”。

本书在确定书名时，编辑们提出了渠道微积分有些晦涩和难理解，建议将书名改为《渠道管理就这么简单》；细细思考下来，觉得这个名字更贴近实际，更传神，就确定了现在的书名。

这些年，几次启动写作计划又几次放弃，今日终于成稿。感谢家人的支持和鼓励，尤其是老妈的期盼、爱人的鼓励和儿子的羡慕更增强了我写作的决心；同时也感谢鼓励我提笔写书、对书稿提出问题和建议的各位朋友们，没有你们，就没有今天此书的面世。如今，是否采纳了你的意见，你的建议是否正确，已不重要，重要的是有你的那份关爱和关注足矣。恕不一一道谢。

我相信，没有天生完美的渠道经理，但人人都有机会成为最卓越的渠道经理！

2015 年 7 月 10 日凌晨于包头

目录 CONTENTS

Chapter4

细规则：渠道的运营管理 173

Chapter5

求精进：渠道的绩效管理 251

引　子

升职，渠道经理！

星期一，8：55。

“马亮！来一下！”老板当兵多年练就的洪亮声音赫然在办公室回荡。

“是！”马亮回答着，心中还是一震，想：“老板找我干什么?”

一进老板办公室，一种不可名状的、不同于往常的凝重感扑面而来。

“马亮，公司从今天起组建渠道管理部，任命你为部门经理。”老板劈雷见火，开门见山。

“啊?”马亮心里一震，紧张、兴奋。马亮在公司辛苦这么多年，一直盼望着升迁。这不仅仅是个人收入问题，马亮更关心和注重自己的职业未来。

马亮心里乐开了花，可随即想到这个“渠道管理部”并不是自己的所长，谦虚地说：“老板，我做销售轻车熟路，可渠道管理并不是我的专长。”

老板没有理会，继续自己的思路说，“我看好你，工资是之前的两倍，奖金比销售丰厚。团队由你自己来组建。我只有一个要求，用一年的时间打造出一支过硬团队，帮助公司完成战略转移，完成任务指标。有问题吗?”

“没问题。”马亮爽朗答道。

幸运，巧遇包教授。

时间如梭，转眼两周已逝，马亮依然没有思路。虽然已经下班了，他还在冥思苦想。

“马经理，当官当得愁眉苦脸是为何？”马亮的同事调侃说。

“走！喝酒去！”马亮正想释放和轻松一下。

他们一起来到朋友开的饭店。店主也是马亮的好友，几杯酒下肚，马亮诉起苦水，巧的是店主恰好另一在某大学任职的好友熟知这个领域，而且此人恰好也在店里用餐。“踏破铁鞋无觅处，得来全不费工夫。”马亮欣喜万分，在朋友的引荐下，马亮见到了包教授。

包教授 40 岁左右，浓眉大眼，气宇轩昂。

马亮简单自我介绍后直奔主题：“我是公司渠道部经理，遇到了很多困惑，希望您能够指点迷津。请问教授，作为一个初入行者怎样能够最准确、快速的理解‘渠道管理’？”

讨究，初识“渠道管理”。

包教授说道：“数学是帮助我们打开一道崭新的渠道管理大门的钥匙。通过对渠道管理过程的微元分解，然后把实践中的体会、经验和相关学科知识融会贯通、归纳和总结，‘先微后积’，就可以掌握渠道管理的真谛即渠道微积分（SMOP）。”

渠道微积分包括了渠道管理的全部内容，可简称为“SMOP”，即 S（Structure Management，渠道结构管理）、M（Members Management，渠道成员管理）、O（Operation Management，渠道运营管理）、P（Performance Management，渠道绩效管理）；用公式表达为：

$$CM = \int (S + M + O + P) \times P_0$$

特别要说明的，P_0 指的渠道管理人员。

马亮：“……”

1

Chapter

识大局：开启全渠道管理

“物竞天择，适者生存”是自然界永久不变的生存法则。在互联网和移动互联的全线冲击下，中国的传统渠道将面临转型。“渠道为王”无论是对于传统商业模式还是电子商务模式来说，依然是竞争取胜的真理。在这个时代，提前拥抱全渠道管理的企业必将是所在行业未来的主导者。

第1课

从传统的渠道管理走向全渠道时代

本课核心知识要点：

1. 渠道管理的变迁
2. 全渠道管理的概念、路径和内容

马亮："之前我以为，渠道就是企业把货卖给经销商，把钱收回来。但是，经过大量的资料搜集学习之后，我发现渠道远远不只是我理解的那样简单。"

包教授："的确，渠道管理经过了大约近 100 年的变迁，内涵和外延都发生了重大的改变，尤其是现阶段，如果你能够'解放思想、认清本质'，渠道管理并不复杂。"

渠道管理经历三个阶段

在这近 100 年中，从渠道的结构研究到渠道的行为研究，又到渠道的关系研究，以年代为坐标，渠道管理的发展历史大体可以划分为三个阶段。

第一阶段（20 世纪初至 20 世纪 60 年代）

此阶段渠道结构研究的理论初见端倪并快速发展。1916 年欧洲学者韦尔德率先对"渠道效率"展开研究，提出"职能专业化产生经济效益，专业化中间商所从事的营销因而是合理的"等观点。

第二阶段（20 世纪 70 年代至 20 世纪 80 年代）

此阶段营销学者以渠道冲突和权利为研究重点，认为渠道成员间既有合作又有竞争，重点从渠道结构转移到了渠道行为。1969 年斯特恩提出：“依存和承诺是理解渠道中权力关系的关键；成员间认为实现目标受阻碍，将不可避免地发生冲突。”

第三阶段（20 世纪 90 年代至 21 世纪初）

20 世纪 90 年代以后，人们对渠道的认识和管理逐渐深入，研究重点过渡到渠道关系和联盟，认为由于利益之争组织间合作常以失败而告终，渠道战略联盟等关系形式应运而生。

渠道释义

20 世纪 80 年代，渠道管理的概念逐渐在国内被认识和利用。近年来，随着全球经济一体化的进程加快，我国在渠道管理理论应用上逐渐与国际接轨。

由于我国应用渠道管理起步较晚，目前很多企业仍然简单的把渠道管理看作是“商务上的发货和回款”。

现阶段渠道有了全新的定义，它包括产品从生产出来到消失的全过程。如图 1 －1 所示。

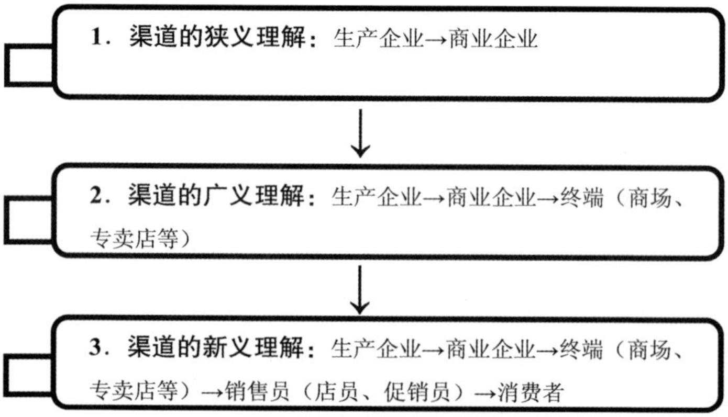

图 1 －1　渠道的概念

渠道的特点包括以下几点：

1. 它是从生产经过各级商业、终端到达消费者的路径；

2. 不同的路径及不同的层级构成相互关联和协调的网络；

3. 渠道中产品所有权的转移是通过产品交易来实现的；

4. 从生产到消费者，其间所有机构和个人都是渠道的成员；

5. 消费者可以是个人，也可以是机构；不同类别产品有不同的渠道模式。

由于产品的特点与消费者需求的差异性，客观上工业产品的分销渠道与消费品的分销渠道略有不同。如图 1 – 2 所示。

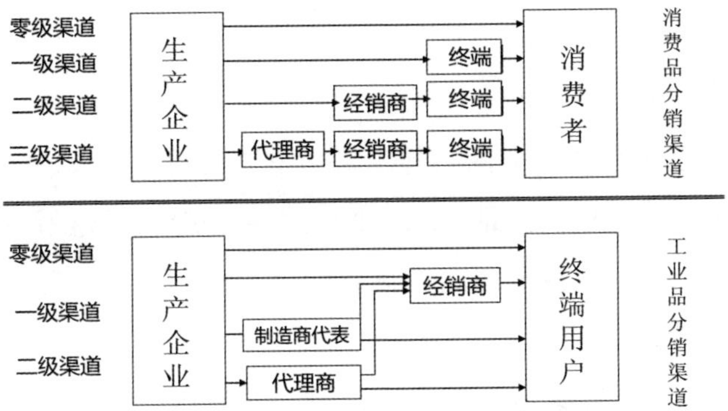

图 1 – 2　消费品和工业品不同的渠道模式

【案例分享：渠道具有行业特性，会因政策的变化而改变】

我国的医药行业伴随着新医改的推进，近年来渠道模式正在发生着巨大的变化。

现阶段医药行业的终端可以划分为等级医疗机构、基层医疗机构和个体诊所、民营医疗机构，各种终端的渠道模式略有不同。

等级医疗机构严格执行国家药品集中采购政策，渠道模式为“生产企业→配送商→医疗机构→消费者（患者）”；基层医疗机构由原有类似于药店和个体诊所的渠道模式转变为等级医疗机构的渠道模式；民营医疗机构延续着市场竞争形成的消费品渠道模式，根据终端、产品等不同的特点选择零级、一级、二级、三级渠道。如图 1 – 3 所示。

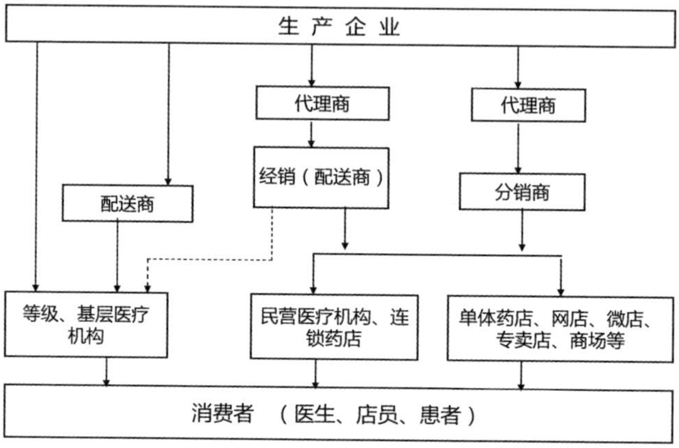

图 1－3 现阶段医药行业的渠道模式

全渠道时代已来临

2000 年，随着电子商务的兴起，新兴渠道展现出强大的生命力，使现有渠道受到了巨大挑战。但是，现有渠道仍有着新兴渠道不可替代的优势和作用。现有渠道和新兴渠道两者彼此融合、相互借力，形成了新的渠道模式——全渠道。

全渠道是指同一个品牌围绕多个渠道，同时提供线上线下的各种产品供给或服务，而且能够融为一体，为同一个品牌的消费者服务。

【案例分享：王府井的全渠道体系】

2014 年 8 月 12 日下午，王府井百货集团召集 200 多家品牌供应商召开了全渠道经营模式创新会议，宣布不再以传统百货的经营模式开店，着重发展购物中心与奥特莱斯业态，并构建线上线下结合的全渠道体系。

王府井百货集团表示，除了现有的实体门店之外，还将构建包括 PC 端官方购物网站、PC 端平台旗舰店、移动端 WAP 商城、微信商城、移动电子工作台、24 小时虚拟货架七大新渠道。通过线上线下的互通互连，为顾客随时随地提供服务。

王府井百货集团要想做好全渠道，仍然面临诸多挑战。比如，必须实现支付体系、库存体系和会员体系的全面打通和对接等。

从王府井百货集团战略转型来看，在全渠道时代如何管理全渠道是所有生产企业都面临的困惑。那么，何谓全渠道管理？

全渠道管理，是指生产厂家为了实现公司分销的目标而对现有的多渠道进行管理，以确保线上线下渠道成员之间、厂家和渠道成员之间能够相互协调、合作的一切活动（如图 1－4）。

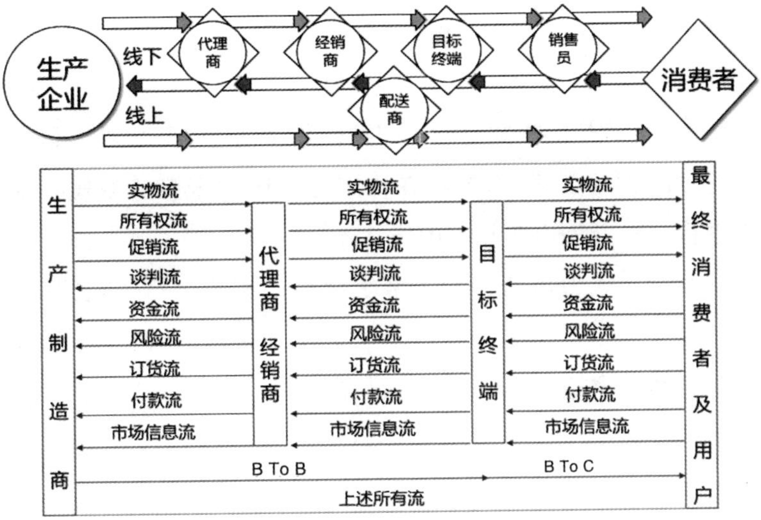

图 1－4　SMOP 工具 1——全渠道管理的路径和内容

全渠道管理包括：产品实体流程管理、所有权流程管理、促销流程管理、谈判流程管理、资金流程管理、风险流程管理、订货流程管理、付款流程管理、市场信息流程管理等。上述流程不会自动协调，必须正确、及时地加以引导，才能保障渠道正常运行。

现阶段全渠道管理的难点不在技术上，而是在理念上。如果没有正确的全渠道管理的理念和对未来渠道变革的深刻认识，就难以未雨绸缪，赢取未来。

【案例分享：七乐康网上药店开拓新兴渠道】

石振洋创建七乐康药房不久，就发现自己错过了药店发展的黄金时期，于是，他决定加速追赶——申请互联网药品交易资质。

在天猫医药馆，七乐康没有将网上药店的主题定位成卖药的，而是致力于搭建一个健康生活的平台，提供 OTC 药品、医疗器械、计生用品、母婴用品、药妆、隐形眼镜、养生保健等商品。

为了摆脱模式单一的缺陷，2013 年，七乐康启动官网。同时，七乐康对组织架构进行了重组，成立四个事业部：天猫事业部、海外事业部、官网事业部、独立事业部。每个事业部独立运营，互不干涉。

由此，七乐康开启了全渠道销售模式。

“七乐康设计理想的模式是‘1 + N’，‘1’是官网，‘N’是指在各个电商平台开设的旗舰店。”石振洋在构想七乐康的全渠道模式时说道，他相信全渠道模式将开创出非凡的市场。

全渠道管理模式为市场营销带来了全新的挑战，只要我们认清局势，顺应趋势，从大局出发，尽快开启全渠道模式，并进行科学有效的管理，就能够在这全新的市场竞争中打一场漂亮仗。

第❷课

供应链构建需打破企业之间界限

本课核心知识要点：

1. 供应链的建立和发展
2. 供应链中企业之间的关系

马亮："听老师讲解了渠道发展的三个阶段，渠道的狭义、广义和新释义，全渠道管理等概念后，发现之前我对渠道与渠道管理的理解只是自我感受，有点狭隘了，看来渠道管理需要随着时代的变迁和营销的需要，与时俱进地变化，只有变化才可以生出精彩。"

包教授："随着互联网，尤其是移动互联网的普及，全渠道管理将成为企业未来的机遇和挑战。"马亮不等包教授开口马上补充。"作为渠道管理者，有这样的理解和感悟，非常好。掌握渠道是企业发展的王道。近些年来，供应链理论是对渠道影响最大的理论之一，在构建企业渠道的时候，尤其需要具有供应链的常识和理念。"

供应链理论

供应链（Supply Chain），是指供应商、制造商、分销商、零售商、最终用户连成的一个整体性功能网链，从采购原辅材料、制成中间产品或者最终产品，经由销售网络把产品送至最终消费者。供应链以核心企业为中心，控制其中的商流、信息流、物流、资金流。

现代供应链理论的建立、发展和完善大体经历了以下三个阶段。

第一阶段：物流管理阶段

在供应链的最初发展阶段，人们把供应链局限在企业内部，认为它只是企业内部的一个物流过程，即企业采购生产发展所需的原材料和零部件，然后对原材料和零部件进行加工生产，形成产品，再通过销售活动将产品售出。在这个阶段，供应链所涉及的内容只是物料的采购、库存、生产和分销。在这一阶段，最终用户和消费者被企业排斥在供应链之外，这时的供应链也只是企业的一条生产链条。

第二阶段：价值增值阶段

到了20世纪90年代，随着市场的发展，最终用户和消费者地位上升，供应链受到企业越来越多的重视，人们对供应链的理解也随着时代的变化而变化，一直以来被排斥的最终用户和消费者被企业纳入了供应链的范围。供应链的概念也突破了原有概念的范围，不再仅仅是企业内部的生产链，而变成了整个产品流动过程，成为一条增值链。

第三阶段：网链阶段

进入21世纪，企业之间关系的网络化使得供应链不再是简单的线性单链，而是一种较为复杂的网链形式。至此，供应链的发展进入到网链发展阶段。

在网链阶段，供应链不再只局限在一家企业的内部，而是打破了企业之间的界限，从全局和整体角度看问题，把重心放在核心企业同供应链其他主体之间的关系，即同供应商、供应商的供应商一切向前的关系和同用户、用户的用户一切向后的关系。

在网链阶段，供应链不单纯是一个管理工具，而是一种企业运营管理的思维和模式、方法和体系。现代的供应链成为不同企业、不同层次、不同功能一体化和专业化的结合（如图1－5）。

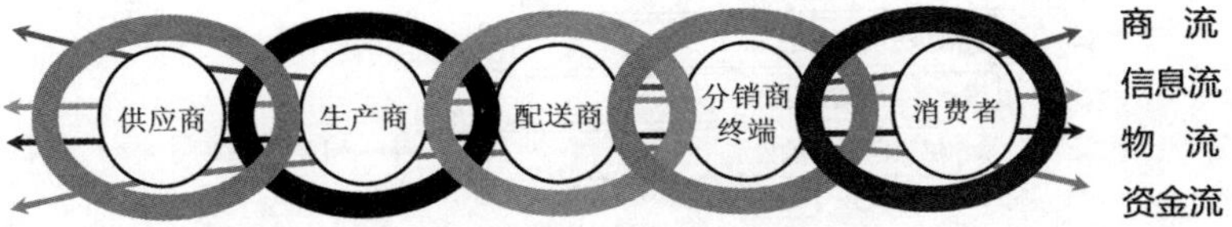

图1－5 供应链结构

如何构建企业供应链

企业要在渠道竞争中获胜、在未来市场中立足，必须投入资源和时间构建强有力的供应链体系。而供应链设计合理与否，直接关系到实际应用中整个渠道系统的流转。

通常情况下，供应链构建应以产品为中心，遵循以下步骤：

首先，分析企业内外部环境。外部环境分析即市场竞争环境分析，中心是确定产品需求因素，并扩展到产品类型及特征、市场竞争者特征等因素。内部环境分析即对企业供应链现状进行分析，并寻找存在的可能影响供应链设计的各种因素。

其次，提出供应链设计项目。根据企业内外部环境分析结果，提出初步的供应链设计理念与思路，并分析该方案是否具备必要性，即能否改善现有的渠道环境。

再次，建立新的供应链。供应链设计项目通过后，就要着手供应链设计的具体方案。明确供应链设计目标，紧扣目标，依照供应链节点构成提出基本框架，并进行可行性分析。之后，一步步完善并确定供应链设计，包括明确供应链成员构成、原材料来源、生产设计、分销任务与能力设计、信息管理系统设计、物流管理系统设计等。

最后，检验供应链。在实践中对供应链的运行状态进行实时监控，及时发现问题并反馈，迅速组织相关人员开展分析，并提出改进方案。之后在实践中对新旧方案进行比较，确定更为优化的供应链系统，形成供应链再设计的良性循环（如图1－6）。

信息化是供应链的基础和保障。

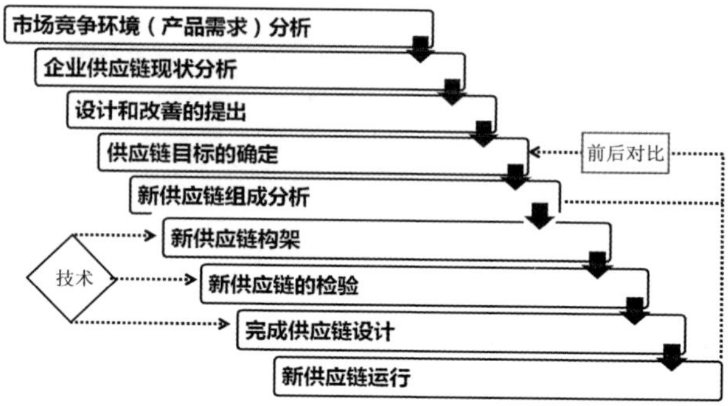

图 1－6　SMOP 工具 2——供应链设计和改善的步骤

【案例分享：戴尔的供应链设计】

作为全球知名的计算机品牌，戴尔在市场中立足，依仗的就是其创始人迈克尔·戴尔的经营理念：依照不同需求，为客户量身定做计算机。而这一革命性业务模式的开展，依托的是戴尔公司完善的供应链体系。

戴尔在全球有 6 座工厂，而且所有的供货商都要在工厂旁建仓库，就近供货，不愿配合的则从供应链中剔除。大幅缩减零部件的运输时间，使戴尔能实行先接单后生产的经营策略，保证客户的订单能在第一时间转换为完整的商品，并快速送达客户手中。

在戴尔开创接单生产的模式以来，从客户下单到出货期间存货周转天数仅为 4 天，订单处理效率提高了 50%，错误率降低了 50%，每座工厂的成品存货基本为 0。这一系列成果，都是戴尔供应链优势的展现。

互联网的普及和电子商务的繁荣，使得传统意义上的经销商功能被逐渐取代，也改变了现有的供应链结构，改变供应链成员间的合作模式。一些有益于供应链运作的代理服务商，将会成为全新要素，加入到供应链设计的流程中来。

供应链中企业之间的关系

在工业革命阶段，企业之间的关系以竞争为主，企业之间界限分明。而进入到现代，全球经济的一体化使得企业之间的合作成为其发展的前提，制造企业需要供应商，流通企业加强了同运输企业的合作。这些都打破了企业各自为政的局面，让企业之间的关系更加密切。

信息社会下，企业之间的关系错综复杂，越来越多的企业在争夺市场份额的激烈竞争中也讲求合作共赢，以取得最大的发展利益。

著名的供应链专家马丁·克里斯多弗说："市场上只有供应链而没有企业。"现代企业之间的竞争也渐渐转为供应链之间的竞争，企业掌握了供应链即掌握了所在行业的制高点。因此，构建一条优化的供应链被众多企业看作是增加自身核心竞争力的砝码。

无论是小米的"C2B 预售 + 电商模式交易渠道扁平化 + 快速供应链响应 + 零库存"，还是海尔的"C2B + DIY 定制 + 扁平化敏捷制造 + 开放供应链"服务平台模式，或者阿里巴巴的社会化平台供应链，这些神话般的企业无一不是构建了一条独特的供应链而促成其在互联网时代下的快速发展。

供应链是一个系统，供应商、制造商、经销商、零售商、最终用户，每一个环节都是供应链系统之下重要的组成部分，都是相互依存密不可分的。

供应链进入网链的发展阶段使得企业之间的关系更加紧密。供应链连接的主体之间不再是单打独斗各自为政，不再是一家企业的生产和销售，受益的也不仅仅是一家企业，而是一个群体。在供应链中，如果生产企业只将眼光着眼在自己身上，单纯提高生产能力不顾其他，那么原材料供应商将无法供应给生产企业所需的原材料，销售商吞吐产品的能力也可能"因噎废食"，供应链就无法实现链上利益的最大化（如图 1－7）。

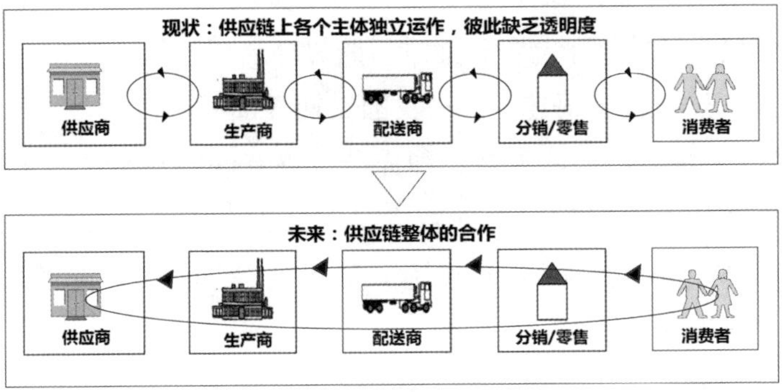

图 1－7　传统供应链与未来供应链运作形式对比

第3课

“互联网+”背景下现代物流蓬勃发展

本课核心知识要点：

1. 现代物流的概念及其产生背景
2. 传统物流与现代物流的区别
3. “互联网+”下的现代物流与电子商务的关系

包教授：“马亮，你知道‘互联网+’吗？”

马亮尴尬一笑，挠挠头说：“两会时总理在工作报告中提到‘互联网+’，一下子全国上下各行各业都在说这个名词，对于其真正的含义，我还真难以说清楚。”

“‘互联网+’与供应链难道也有关系？”马亮灵机一动，反问。

包教授爽朗一笑：“反应还挺快嘛，‘互联网+’就是以互联网平台为基础，利用信息通信技术与各行业进行跨界融合。”

包教授突然放慢了语速：“在我国三期叠加的经济新常态下，‘互联网+’代表了一种新的经济形态，即充分发挥互联网在生产要素配置中的优化和集成作用，将互联网的创新成果深度融合于经济社会各个领域之中，提升实体经济的创新和生产能力，形成更广泛的以互联网为基础和实现工具的经济发展新形态。”

包教授注视着马亮，用手在空中画了一个大大的问号，问道：“你思考过吗？互联网+物流+供应链+渠道管理，会出现怎样的结果？”

马亮若有所思。

“现代物流就是互联网思维与传统的物流和供应链理论结合后创造出的新型经济形态。”包教授右手抬起，标志性地有力一挥。

现代物流是“互联网 +”时代的宠儿

物流是企业供应链中不可缺少的一部分。它指在企业的生产销售活动中，用最低的成本把原材料、半成品、成品或者相关的信息通过运输、保管、配送等的方式，由产地运送到消费地的计划、实施和管理的过程。

物流的概念最早出现在20世纪的美国，最初把实物配送称为物流。今天“物流”一词不仅仅指企业销售中的物流，还指企业生产过程中原材料的采购、物料搬运和厂内物流。物流发展的历史虽然并不是很长，但是人类的物流活动却非常久远，最开始的物资往来运送，都可以划为物流的范畴。物流这一概念，直到20世纪80年代才引入我国。

物流经过将近一个世纪的发展，其范围和形态越来越丰富（如图1－8）。

1.经济全球化

- 经济全球化使得企业的经济活动从全球角度考虑，大型的公司跨出国家界限，在全球范围内进行原材料、零部件的采购和产品的最终销售，这使得传统意义上的物流范围扩大，物流活动随着全球经济化趋势的加强也变得日益全球化。

2.信息技术的发展

- 人类进入到信息技术时代，信息和网络技术无孔不入，广泛而深刻地影响着整个人类社会，网络技术和信息技术也运用到物流行业。而互联网及时而准确地捕捉信息这一特点也为物流的发展提供了便利，使得物流各个网点实现了信息的共享。

3.现代电子商务的出现

- 互联网的出现使得电子商务成为一种新的商业交易方式。在电子商务中，物流是其重要的构成要素。而电子商务的发展也为物流企业提供了更好的运作平台，促使了物流产业的快速发展。

图1－8 现代物流产生的背景

我国在《中华人民共和国国家标准物流术语》（GB）中将物流定义为“物品从供应地向接受地的实体流动中，将运输、储存、装卸、搬运、包装、流通加工、配送、信息处理等功能有机结合，优化管理来满足物主要求的过程”。

现代物流是物流与信息技术的结合，互联网让其插上了翅膀。其特点表现为：①信息化；②自动化；③网络化；④智能化；⑤柔性化；⑥标准化；⑦社会化；⑧共同化。

【案例分享：九州通构建现代医药物流】

现代医药物流，是指依托一定的现代化物流设备、技术和物流信息系统，有效整合营销渠道上下游资源，通过优化药品供销配送环节中的验收、存储、分拣、配送等作业过程，有效提高订单处理能力，降低货物分拣差错，缩短库存及配送时间，减少物流成本，提高服务水平和资金使用效益，实现物流管理和作业的自动化、信息化和效益化。

从 2007 年开始医药行业内就开始践行实施现代医药物流。各大医药公司按照现代物流的标准开始建造现代化的物流中心。

九州通医药集团股份有限公司（简称“九州通”）是一家以西药、中药和医疗器械批发、物流配送、零售连锁以及电子商务为核心业务的股份制企业。2010 年 11 月 2 日在上海证券交易所主板上市，成为首家登陆 A 股市场的民营医药流通企业。

九州通自企业发展初期，就专注于现代物流体系的建设。早在 2001 年，九州通就开始进行现代医药物流流程以及相关物流技术的研究，组建了物流技术研发与物流管理团队。在十年的时间里，九州通自主开发了仓储管理系统（WMS）、设备控制系统、运输管理系统等软件。特别是 2003 年，九州通开发的拥有自主知识产权、适合中国国情的物流管理信息系统 LMIS，通过了国家科技成果鉴定。采用了自动存储、自动分拣设备和功能强大的仓储管理系统（WMS），对进出库商品和配送流程进行管理，从而提高了商品进出库的速度，大大降低了差错率，配送准确率明显提高。

2008 年投入使用的九州通北京医药物流配送中心标志着九州通自主建设现代医药物流能力逐渐成熟。

2014 年 9 月 9 日，九州通医药集团东西湖物流中心一号项目成功上线，标志着九州通集团开始步入商、物流分离的新物流时代。该物流中心是国内最先进的现代医药物流中心，也是全球最大的单体物流中心。

现代物流不同于传统物流

在全球经济化和信息技术化的推动之下形成的现代物流同传统物流有很大的不同。

传统意义上的物流范围较为狭窄，它仅仅指企业产品出厂的包装、运输、装卸、仓储。传统意义上物流活动中的主体之间并没有太大的联系，是各司其职，相互割裂的，这在一定程度上就使得传统物流活动比较繁琐，效率较低，成本比较高。

而现代物流则比较讲究系统化和整体化，从采购原材料开始，到包装、运输、仓储、装卸、加工配送、回收等，它是社会物流和企业物流的结合。

传统物流仅仅是物资在空间上面的移动，是被动服务，采用人工控制。而现代物流不仅是物资的位移，它更加强调物资在移动过程中的增值服务，现代物流也不是传统物流的点到线，而是全球的服务网络化。

现代物流和传统物流最大的区别是：传统物流各个环节是割裂的；而现代物流的各个环节是一个联系紧密的整体。这就在一定程度上提高了物流的运作效率，缩短了整个物流的时间，降低了物流成本（如图 1 -9）。

“互联网 +”现代物流与电子商务

互联网的发展推动了电子商务的兴起和现代物流的发展。“互联网 +”背景之下，现代物流和电子商务紧密地结合在一起。

现代物流是电子商务发展的重要因素，它保证了电子商务中商流的顺

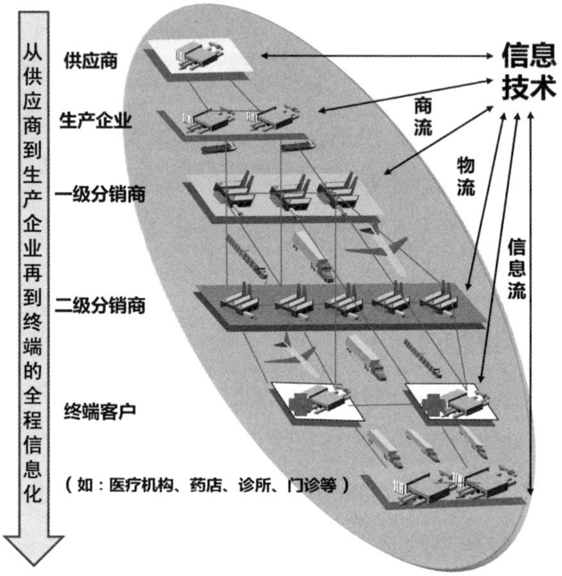

图1－9 互联网时代企业现代物流的特征和流程示意

利进行，使得产品从供应方顺利地转到需求方那里。如果物流不发达，电子商务的发展也将萎靡。

目前，我国的电子商务发展势头比较好。2014 年 11 月 11 日，淘宝的总交易额近 600 亿元，如果没有日益发展的物流产业，淘宝也不可能取得如此大的交易量。

【案例分享：淘宝与第三方快递的双赢发展】

淘宝网诞生于 2003 年，但直到 2008 年，淘宝网才初具火热的发展态势。其中，糟糕的物流现状是淘宝网快速发展最大的制约因素。消费者过去在网上购物，大多需要使用 EMS，第三方快递数量少、网点少、信誉度不高。但 EMS 同样存在速度慢、服务质量差等问题，包裹丢失、损坏事件屡有发生。

另一方面，在当时，第三方快递并不被政府承认，处于法律边缘，而且受 EMS 监管，这种不公平地位严重制约了第三方快递业的发展。许多当时从事快递的人员笑称，那时做快递就像做贼，都是把包裹藏在大衣里。

淘宝网和第三方快递在这种举步维艰的局面中缓慢发展着，最终量变产生了质变，第三方快递质量的提升使得越来越多消费者乐意从网上购物，而淘宝网带来的巨大客户流量拉动了快递业的发展，最终使其成为一个被认可的行业。两者自此走上了令人瞠目结舌的高速发展之路。

现代物流对电子商务的发展有巨大的促进作用；反过来说，互联网之下，电子商务的兴起也在很大程度上促进了现代物流的发展。

电子商务之下，供应链中的相关企业是紧密联系在一起的，实现了信息的共享，这便为现代物流的发展提供了一个良好的平台，使得现在物流更加系统化、信息化、网络化。

互联网背景之下，现代物流突破了传统物流的范围，使得物流的各个环节是一个紧密联系的流通整体。而现代物流的出现和发展更有利于企业之间供应链的优化。

第4课

生态学理念在供应链管理中的运用

本课核心知识要点：

1. 供应链管理与生态学理念异曲同工
2. 生态学理念在供应链管理中的运用

马亮茅塞顿开，在笔记本上记下了现代物流的三个关键词：系统化、信息化、技术化。

“包教授，是否现代物流可以理解为三个核心观点：一是供应链系统的整体优化，强调全程物流、供应链一体化管理、核心业务管理的协调；二是必须有完善的物流信息系统和信息网络做支撑；三是一定要有先进的物流科学技术做保障。”

“完全正确。”

马亮受到了鼓舞，拿出了前次课包教授画的供应链的草图，提出了一个大胆的问题。

“包教授，您画的供应链结构图（如图1－10）让我想起了生物课上的生态链，这两者有没有内在的联系？”

包教授微微一笑：“供应链管理理论和生态学似乎八竿子打不着，但是两者研究的都是整体性和系统性的问题。生态学中的一个重要的工具就是生态链，它为我们解说了系统、种群、群落、个体之间的关系，强调的是适者生存、优胜劣汰、生态平衡。生态化是一种新的企业经营哲学，是一种新的

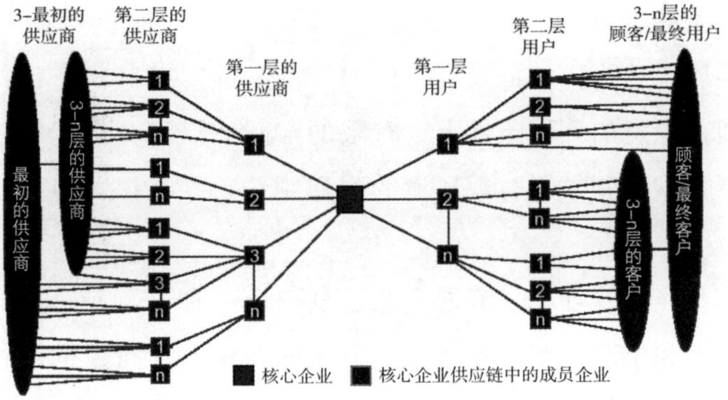

图 1－10　供应链结构图

企业发展方式，是一种新的企业商业模式，是一种新的企业管理范式。”

异曲同工的精妙之处

生态学是从种群、群落、生态系统、生物与环境的关系四大要素出发，阐述了自然界中普遍存在的一般规律，它是一门自然科学，为人们提供了思考问题的思路和方法。

供应链管理主要是对供应链中核心企业、成员企业、供应链结构以及各要素之间关系进行研究，这四个方面与生态学的四大要素相互对应，为我们提供了供应链管理的新视角和研究工具（如图 1－11）。

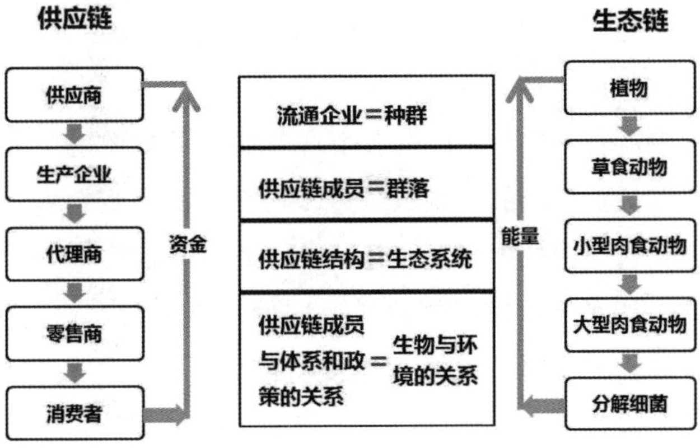

图 1－11　SMOP 工具 3——供应链研究的生态学方法

种群＝流通企业

生态学理念认为，种群具有自然调节的功能，其数量有保持相对稳定的趋势。即在稳定的环境条件下，有限的空间和资源只能承载一定数量的生物。种群数量受到外界客观环境的强烈制约，并在该环境下处于一种稳定的状态。

表现在供应链管理中，流通企业正是一个“种群”。在固定的行业内，只要行业规则和生产效率、方式等没有大的变化，该行业的流通企业的总数是相对固定的。只要外界环境不发生改变，其波动幅度就会很小。

因为流通企业的总数是稳定的，那么如何在现有的规模基础上提高效率就尤为重要了。在生态学中，如果想要一个种群能够繁荣，那么就要发挥集体的力量，将一定数量的同族聚集起来，共同寻求生存之道。如果种群过度分散，即便整个种群的数量很多，也会很容易就被天敌或外在的自然灾害给扑杀殆尽。

而行业内流通企业的“多、小、散”的状况就不符合这种生态理念，过度饱和、同业竞争导致行业整体效率下滑。借鉴美国、日本等发达国家较为成熟的供应链管理经验，高度集中化才是流通企业正确的发展之道。

群落＝供应链成员

生态学理念认为，群落中的物种与其他物种存在着相互依赖和相互制约的关系，食物链居于相邻环节物种的数量互为影响和制约，其比例有保持相对稳定的趋势。物种间的竞争使生物群落的结构改变并稳定，平衡的破坏常可能导致某种生物资源的永久性丧失。

表现在供应链管理中，供应链各个环节的成员就像是一个个“群落”。如果供应链上游负责生产的企业数量过多，而下游负责销售的企业数量较少，久而久之，行业内的生产企业会减少，销售企业就增加。

供应链结构基本是由市场规律所决定的，整个行业内的生产商数量、销售商数量具体如何，哪怕是政府也没有能力左右。但具体到某家企业，运用群落的理念进行供应链整合却是可行的。以平衡的角度去进行供应链结构设计，并科学选择供应链成员，有利于改善企业的供应链整体运作。

生态系统 = 供应链结构

生态学理念认为，能量在生态系统中不停循环流动，既包括环境中的物质循环、生物间的营养传递和生物与环境间的物质交换，也包括生命物质的合成与分解等物质形式的转换。生物进化就是生物与环境交互作用的产物。

供应链不仅是一条流通链，更是一条增值链，其发展历程就是不断向着高效率、高质量进化。而这种不断进化就要建立在供应链的合理结构上，需要供应链成员之间进行更加密切的资源共享和信息沟通。正如生态平衡中的物质循环和能量流动一样，只有合理才能稳定。

目前国内大多数企业的供应链整合，最优先的就是解决供应链成员的利润分配和信息交流问题，这两大要素是整个供应链系统稳定、持续发展的关键。

生物与环境的关系 = 供应链成员与体系和政策的关系

生态学理念认为，生物依存于环境之中，但生物的各类活动又作用于整个环境，导致环境发生变化。无序的破坏性行为会导致整个环境的变化，进而影响生物的存续。

在供应链体系中，供应链成员依附于整个体系中，但成员的活动也会影响整个供应链的结构。在遵循客观规律的前提下对供应链体系进行调整，整个体系就能优化，成员也会获益。相反，仅凭主观感觉或一己私欲去对供应链体系横加干涉，只会使全体成员受到伤害。

生态平衡的供应链关系，就是对维系供应链和谐的内在要素进行分析和调整，正确地改造供应链体系，建立起整个供应链共赢或多赢的良好局面。

【行业资讯：新医改中医疗终端结构数量的变化】

2009 年实施的新医改，引致医药行业终端结构和数量的改变。随着新医改的推进，医疗机构的数量，尤其是基层医疗机构的数量急剧增加，药店、民营医院和诊所的发展方兴未艾。据不完全统计，我国现有县及县以上医疗机构 7 000～8 000 家；农村药品供应网点 55.4 万个，社区卫生服务中心（站）2.6 万个，乡镇卫生院 3.9 万家，零售药店 39.42 万家，正式注册民营医院 1 500 余家，城镇个体诊所 26 万家，乡村个体诊所 72 万家。上述终端构成了医药流通供应链中流通企业的下游，决定和制约着流通企业的结构和数量，同时其相互之间对医疗资源和患者资源的竞争，也决定了不同终端数量的动态变化。

生态学理念可以在供应链管理中落地

运用生态学的理念和方法论，可以实现供应链的和谐发展，促成整个体系的优化，可以从以下四个步骤着手（如图 1－12）。

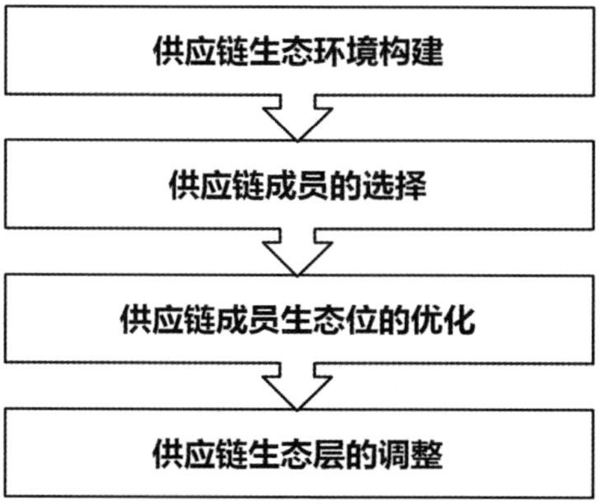

图 1－12　SMOP 工具 4——供应链平衡管理的四个步骤

第一，构建供应链生态环境。

供应链上下游成员应当是合作而非竞争关系，供应链成员之间建立信息交流和共享机制，每个成员都应该了解采购、成本、价格、促销等一系列信息，这样才能形成供应链目标一致这一基础。

要建立合理的供应链价值体系，对成员的激励要秉持公平一致原则，按整体的贡献进行利益划分。

第二，选择供应链的成员。

供应链效率的提升，归根到底需要落实到每位成员，因此供应链成员的选择尤为重要。一是要建立成员准入标准，严格遵循优势互补的原则，各个环节力求专业化；二是供应链成员必须要有团队理念，将追求供应链整体效益作为唯一的宗旨；三是成员要愿意建立长期合作的战略共生关系，愿意分享市场和技术信息，共同承担市场风险等。

第三，优化供应链成员的生态位。

生态位就是成员在供应链体系中的定位，即他们的职责和作用。

优化生态位就是要兼顾到供应链其他成员的利益，做好协调与促进，而不是仅仅关注自己的“一亩三分地”。例如，下游终端客户要维护上游供应成员的权益，而上游的成员则要提供相应的产品、配送、量价等配套服务。

第四，调整供应链的生态层。

供应链生态层一般分为四个，即原材料企业、生产企业、流通企业、终端客户。

生态层的调整需要合理确定每一层级的成员数量，评估其能力。由于不同层级的成员隶属于不同的企业，处于不同的环境中，所以动态的调整是不可或缺的。唯有经过长时间的磨合，才能够形成高效平衡的供应链体系。

生态学理念在供应链管理中的基本运作机制就是相互平衡、相互制约，供应链成员之间会有利益冲突、实力大小、地位高低等具体因素，但是这都是为了有益于整个系统的进化。而唯有借助于整个供应链体系的壮大，才能让不同的利益团体都能从中有所收获。

第5课

金字塔三角模型揭示营销管理规律

本课核心知识要点：

1. 新的经济环境下企业营销面临的困惑
2. 企业营销的阶段性竞争中需要关注哪些关键要点

马亮已经被包教授彻底折服了。

大道至简，生态学这个与渠道管理、供应链看似没有任何关联的学科经包教授的讲解，竟然也相互联系，有其共通之处。

包教授面露微笑："马亮，要记住凡事必须认清实质。"

"生态学讲究和谐。只有和谐才可以做到效率最高，而用管理学的语言可以描述为八讲，"包教授放慢了语速，"讲联系、讲结合、讲均衡、讲沟通、讲协调、讲统筹、讲大局、讲辩证，这就是和谐。"

"太精彩了。如果我早些时候学习这个'八讲'理论，估计目前就不会有这么多营销上的困惑了。"马亮鼓掌道。

企业营销困局

当前中国经济处于三期叠加阶段，各个行业也进入稳增速、调结构的新常态中。企业受政策的影响，销售增速放缓，面对企业发展的压力，出现了一系列的问题（如图1－13）。

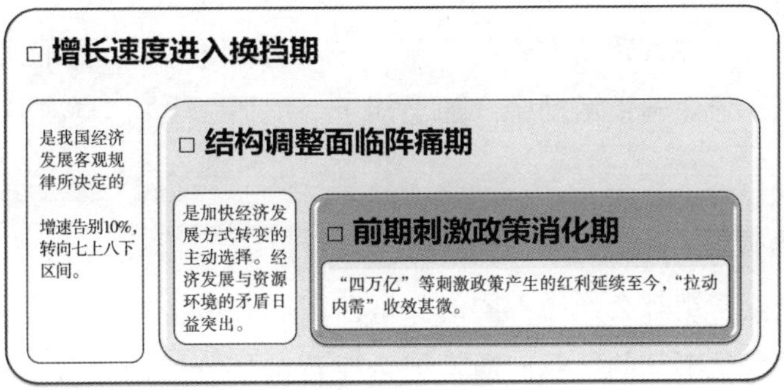

图1-13 中国经济的“三期叠加”新常态

营销，已经成为任何一个行业中都无法回避的问题。无论企业是大是小，想要扩大知名度，想要持续性地盈利，必须依托于智慧和创新的营销活动。

在市场经济发展的初期，哪怕是粗放式的营销活动，也能够顺利将产品推向终端客户，收到良好的销售业绩；然而随着市场经济的逐渐成熟，竞争越来越激烈，尤其是在全球经济一体化、我国现阶段经济增速下行的大势下，更加考验企业的内功。

我们发现，营销方式越来越复杂，成本也越来越高，但让人苦恼的却是这些付出并不总能够换来满意的结果。越来越多的企业在面对市场营销时，产生诸多疑问。

为什么之前效果很好的营销模式仅仅过了一段时间就无效了？

为什么别的企业用的很好的方式我拿来用就效果不佳？

为什么企业营销迟迟无法从高投入低回报转化为低投入高回报？

为什么促销投入越来越多，效果越来越差？

为什么价格战爆发的广度和频度越来越多？

为什么有人说产品为王、渠道为王、策略为王？究竟何谓营销王道？

为什么在日益广泛的政府采购中不能顺利中标？

为什么说营销的实质就是差异化？

……

其实，产生这些疑问和困扰的根源是因为企业没能把握好不同阶段的营销竞争要素，导致营销方式与要素“驴唇不对马嘴”；没能把握好营销的竞争层次，导致营销活动中“眉毛胡子一把抓”。

金字塔三角模型

任何企业营销都会经历不同的发展阶段，在各个阶段，企业所仰仗的主要竞争要素是不同的。我们通常把企业营销划分为四个阶段。从最初的产品竞争和技术竞争，到高一个层级的价格竞争、促销竞争，再到高两个层级的渠道和服务竞争，最后进入企业的综合竞争。在整体的营销过程中，不论是处于哪个阶段，都需要思考三个核心问题：战术、战略、价值（如图 1－14）。

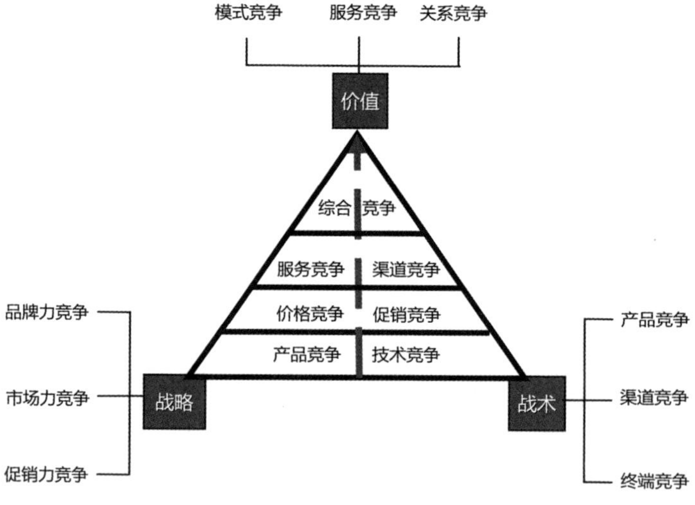

图 1－14　SMOP 工具 5——企业营销的金字塔三角模型

战术是企业营销活动的具体方法，通过销售人员在产品、渠道、终端三个方面有步骤和方法的实施。好的战术如果方向不正确不一定收到好的效果，但不好的战术一定不会收到好的效果。

战略是企业营销的方向、重点和策略。体现在企业品牌的塑造、市场力和促销力的形成、成为决定战术是否成功的保障。

价值是企业营销中的增值要素，体现了企业营销的内在特点和差异性。模式的竞争超过了人的要素，成为此方面第一位的竞争要素；服务成为一个可以无限提升增值的项目，赋予了营销更大的活力；客户关系、企政关系等虽然不决定当前销量，但可以为企业保驾护航，是企业的又一生产力。

金字塔第一层——产品和技术竞争。

第一层次即企业营销经历的第一阶段，这一阶段的发端往往是一个产品或技术的成功上市。上市初期，企业的产品往往没有太多的竞争者或模仿者，仅凭产品特点或是技术优势就足以帮助企业获取一定的市场份额。此阶段的营销不需要很复杂的设计就能够使产品产生销售或者是吸引代理商和分销商进行合作，轻松支撑一家企业及多家代理商以及分销商。

金字塔的第二层——价格和促销竞争。

这一层次即企业营销经历的第二阶段。随着市场中模仿者和追随者的出现，企业要面临越来越多的竞争对手，大量同质化产品出现使市场提前进入饱和期，终端客户也有了更多的选择，仅靠宣传产品和技术本身已经难以从竞争中脱颖而出。

通常情况下，当市场中大量竞争者出现时，企业首先想到的营销手段就是降价促销，通过这种方式获取价格优势，从而赢得终端客户的青睐。这种营销方式虽然简单又俗套，但却是一种行之有效的手段。而且，对于最早涉足产品生产的企业来说，在获取价格优势上更有竞争力，因为这些企业对产品最为了解，技术也最为成熟，因此能够更轻松地在生产上寻求突破、提高效率、降低成本。

实质上，支撑价格与促销竞争的是深层次的技术生产能力。

金字塔的第三层——服务和渠道竞争。

这一层次是企业营销经历的第三阶段，随着竞争者的进一步增加和主要竞争者的不断强大，在价格竞争上也会趋于激烈化，如果一味地采取降价手段，不仅会无限度地压缩企业的利润空间，也会造成恶性的价格竞争，这不利于整个市场的健康、繁荣发展。而且，过于频繁的、大幅度的降价，也会使终端客户对产品失去信心，反而会采取观望政策。

所以，在这一阶段，对于服务和渠道能力的提升就成为竞争的重中之重。在产品价格相差无几的情况下，有许多终端客户更关心产品的质量、购物体验、售后服务等。这些“软性”的竞争要素更容易增加客户粘性，获取回头客。

服务竞争要素包括产品的供应和价格、售后服务、技术支持、客户体验调查反馈等；渠道竞争要素包括代理商的选择、合作模式、物流模式、结算模式的确立等。一切的根本都是为了给终端客户提供更好的体验。

金字塔的第四层——综合竞争。

这一层次即企业竞争的最高阶段。企业已经在市场中占据了重要的地位，但同样需要面对和自己势均力敌的竞争对手的挑战。这时，双方的竞争就不仅限于某一个要素的竞争，而是综合实力的比拼。

综合实力的竞争，不仅体现在硬实力上，软实力也有着重要的作用，企业的有形资产和无形资产都将成为决定成败的关键指标。归根结底，一切有利于企业占据市场有利地位的因素都将成为综合实力的一部分。

认清企业所处的营销阶段，找准当前最有效的竞争要素，用最恰当的方式开展营销。同时，时刻关注市场的总体变化，让企业时刻准备进入新的竞争阶段。这样，企业才能避免营销中的无用功，保证企业营销竞争策略始终能够行之有效。

【策略探讨：招商企业的三重突破】

招商企业在不断的竞争升级中，要把握竞争的本质，从战术、战略和提供价值三个层面寻求突破。

第一，战术层面抓好产品、渠道、终端三个要素。产品是营销的载体，产品竞争是招商企业永恒的主题。在产品的竞争中要从产品的功效、产品定位、目标市场的细分、产品的宣传、产品的展示性广告、产品成本等多方面练就竞争力。渠道竞争在当下变得白热化，尤其对于同质化程度较高的药品，渠道的认可度，往往决定了产品在招标中的命运；渠道的竞争将伴随医药营销的全过程。终端的竞争是企业的内功，是一个缓慢的增长过程，谁在这个过程走的快，谁就将成为市场的生力军。

第二，战略层面抓好品牌力、市场力、促销力三个要素。品牌力是某一产品超越其他同类产品的竞争能力，是其他同类产品不易甚至是无法模仿的能力。品牌力包括品牌的核心力、市场力、忠诚力、辐射力、创新力、生命力、文化力和领导力。一般而言，市场力是指市场成员操纵市场价格偏离完全竞争水平并从中获利的能力，包括卖方市场力和买方市场力。市场力的竞争，是在当下低成本营销中获取最大利益的唯一途径。促销力是招商企业市场活跃度的表现，如果说品牌力和市场力的塑造需要加以时日，而促销力则可以立竿见影。招商企业促销力包括两个部分，即市场方案的影响力和人员的促销能力。

第三，价值层面抓好模式、服务、关系三个要素。招商模式在不同阶段有不同的特征，其提供的是生产企业和代理商的一种盈利模式。市场营销各个环节的把握和利益的划分是模式的价值核心。服务的外延非常广泛，其提供给代理商、终端的是营销以外的价值。关系竞争，专指政府关系，在政府为主导的政策影响下，资格成为企业的第二条生命线。

第 6 课

渠道管理微积分中的 SMOP 规则

本课核心知识要点：

1. 渠道如何进行优化和管理
2. 渠道微积分 SMOP 规则内容详解

“金字塔模型是为营销服务的，它可以帮助企业确定每个阶段的方向和目标，同时指导企业的营销执行，其中渠道竞争正是渠道经理要担当和完成的，”包教授看了一眼马亮，突然问道，“马亮，你还记得我和你讲过的渠道微积分的概念和框架吗？”

图 1－15 SMOP 工具 6——渠道的 SMOP 管理法则

马亮走到白板前，边写边说道：“这可是渠道经理应该掌握的最核心内容和渠道管理（CM）的工具和公式（如图 1－15），包括了四个部分的内容。”

“Very good，”包教授再次对马亮进行了表扬。

听到表扬，马亮心里美美的。

渠道管理需要不断优化

现代企业强调“渠道为王”，独特而高度优化的渠道是企业制胜商场的法宝。对渠道的管理和优化在今天的全渠道时代是非常必要的。

渠道优化是一个动态的调整过程，是从一个 PDCA（Plan－Do－Check－Act）到另一个 PDCA 的无限往复上升的过程。没有一成不变的渠道结构，也没有一成不变的渠道政策，只有动态的调整才会使渠道优化而充满活力。

渠道微积分就是为渠道优化和管理创建的一套管理理论，以帮助现代企业进行渠道的建立、优化和提高（如图 1－16）。

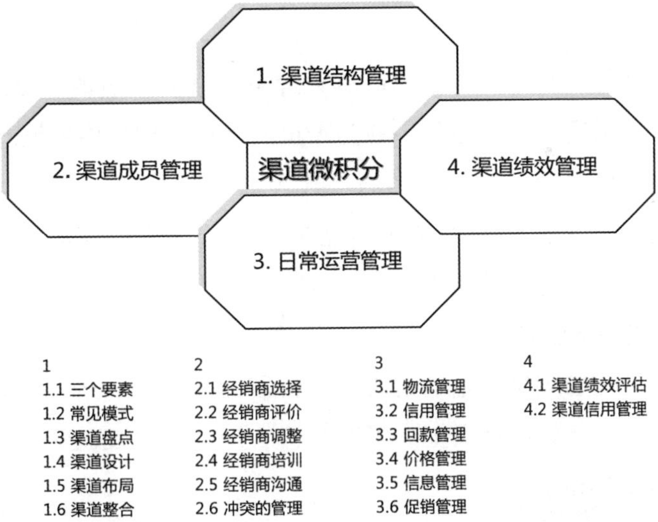

图 1－16　SMOP 工具 7——渠道优化管理模型

渠道微积分：SMOP 规则

S：渠道的结构管理

渠道的结构管理是渠道管理的基础。

渠道的长度、宽度、广度是渠道结构的三个要素。

渠道的长度也就是企业从产品生产到最终消费者经过的层级，渠道的宽度就是渠道中同一层级中相同职能的渠道数量，渠道广度则指的是不同特征的渠道数量。

企业的渠道结构决定了企业的分销效率、成本和分销目标的达成。一个良好的渠道结构总是与企业的营销体系相符合，并符合企业的营销发展战略。

企业渠道结构的设计需要以企业自身的销售模式、产品特点、人力资源等为基础。企业在规划渠道结构之前首先需要对渠道的状况进行盘点；再通过盘点的结果设计出符合企业实际情况的渠道结构；然后再根据设计出来的渠道结构实施渠道布局；最后，企业要进行渠道的整合以使渠道结构趋于稳定。

M：渠道的成员管理

由于企业的渠道本身就是一个供应的链条，因此，企业对渠道成员的管理是渠道优化的重要工作。而成员管理也是商务人员的日常工作，此工作将贯穿于渠道管理的全过程，并为渠道的结构管理提供依据。

在渠道的成员管理中，经销商（代理商）是其中最主要的管理对象，其管理内容主要包括经销商选择、经销商评价、经销商调整、经销商培训、经销商沟通、冲突的管理等。

O：渠道的运营管理

渠道的运营管理主要指的是对渠道机制的规划和管理，它是渠道工作顺利展开并高效运转的润滑剂。渠道运营管理的水平反映了一个企业在渠道管理中的经验和水平。

渠道的运营管理需要以制度、流程为前提，以执行、落实为根本，以有效、通畅为标准。

管理的内容主要包括物流管理、信用管理、价格管理、促销管理、回款管理、信息管理（流程管理）等。

P：渠道的绩效管理

渠道的绩效管理在渠道管理中必不可少。渠道的结构、运营等是否有效需要通过绩效的评价来实现。通过绩效评价企业可以提出渠道管理修正的方案，制订下一步的渠道方案，使企业的经济活动顺利进行。

企业对渠道绩效的考评可分为阶段性评价和总结性评价两种。它分为四步，即：确定评估对象，选择评估内容，应用评估方法，作出相应的分析和调整。

企业只有掌握了上述的SMOP规则，才可以在渠道的优化和管理上得心应手。

【趋势预判：新医改下的渠道转型】

随着医改十二五规划的推进，“减少流通环节、提高行业的集中度”成为影响医药行业渠道战略转型的指南针。传统的渠道模式将随着政策的实施而改变，企业的渠道管理也呈现出新的趋势——结构扁平化。

现阶段的医药销售渠道呈正金字塔结构，通常为厂家——代理商——分销商（配送商）——终端。其中代理商这个环节，随着近年来招商代理制如火如荼的发展，逐渐成为医药渠道中的重要一环，这个环节不仅帮助生产企业完成了产品的销售功能，还承担了为生产企业提供物流票据的处理、资金的回笼等职能。由于缺乏有效监管，此环节也成为导致药价虚高的重要环节。因此新医改实施以来，针对这一环节采取了一系列措施，如：两票制；招标中生产企业投标，厂家委托配送，原则上只委托一次；三控管价格。虽然上述政策对于有效地抑制药价虚高收效甚微（原因不在于此），但是减少流通环节、整顿流通秩序、打击流通环节的倒票洗钱等非法行为已经成为政府政策制订的共识，尤其是新近出台的控制流通加价率；出厂价格和成本价格的调查和备案等政策，意味着医药企业再不能低价开票，这样代理商在渠道中的作用将发生巨大的改变，渠道结构中这一环节也就失去了存在的价值，政策引导渠道的层级将减少，结构扁平化将成为未来医药渠道的战略转型方向。

渠道扁平化不仅是政策的要求，也是市场竞争对企业提出的要求。渠道的多层结构有碍于营销效率的提高，不利于形成产品的价格竞争优势，且流通链条越长，厂家政策不能有效执行，信息的失真造成厂家人员和时间上的巨大浪费；一些先知先觉的企业已经开始进行渠道扁平化的探索，即让渠道的层级尽可能越少越好，让同级的经销商尽可能越多越好；让渠道的管理尽可能下沉到离终端越近越好，甚至个别企业开始尝试企业直接面对终端的零级渠道模式。

（原文载于《医药经济报》2012－5－2，部分删减）

第⑦课

渠道现状评价及管理中的各种误区

本课核心知识要点：

1. 企业渠道的现状评价
2. 渠道管理中的误区有哪些

“包教授，我……”

包教授似乎猜透了马亮的心思，问道：“你是不是觉得 $CM=\int(S+M+O+P)\times P_0$ 与你现在的工作还没有完全对应上，不知道如何结合实际运用?”

马亮点了点头。包教授继续说：“在后面，我们将针对模型的 20 个关键要素逐一分解，到时你就完全明白了。但是你要记住，这有一个前提，就是要树立正确的渠道理念，摒弃渠道管理上的误区。”

“马亮，能说说你们企业渠道的现状吗？我们可以一起讨论一下，来一个解剖‘麻雀’。”

对企业渠道现状评价

渠道经理在进行渠道优化和管理之前，首先必须要对企业的渠道现状有一个清晰的认识。如果渠道经理对渠道现状都没能全面理解，那么管理工作自然会无从下手。

任何一个生产制造企业都必定有渠道，但是这并不代表每一个企业都有渠道战略，都懂渠道管理。有许多渠道经理对本企业的渠道现状一知半解，一谈到具体问题就茫然失措，其根源就在于对企业渠道现状的认识理解严重匮乏。

任何一位渠道经理，都可以从以下十个方向发问，从而对企业渠道管理现状作出一番客观的评价。

1. 企业有没有明确且行之有效的渠道战略？
2. 在企业里，渠道是按照什么逻辑进行管理的？
3. 渠道成员如何进行选择，标准是什么？
4. 如何科学合理地进行渠道的布局？
5. 对于经销商的日常表现，企业是否有严格的目标管理和考核标准？
6. 企业是否尝试过与竞争对手比较渠道服务？
7. 企业的物流和程序与客户的接受体系和程序是否相容？
8. 企业如何看待库存水平？库存是如何进行管理的？
9. 企业是如何处理客户因渠道而产生的抱怨的？
10. 企业是否经常评价企业和商务人员对经销商的服务，并不断改进？

只要渠道经理能清楚地回答以上全部问题，知其然且知其所以然，就说明对企业渠道现状的理解和掌握是比较透彻的。在之后的工作中，不仅要定期回顾这些问题，保证自己能够随时根据现状作答，还需要努力改善渠道现状，争取让以上问题的答案全部变为正面的、积极的。

企业渠道管理误区

渠道代理商和分销商的管理一直以来都是企业渠道管理者的心头之痛，因为长久以来，企业和代理商以及分销商形成了一种各自为政的工作状态，在大多数时候都只为自己的利益考虑，而不是去关心总体利益的提升。

在这种状况下，如果渠道管理者自暴自弃，将所有的不满和痛点都一股脑地向代理商和经销商宣泄，采用“暴政式”或“放养式”的管理手段，只会造成双输的局面。所以，规避渠道管理中常见的认识误区，对于渠道经理提升管理水平和效果至关重要。

误区一：经销商最了解市场。

经销商常年处于销售最前线，看似应当是最了解市场的，但所谓“当局者迷”正是在这种状况下出现的。对于市场状况，不能只靠经销商自行判断，还需要上游企业加以辅助引导。

误区二：经销商是老朋友，不能不讲感情。

企业同经销商建立一种和谐共处的关系，对于整个渠道的良好运作确实有一定作用。但是经销商是朋友，更是商业伙伴，做生意不能只讲感情不讲利益。过于顾及经销商的情感而违背了一些基本原则，对整个渠道都会造成伤害。

误区三：降低经销商供货价格就能增加销量。

有许多渠道经理在看到经销商的销售陷入瓶颈后，不去深入考察分析销售不力的原因，而是直接为经销商降低供货价格，希望经销商能用低价打开市场。这种做法无疑是欠妥的。如果经销商能力不足、策略有误，即便给他们再低的拿货价格，也很难真正转化为销量。

误区四：窜货现象需根治。

窜货是指经销商置经销协议和制造商长期利益于不顾，进行产品跨地区降价销售。窜货是一种常见的经销商行为，其原因和表现也是复杂的。对待窜货现象，应首先区分恶性窜货和良性窜货，对一些蓄意谋划的窜货应对惩罚，而对非本意、无危害的窜货可以容忍或引导。

误区五：鸡蛋不能放到同一个篮子里。

有一些企业认为，货物集中在某一家或几家经销商手中是很危险的，容易发生整体性风险，因此大量引入不同的经销商来分散风险，但这也大大增加了企业的管理成本和难度。其实，鸡蛋可以放在同一个篮子里，关键是我们要看好这个篮子，经销商的选择与管理也是同样的道理。

误区六：市场够大就能轻易做量。

有市场就有量，这是一种常见的错误观点。特别是处于一些供小于求的市场中，企业往往会因此放松了对经销商的管理力度，放松对市场开发的投入力度，结果往往会造成因缓慢行动而使竞争对手趁虚而入，错过占领市场的良机。

误区七：渠道价格必须要统一。

一些上游企业痛恨价格不统一，他们认为不统一的价格扰乱了市场秩序，使得产品的整体销售受到了影响。其实，渠道价格千差万别是一种正常现象，特别是不同区域的渠道、不同级别的渠道，这是市场的自然选择。

误区八：渠道策略不需要定期调整。

渠道策略不是一劳永逸的万能方针，企业在变、市场在变、经销商在变……任何一处变动都需要渠道策略作出相应的调整，这样才能让渠道长期保持高效。渠道策略的调整期要根据行业特征、市场特征以及一些突发状况来确定，但即便是变化较小的领域中，企业的渠道策略也至少需要每年都进行一次调整。

以上误区绝不是渠道管理中的全部，上述误区也许不可能发生在一个人身上，但可以肯定的是，每个人都会或多或少地存在一些这样的误区。无论是对渠道现状的评价也好，对渠道管理误区的规避也罢，都是建立在渠道成员相互关系的基础之上。同时，也是为了进一步理清和优化渠道成员之间的相互关系。

制造商、经销商、零售商是整个渠道价值链条上三个最主要的成员，整个渠道的发展和冲突也总是围绕着三者之间的关系展开的。渠道经理唯有明确了渠道成员在相互协作中的关注重点，才能更加快速准确地掌握企业渠道管理现状并规避一些根本上的错误思想。

本章小结

本章对渠道经理应该掌握的渠道管理的基本概念和理论进行了论述，突出强调了渠道经理应有的大局观，核心要点如下：

1. 渠道管理的变迁经历了三个阶段，通过学习渠道的演变历史快速理解和掌握现阶段渠道的特点，从狭义、广义、新义三个方面把握渠道管理的概念。

2. 现阶段电商和互联网 + 对渠道的影响巨大，全渠道管理应运而生，要掌握基本概念和主要内容，从流程管理的角度掌握产品、所有权、促销、谈判、资金、风险、订货、付款、市场信息“九流”，实现企业全渠道管理。

3. 供应商、制造商、经销商、零售商、消费者等组成了供应链的系统，供应链设计和改善要遵循步骤设计，方可达到目标。

4. 现代物流是近些年产生和发展起来的，了解其背景可以更好地认识和理解现代物流。掌握传统物流和现代物流的区别，明晰现代物流的特征及其对渠道的影响。

5. 生态学理念与供应链管理有异曲同工之妙，可以为供应链管理提供新的思路和工具。用生态的理念解决企业经营管理、发展方式、商业模式、管理范式的问题，从渠道的环境构建、成员的选择、生态位的优化和生态层的调整四个角度进行供应链的管理。

6. 营销的金字塔模型从战略、战术和价值三个层面论述了企业管理的思路，渠道竞争是相比于产品、技术、价格、促销竞争等较高层次的竞争；认清企业所处的销售阶段，找准最有效的竞争要素，用最恰当的方式开展营销。

7. 渠道优化的模型从四个方面为企业提供了渠道管理的工具，即 SMOP 规则。该规则简单、明了，便于记忆，容易操作；通过对 SMOP 概念的掌握，便于对第二至五章节进行进一步学习。

8. 摒弃渠道管理中的常见误区，企业应该在日常经营中学会如何规避这些误区，对渠道的现状进行评价。

2

Chapter

谋策略：渠道的结构管理

中国企业的渠道管理长期以来一直处于经验主义管理的状态，许多渠道经理凭借个人在各个渠道环节打拼的经验进行渠道的评价和设计，难免会出现片面性和局限性。在这种方针的指导下，企业的渠道结构效能基本是“靠天吃饭”，缺乏保障。制定并执行科学的渠道指标和标准，是渠道结构走向合理化的关键所在。

第8课

渠道的三维变量及对应的渠道特征

本课核心知识要点：

1. 渠道结构中的三个变量：长度、宽度、广度
2. 三个变量的渠道特征及立体性结构

经过这个阶段的学习，马亮按照包教授教导的“不拘常例，不违常情，逻辑性思考，系统性分析”的思路，有条不紊地进行着渠道管理部的工作。

老板和同事们也注意到了马亮的变化，不论是在公司的会议上还是私下的交谈中，马亮都表现出之前从未有过的从容和淡定，在工作中遇到问题的时候，马亮还会活学活用将包教授传递的知识和思想讲给大家，粉丝数量呈几何级增长。

思想改变行为，学习改变命运。

为了更好地学习和快速开展工作，马亮购买了菲利普·科特勒的《营销管理》等书籍，在认真阅读的同时把不明白的都记了下来，好在下次见到包教授的时候，能够问清楚。

马亮还把包教授讲的内容和书上学习的内容都整理出来，讲给自己的团队成员们，让他们也可以和自己一样进步。

这是一个阳光明媚的下午，马亮又一次造访包教授。

“渠道构建就像盖房子一样，需要提前设计好，按照图纸进行搭建，

否则长宽高不合比例，既不牢靠，也不美观，”包教授开门见山。

“那设计之前需要重点考虑哪些要素？”马亮问道。

包教授略微停顿了一下，说：“渠道的长度、宽度、广度。”

马亮：“包教授，我在《营销管理》这本书中学习到了这三个概念，渠道的长度即生产商距终端消费者的距离，渠道的宽度即同级经销商数量的多少，渠道的广度即同一级别中不同类型经销商的数量。”

“你能够说说这三个变量的含义和相互联系吗？”包教授进一步深入问道。

“Sure。”马亮答道。

三个渠道变量

渠道是由供应链各环节中相互独立的渠道成员组成，而渠道成员的多少、相互之间的关系以及类别的差异，都会决定渠道的结构。不同的行业，相同行业中的不同企业，都有着不尽相同的渠道结构。

渠道的长度、宽度、广度三个渠道的变量，构造出了不同的形形色色的渠道结构。渠道结构的这三种变量不仅是一个数量概念，也是一个级别概念，渠道中间商的数量多未必代表渠道结构就复杂，反之亦然。

1. 渠道长度

渠道的长度又称层级结构，主要由渠道所包含的渠道中间商的层级数量来定义，通常可以划分为零级渠道、一级渠道、二级渠道、三级渠道和多级渠道等。零级渠道是一种没有任何渠道中间商参与的渠道模式，是一种特殊情况。在零级渠道中，产品或服务直接由生产者提供给终端消费者，一些企业和特殊产品会采用零级渠道，互联网时代，为零级渠道的发展提供了更大的空间。一级渠道中，产品或服务直接由生产者提供给其直属的或是建立合作关系的产品销售终端，如超市、商场、药店、医院等，由这些终端直接销售给消费者。渠道中间不包含任何经销商和代理商，此种结构的销售方式，也被称为终端直销模式。二级渠道中，产品或服务由生产者提供给经销商，再由经销商批发至销售终端。如果产品或服务通过经销商批发给另外的经销商，再由这些经销商将产品和服务输送到销售终端，则称之为三级渠道，其中一级经销商多为代理商，二级经销商多为分销商。如果一个产品或服务需要从三层或以上的经销商再到销售终端，如从省级经销商到市级经销商，再到地县级经销商，或者经过更多层级的经销商到终端，我们通常称为多级渠道（如图 2－1）。

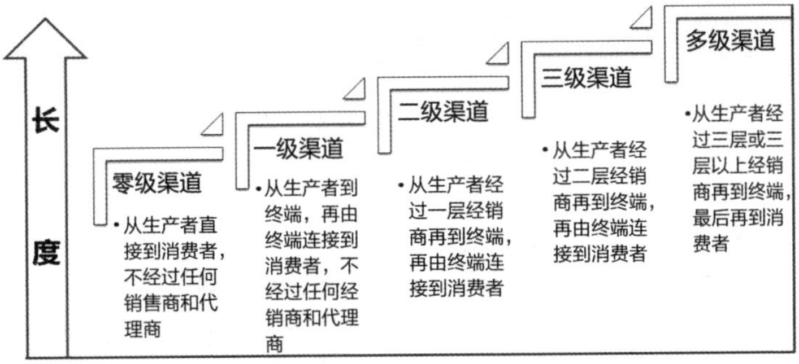

图 2－1　渠道长度及零级、一级、二级、三级、多级渠道特征

2. 渠道宽度

渠道的宽度由同级别的经销商数量的多少决定，数量越多，渠道宽度就越宽。产品特性、市场特征、经营方式、终端特征、渠道政策、分销战略等因素都会影响渠道的宽度选择。

通常，渠道的宽度结构可以大致分为三种类型：集中型渠道、选择型渠道、密集型渠道。

在集中型渠道中，一个层级中只选用唯一一家经销商，表现为区域性的总代理或总经销，多在渠道进入期时使用。集中型渠道易于评估和控制，企业也更容易同经销商展开深入交流、深度合作，同时还避免了经销商之间的对立冲突。但是，由于缺乏竞争，经销商一家独大，也很容易出现经销商销售动力不足，甚至反而制约企业的情况。

在选择型渠道中，同一个层级中会选择少量不同的经销商共同进行渠道分销，多在渠道成长期时使用。选择型渠道是一种较为均衡的渠道，能够同时兼顾市场的覆盖面和企业对经销商的控制力。但在选择型渠道中，也会有一些销售区域重叠的现象出现，企业要对经销商间可能产生的矛盾多加关注。

在密集型渠道中，同一个层级中会尽可能选择较多的经销商进行分销，多在渠道成熟期时使用。密集型渠道将市场覆盖面和经销商之间的竞争进行了最大化，密集程度越高，整个渠道的销售潜力也就越大。但同时，随着密集程度的增加，企业对渠道的控制难度也越高，经销商间更易出现过度竞争、恶性竞争的情况（如表2－1）。

表2－1 渠道宽度的三种类型及其特点

类别	特点	需要考虑问题
集中型渠道	1. 独家代理或经销，规定不得经营竞争品 2. 企业对其控制力强，反之亦然 3. 市场覆盖有限	1. 缺乏竞争 2. 企业对经销商的依赖性较强
选择型渠道	1. 企业对其控制力较强 2. 竞争程度较高 3. 市场覆盖较广	经销商区域重叠的程度
密集型渠道	1. 企业对其控制力较弱 2. 激烈的竞争 3. 市场覆盖广泛 4. 分销越密集，销售的潜力越大	1. 企业对其提供服务的能力有限 2. 经销商间过度竞争

3. 渠道广度

渠道的广度由同一层级经销商类型种类的不同所决定，类型越多，宽度越广。渠道的广度划分只与经销商的类型有关，和经销商的数量无关。

从广度上可以将渠道分为单元化渠道和多元化渠道两种。

单元化渠道即生产企业只选用一种类型的经销商及分销渠道。单元化渠道便于统一管理、统一调整，但是需要考虑到产品和市场特性，通常会有较大的局限性。

多元化渠道即生产企业选用不同类型且相互有竞争性的经销商及分销渠道。多元化渠道有两种形式：第一种是生产企业销售同一品种的产品，采用不同类型的经销商及分销渠道；第二种是生产企业销售不同品种的产品，分别采用不同类型的经销商及分销渠道。多元化渠道增加了企业的统筹难度，但是借助不同类型的经销商更易实现全面的市场渗透。

企业在选用不同类型经销商时，应进行市场细分，尽量实现互补性，最大程度避免恶性竞争的出现（如表2－2）。

表2－2　渠道广度的两种类型及其特点

类别	特点	需要考虑问题
单元化	1. 只选用一种类型的渠道 2. 便于统一管理和调整	1. 新产品上市 2. 产品特性
多元化	1. 同一品牌采用不同类型且互有竞争的分销渠道 2. 两种以上品牌采用不同类型并具有竞争性的分销渠道	1. 进攻各细分市场，实现全面渗透 2. 避免恶性竞争

渠道的三维立体结构

任何一种渠道，均会包含长度、宽度和广度三种变量，整个渠道的三维立体结构也是由长度结构、宽度结构和广度结构共同支撑的（如图2－2）。

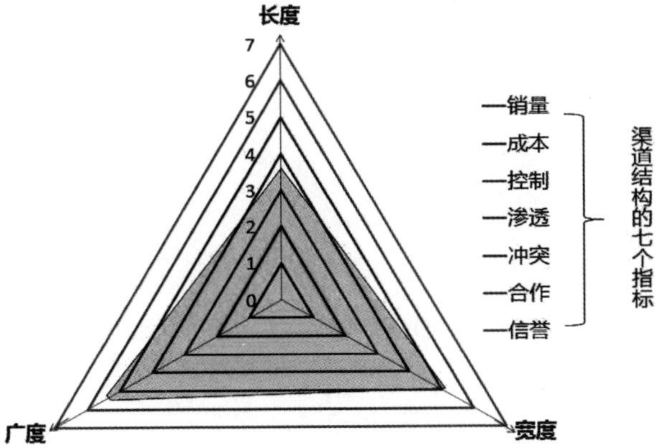

图2－2　SMOP 工具8——渠道三维立体结构

【案例分享：医药企业渠道结构设计】

某外资医药企业主要生产及销售各类处方药，根据处方药的产品特性和市场特点，该企业在每个省选择一家经销商作为一级经销商，省级经销商向各级医疗机构直接供货，药店等终端由省级经销商直接供货和二级分销相结合。

从渠道长度上看，该企业选择了二级渠道和三级渠道相结合；从渠道宽度上看，该企业在医疗市场采用了集中型渠道，由一家经销商布局企业产品，在零售市场采用了密集型渠道，由一级商和多家二级商同时进行布货；从渠道广度上看，该企业采用的是单元化渠道。

由此可见，企业在进行渠道设计或调整时，要将三种变量都纳入考量范围，从是否利于销量的提高、是否利于生产企业的控制、是否利于全部终端的渗透、是否利于避免渠道的冲突、是否利于增加企业信誉等七个标准出发，考量每个变量，对渠道效率进行科学预测和引导，从而打造出合理化、稳固化的渠道三维立体结构。

第9课

渠道结构最优化标准——七个最

本课核心知识要点：

1. 渠道最优化的标准如何理解
2. “七个最”原则在不同渠道的表现

马亮问：“包教授，究竟什么样的渠道结构最好？”

“最适合的最好。”包教授提高了音量，斩钉截铁地答道。

包教授注视着马亮，似乎刻意要让他记住什么，继续说道：“只要你脑子中有这个三维的立体结构，在渠道的设计和调整过程中，你就会在三个维度进行思考并作出决策。渠道结构没有最好，只有更好。”

“从理论上，你可以遵循渠道的最优化标准对企业的渠道进行考量，继而制定出合理、合适的方案。”包教授补充道。

“明白。”马亮响亮地答道。

渠道的最优化标准

渠道归根结底是为销售服务的，渠道无论优劣，都要紧紧围绕销售的最终成效进行评估。根据这一原则，可以将渠道的最优化标准定义如下：保证企业渠道向着“七个最”原则发展，才是企业孜孜以求的理想目标，才是渠道管理的根本目标所在（如图2－3）。

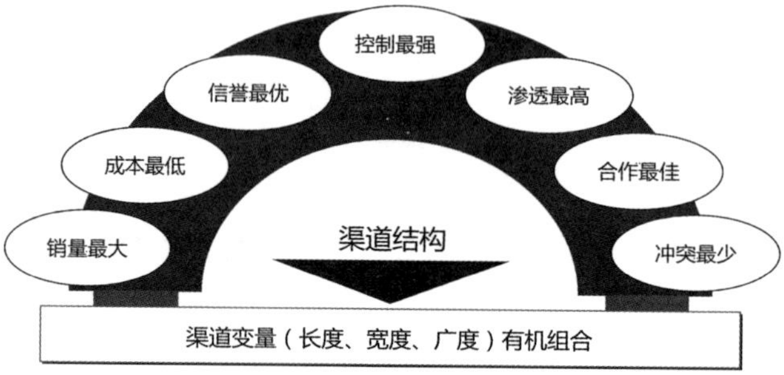

图2－3　SMOP 工具9——渠道的最优化标准（七个最）

1. 销量最大

销量是销售成果最直观的表现，较高的销售量不仅能保证收入和利润，更为关键的是提高了市场占有率，从而占据优势竞争地位。

2. 成本最低

想要增加销售利润，除了增加销售额，就是降低成本。渠道成本的降低不仅使企业能从中获取价格优势，同时也是一种渠道精简和优化的内在推动力。

3. 信誉最优

做销售，物质利益自然很重要，但是信誉这种无形资产同样不可忽视，特别是在当前的渠道竞争同质化环境下，加强渠道的信誉积累是赢取客户忠诚度的关键因素之一。

4. 控制最强

企业始终做到对渠道保有绝对控制力，能够有效抑制渠道中各种不良冲突、恶性竞争的出现。同时，在渠道陷入销售瓶颈时，也能够快速进行大刀阔斧的改革，以实现整个渠道的快速调整优化。

5. 渗透最高

渗透指的是布货率，即企业产品在区域经销商中的占有率。布货率越高，代表渠道的销售潜力越强，覆盖范围越大。较高的布货率不仅能保证产品得到最大范围的销售，同时也能提高产品的市场消化速度。

6. 合作最佳

渠道是一个高度合作化的整体，销售不是某一个渠道成员的工作，要保证销售成果最大化，就要展开深度合作。最佳的合作状态应该是渠道成员为整体利益奋斗，共享数据和成果。

7. 冲突最少

渠道要着重关注整体化利益，但是个体化利益也要得到保障。而有个体化利益就免不了出现成员间的冲突，冲突难以彻底避免，但是需要在最大程度上去抑制和消除。

不同渠道表现不同

不同的渠道类型，在“七个最”上表现不一样。

首先，渠道的长度、宽度和广度对应着不同的渠道特征。以渠道长度为例分析，通常情况下我们还可以将渠道划分为直接渠道和间接渠道。其中零级渠道通常被称为直接渠道，一级及以上的渠道通常被称为间接渠道。通过对直接渠道和间接渠道的特点分析和比较，可以清晰地分析出哪种渠道结构更符合渠道结构最优化原则（如表 2 –3）。

表 2 –3　直接渠道和间接渠道特点对比

渠道类型	特征分析和比较
直接渠道	成本高
	周转较为迅速
	及时获取消费者信息
	仓储运输费用、销售人员费用和管理费用等迅速增加
	网络分散、覆盖面积小、渗透率不高
	要求企业对产品的销售、流通具有很强的控制与管理能力
间接渠道	成本低
	周转次数多，速度较慢
	层次越多，企业的控制以及获取和传递信息就越难
	仓储运输费用、销售人员费用和管理费用较低
	网络密集，覆盖面积广泛
	自身专业性较强

其次，按照上述的比较办法，同样可以分析出宽度结构中的集中型、选择型、密集型渠道和广度结构中的单元化、多元化渠道在“七个最”原则中的具体区别。

如集中型渠道有利于产品声望及形象的提高、渠道控制力强、忠诚度较高、价格稳定、毛利率较高，但是网络覆盖有限和销售潜力小；选择型渠道有较好的渠道形象、中等市场覆盖、适度渠道控制、适度销量与毛利率等，各项均比较均衡；密集型渠道市场覆盖好，渠道接受度高，能够实现薄利多销，但是可控性较差等（如表2－4）。

表2－4 渠道的三维变量与渠道结构最优化原则的关系

决策 / 标准	长度		宽度			广度	
	直接	间接	集中	选择	密集	单元	多元
销量最大		★			★		★
成本最低		★	★			★	
信誉最优	★		★			★	
控制最强	★		★			★	
渗透最高		★			★		★
合作最佳	★		★			★	
冲突最少	★		★		★		

注：★代表渠道结构具备的特性。

最后，单元化渠道便于企业进行整体化管控和调整，便于考核标准、激励政策等方面的统一制定和实施，**但在覆盖面和市场开发方式上比较有局限性；而多元化渠道则具备更加有针对性的市场细分销售能力，但多元化程度越高，渠道管理难度也越大，很难保证足够的控制力。**

根据不同渠道结构的不同特征，我们可以通过上表进行统一对比，评估“七个最”原则在其中的具体表现。企业可以参照表2－4中各种渠道结构的特点，结合企业的实际情况，进行渠道的有效规划。在渠道的不同生命周期，采用不同的渠道结构与渠道的需求相适应，合理、有效、有机地按照“七个最”原则去改善渠道状况，规划和构建出良好的、为营销服务的渠道结构。

【案例分享：功能性运动饮料生产商的渠道优化改革】

某功能性运动饮料新锐厂家经过数年研发，开发出了一款极具市场潜力的运动饮料。在选择渠道成员时，鉴于本企业无成熟的销售网络，渠道管理经验严重匮乏，且流动资金紧张。为加强对渠道的掌握和管控，节约渠道成本，该企业选择了招商代理的销售模式，其渠道结构组合采取了“一级间接渠道 + 集中型渠道 + 单元化渠道”的组合方式，厂家直供和经销商分销相结合。

该渠道模式组合大大节约了该企业的营销成本，而且在协调合作上也非常灵活。但是随着该运动饮料在市场中逐渐打响名气，销量却没能相应地快速增长，企业盈利陷入困境。在此状况下，企业加大了对渠道的投入力度，与数家有实力的大批发商展开合作，与商超、餐饮、旅游、集团消费分别进行了经销商合作，并增加了终端网点的选择范围，采取了“二级间接渠道 + 选择型渠道 + 多元化渠道”的组合方式。

在新的渠道组合模式下，布货率和市场销售能力大幅强化，该运动饮料也迎来了市场销售的黄金期。

该饮料厂家虽然没有极强的渠道管理能力和丰富的渠道管理经验，但由于做到了对现状的精准分析判断，并做到了根据现实需求进行渠道结构组合的设计和调整，因此也实现了较好的渠道管理效果，在市场中站稳了脚跟。

“七个最”原则很难同时得到最优化实现，而是需要企业把握阶段性重点。不同的产品、市场、企业实力，不同的周期、需求等，都要作出与之相适应的选择和取舍，这样才能实现阶段性渠道最优化。

第10课

渠道盘点在渠道管理现实中的应用

本课核心知识要点：

1. 企业进行渠道盘点的意义
2. 渠道盘点最佳时机
3. 渠道盘点的五步法及其应用

“我以前对渠道的优化只有一个概念，经包教授如此点拨，我找到了具体的实现路径，也明确了努力的方向。”马亮恍然大悟道。

包教授说道：“以前我接触过许多像你一样的渠道经理，大多都是在凭借个人认知和经验进行渠道管理，缺乏一套科学的标准和工具，这样在工作中，难免会出现漏洞，走偏方向。而将这些抽象的概念具体化为工具、图表和模型，便于销售团队的学习和应用。”

马亮点点头，说：“听了您的课，如拨云见日，脑中对渠道的认识越来越清晰了。我在想如何让我的团队成员和公司的每一个与渠道有关的销售人员都可以掌握这些学习的内容？”

“这一点非常简单，针对于每一个工具，制定出企业实施的SOP，做到‘有措施、有检查、有激励’，这样就可以立竿见影。”包教授答道。

“像我们这样刚刚建立渠道管理部，开始进行专业化的渠道管理的企业，从哪里起步最好呢？”马亮点了点头问。

包教授答道：“渠道盘点。”

“渠道盘点?!”马亮从没有听过这个词，顿生无数疑惑，“库房需要盘点，物品需要盘点，渠道怎么也要盘点？何谓渠道盘点？为何要盘点？怎么进行盘点?”

包教授故意卖了个关子，避而不答马亮的问题，一下转到了“互联网+”。

“今年比较流行 F2C，即从工厂到顾客，很多人认为 F2C 就是减掉中间环节，节省渠道成本，其实严格来说，F2C 是优化中间环节、提高流通效率。与之相匹配的还有一个概念叫‘FFC’，即从工厂到粉丝再到顾客，我以为 FFC 比 F2C 更接地气，因为进入移动互联网时代后，人成为了真正意义上的渠道，这也是为什么微商在今天如此盛行的原因。”包教授说着，马亮有点一头雾水。

“人成为真正意义的渠道?”马亮不自觉地重复着包教授的话。

“人成为渠道的前提是口碑和价值观认同带来的信任感，能完美承担起这个角色的只有粉丝、铁粉了。”包教授稍稍顿了一下，“得出这样的结论，首先需要的就是对渠道现状的盘点。”

何谓渠道盘点?

想要实现卓有成效的渠道管理，了解当前的渠道状态和特征至关重要。而对渠道信息的研究掌握，最基础的工作就是做好渠道盘点。

渠道盘点就是对产品在指定区域范围内（全国或某一个特定区域）核心渠道商的销售业绩、产品销售结构、客户结构、销售方式、销售队伍、组织分布、发展定位进行全面细致的调查统计，从而描绘出产品在该区域的渠道地图，进而提出修正方案。在渠道盘点中，制定区域范围是一个很重要的前提。由于不同区域的市场差异化过大，很难对不同区域的核心渠道商按照同样的标准进行盘点。比如，分别处于一线、二线和三线城市的核心渠道商，其销售业绩就要采用不同标准，三线城市的渠道商业绩很难赶超一线城市。

所以，渠道盘点应当建立在市场细分的基础上。企业可以通过历史数据和行业数据，评估预测出目标区域的市场容量，然后以此划分不同的区域级别，制定不同的渠道盘点标准。

何时渠道盘点?

全面细化的渠道盘点很难高频度地进行，这会打乱正常的渠道运作，而过于大量的渠道盘点信息也会给评估决策带来困难和干扰。

所以，进行渠道盘点，应当事前设定一个合理的盘点周期和应急机制，确定企业应当在何种情况下进行渠道盘点。通常在以下三种情况下企业需要进行渠道盘点：

一是企业在制定新的渠道发展政策或加强渠道管理时需要进行盘点，用以全方位量化、分析、了解现有渠道和新选择渠道的销售能力、竞争现状、覆盖情况。

二是企业在进入一个新的区域或一个新的细分市场时需要进行盘点，用以掌握新市场的流通渠道的具体脉络，为选择新渠道提供有效指导。

三是在对企业自身渠道健康状态进行重新检查或者希望对未来问题提前预警时需要进行盘点，用以帮助企业对渠道目前的健康状态以及风险程度进行分析。

【案例分享：茅台酒厂的渠道销售困局】

2013 年以来，市场中的白酒销售状况急转直下，特别是一些知名的高档酒，明显陷入供大于求的市场状态。

2013 年底，茅台集团对部分低价甩货的经销商做出了处罚，还主动淘汰了一些未能完成 50% 销售任务的茅台经销商。这让许多经销商陷入两难境地，卖也不是，不卖也不是。

在过去，白酒行业以追求高库存，因为白酒价格年年涨，高库存使得白酒年年升值。但由于各方面原因，高档酒突然卖不动了，一些以前大量囤货的茅台经销商由于急于用钱便开始大量抛货，使得茅台酒市场售价直接下跌一半以上。

在此前，茅台集团一直耗费心机地向渠道大量压货，如今大环境危机爆发，茅台集团不仅没有指导经销商走出困境，反而采取强势态度管理渠道，此举让许多渠道经销商感到心寒。

长久以来的销售“盛世”让茅台集团对渠道的管控和调整过于疏忽，由于缺乏定期到位的渠道盘点，渠道中库存大量积压的问题未能得到足够重视。在突发状况的冲击下，整个渠道均陷入了销售瘫痪状态。而这种情况下，茅台没有进行渠道引导和调整，反而采取高压政策，这很难使其在短期内走出困境。

由此可见，即便是大型企业，如果疏于对渠道进行盘点，也很难有效抵御市场中的各类风险。企业不仅在特殊的关键节点需要进行渠道盘点，还要将其常态化、周期化，长期坚持执行。

渠道是动态变化的，不仅要做好要日常修正，周期性盘点同样不可或缺。企业可以根据产品及市场特点确定盘点周期，比如月度盘点、季度盘点、年度盘点等。最低频率，企业也需要一年进行一次渠道的深入盘点，对原有渠道进行结构的全面分析。

怎样渠道盘点？

渠道盘点应当按照一个标准化的流程有计划的实施，这样更能使渠道盘点工作有条不紊地进行，避免具体工作中出现重叠或疏漏。通常情况下，渠道盘点可以遵循以下流程（如图2-4）。

第一步：盘点目标确定。渠道盘点是为了有针对性地解决渠道存在的问题或者规划渠道，因此明确目标是为了更好地将工作需要解决的问题具体化，同时确定盘点的范围，列出调查的对象，确定研究的渠道指标，以便于量化。

第二步：调查对象甄别。面对现有渠道，确定调查的区域、范围、类型等，并对未使用的渠道进行名单的确定，通过分析比较，甄选出盘点的调查对象。

第三步：实地考察调研。对确定调研的渠道，可以通过多种渠道获取相应的数据。实地考察是最为有效的手段，通过实地调查可以对渠道进行

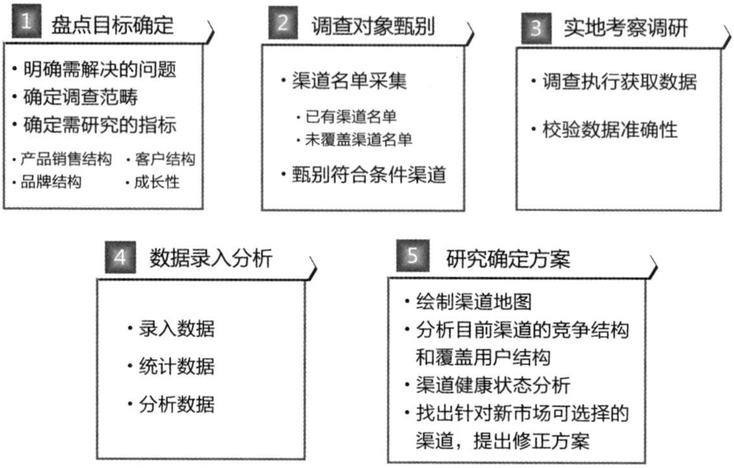

图 2－4　SMOP 工具 10——渠道盘点的五步法

全面判断，并可以对历史数据进行核实，确保调研结果的准确。

第四步：数据录入分析。渠道盘点时有的样本量会较大，需要规范数据，对数据进行统一录入，并进行分析。

第五步：研究确定方案。经过一至四步的工作，通过研究、讨论、分析、归纳，对前期的渠道结构及竞争状况全面分析，分析渠道的健康状态，绘制出合理的渠道地图，提出渠道改善的方案等。

渠道盘点五步法，能够使渠道中的各项数据得到最大程度的挖掘和量化展示，同时使每一项渠道调整提案都有充分的数据和信息支持。借助标准化的渠道盘点，能使渠道的修正方案真正做到有据可依。

第11课

渠道八项指标和渠道状态评价矩阵

本课核心知识要点:

1. 渠道的八项状态评价指标
2. 渠道管理和状况评价的三个矩阵

“渠道盘点这么重要啊。我们企业之前从来没有进行过渠道盘点，总是发现问题后才去查明原因，导致管理总是出现滞后，总是在补漏，看来需要未雨绸缪，防患未然。”马亮感叹道。

“其实，渠道盘点和企业日常进行的库房盘点、货物盘点等在目标和运作模式上有许多相似之处。只不过，渠道盘点不常被企业认知，更复杂，更需要关注其整体性，同时还需要关注许多不易考察的数据。一些渠道经理不知道，一些知道了不知道如何做，感觉难以下手，因而忽视了渠道盘点。”包教授补充道。

“结果，就和我一样，总是追在问题身后跑，从来没能主动应对未知的渠道风险。”马亮自嘲道。

“当你具备了这个方面的知识，并且找到了实现的路径和方法的时候，你就会觉得渠道管理变得很简单。”包教授笑着说，“马亮，你了解了如何盘点还不行，还需要使用渠道的状态指标和渠道状态判断的矩阵，这样才可以将渠道管理落到实处。”

八项渠道状态评价指标

渠道管理就是对渠道的分析、计划、组织和控制。

渠道管理不仅是对直接经销商的管理，更是对整体网络的调控。

渠道管理的行为不是点对点，而是点对立体的市场结构，包括渠道规划、渠道建设、渠道支持、渠道优化等多个方面。

SMOP 对应于渠道结构、成员、运营、绩效四个模块，建立了八项渠道指标，作为衡量渠道管理水平和渠道状况的标准；同时，八项指标也对应于“经销商管理木桶”（后面章节将进一步陈述）中各项经销商的评价指标，对经销商状况进行评价。

八项指标可对渠道作出全面的评估，把握经销商综合能力改善的关键点，对经销商作出有针对性的指导（如图 2 –5）。

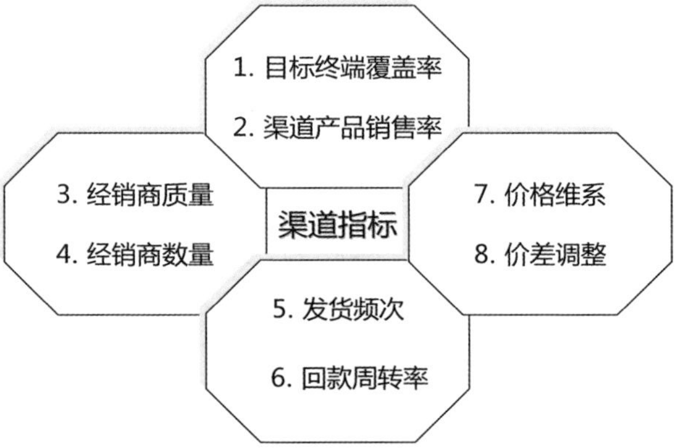

图 2 –5　SMOP 工具 11——渠道的八项状态评价指标

1. 目标终端覆盖率

目标终端覆盖率是指渠道可以覆盖的目标终端的比例，该指标越高，渠道的功能越大，效率越高。

目标终端覆盖率 = 渠道可覆盖目标终端数/终端总数 ×100%

渠道的规划要覆盖所有的目标终端。

2. 渠道产品销售率

渠道产品销售率指渠道经营产品的种类占全部产品数的比例，该指标反映了渠道产品的平衡性。

全线产品销售率 = 销售的产品品种数/全部的品规数 ×100%

3. 经销商质量

经销商质量越高，分销速度越快、频率越高。

4. 经销商数量

经销商数量由渠道的结构决定，在相同情况下，经销商数量越多，往往覆盖范围越广。

5. 发货频次

发货频次体现着经销商的活跃度，发货的频次越高，说明经销商越活跃。

6. 回款周转率

回款周转率是指企业利用经销商资金和资源的比例，从一定程度上体现着渠道成员间的合作程度。

7. 价格维系

价格维系指渠道利益链条中价格的划分。合理的价格划分可以保持渠道的稳定性，是渠道结构的基础。

8. 价差调整

价差调整指对于不同的市场，要保持相对平衡的价差，无差价或差价过大都会引发渠道冲突。

上述八项指标，是衡量渠道管理和渠道健康状况的关键性指标，不同的指标分别对应于经销商的业绩、能力、策略和流程指标，如图 2 –6。

渠道指标是动态变化的，其动态性改变为渠道优化提供了依据，在渠道“七个最”原则的引导下，对渠道成员和整个渠道状态进行全面精准的分析和评价。

渠道管理和评价的三个矩阵

在渠道盘点中，常常会应用三个渠道管理和评价矩阵：一是渠道风险

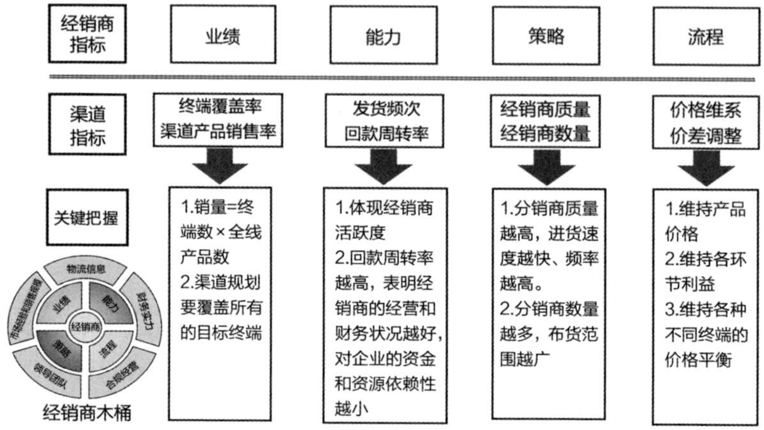

图 2-6　渠道的八项指标和对应的四项经销商指标

矩阵，二是渠道能力矩阵，三是渠道成长矩阵。这三个矩阵能够对渠道中的经销商进行正确归类，并对不同矩阵象限中的经销商提出相应的处理意见（如图 2-7）。

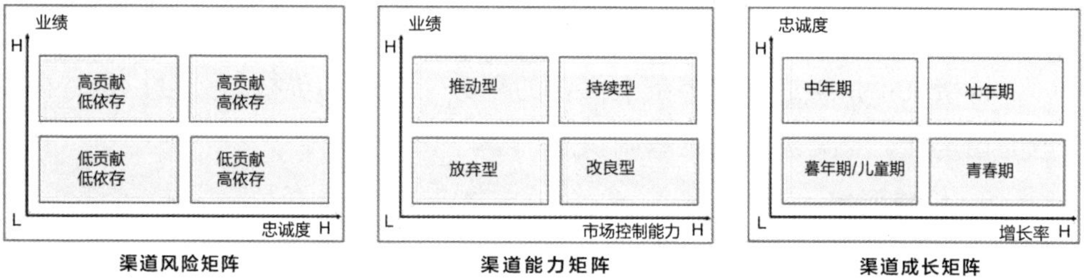

图 2-7　SMOP 工具 12——渠道管理和评价矩阵

我们以渠道风险矩阵为例，对三个矩阵的应用进行说明和解析。

渠道风险矩阵是对当前渠道风险和稳定状态进行判断和评估的重要工具，在渠道盘点中可以据此找出渠道的改善重点，并制定改善思路和策略。

对渠道风险的评估，可以考量业绩和忠诚度两个维度。第一个维度业绩，可以反映经销商对渠道整体业绩贡献的高低，以此评判经销商对于渠道的重要性；第二个维度忠诚度，可以反映经销商对企业渠道的依存性，以此评判经销商的稳定性和对企业的顺应性。

通过对两个维度变量从低到高的划分，可以分割出不同的区域。通常采用的方法是划分为四个区域，通过对每个区域性质的界定，找出每个区域应该遵循的渠道策略。

渠道中的经销商经过评价后定位于不同象限：

第一区域（高贡献高依存）：经销商业绩好，对渠道具有高贡献，对企业忠诚，具有高依存性。此类经销商通常是企业渠道的主要力量，也是企业发展、鼓励、培养的主要对象。

第二区域（低贡献高依存）：经销商业绩不佳，但是对企业的忠诚度高，虽然对渠道的贡献不大，但能够依存于企业，与企业不离不弃。此类经销商需要企业进行不断分流转化，协助、指导、帮助其业绩的不断提升，对于长期不能提升的经销商要列入第三区域处理。

第三区域（低贡献低依存）：经销商业绩不佳，对企业的依存性也较差，在渠道中属于弃之可惜，食之无味的经销商。此类经销商，企业通常会逐步淘汰或向第二、四区域转化。

第四区域（高贡献低依存）：经销商业绩好，对渠道具有高贡献，但对企业的忠诚度较低，依存性不足。此类经销商是企业进行重点管理的对象，为防止流失，企业一般给予更多的支持和帮助，使其增加对企业的依存性，降低渠道的风险，并逐渐过渡到第一区域。

渠道风险矩阵通常在渠道盘点时使用，不过也可以用于渠道的阶段性评估或总结性评估，还能够用于更换经销商时的定量化判断。实际应用中需要注意以下几点：

第一，维度的设定。按照设定好的评价标准对经销商进行量化评分，通常为 0 ~ 5 分，也可以是 1 ~ 3 分。可以按照企业的实际情况进行设定；也可以按照集体评议的好、中、坏进行划分。

第二，维度的评价标准。可以选用单一性指标，如销售额、回款额等，也可以采用复合指标。如：业绩 = 销售额 × 50% + 市场占有率 × 30% + 客户覆盖率 × 20%；忠诚度 = 回款率 × 30% + 合规操作 × 30% + 政策执行 × 20% + 活动配合 × 20%，等等。

第三，对渠道的每一个成员进行评价，将其在矩阵中进行逐一标注

（如图2－8）。企业不仅能对每一位经销商的状态进行定位，也能掌握整个渠道经销商的大致分布，从而评价渠道整体健康状态。

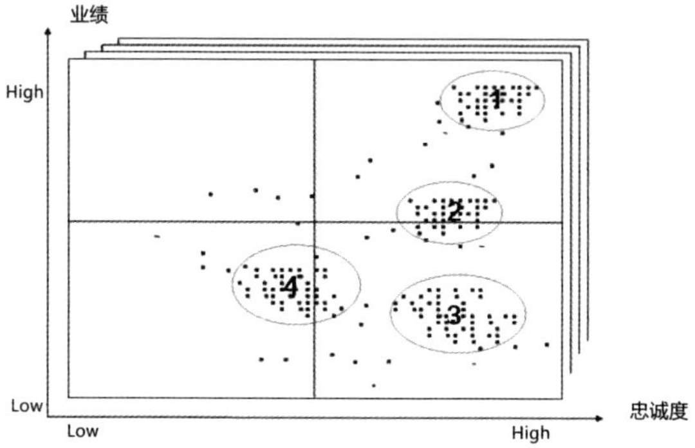

图2－8 渠道风险矩阵的应用实例

第四，按照渠道成员在矩阵中的位置可以将渠道成员划分为不同的情况。如上图可以按照客户的分布情况，将现有的经销商划分为4种类型。对于不同类型的经销商，分析其特点，采用不同的改善思路和策略。

类型1——采用鼓励发展，维系关系的策略；

类型2——采用提升业绩，帮助销售的思路；

类型3——重点培养，做好分流；

类型4——严格监控，淘汰更新。

按照以上思路，将维度调整为业绩和市场控制能力，可以构建渠道能力矩阵，能力矩阵能够分析判断渠道销售质量健康状态，指导政策导向；将维度调整为忠诚度和增长率，可以构建出渠道成长矩阵，通过成长矩阵可以分析渠道成长的生命周期和渠道发展特性。在具体应用方式上，与渠道风险矩阵类似。

三个渠道矩阵是对渠道经销商在三种不同指标方向下的评估定位，并通过数学化的工具加以表现。

渠道管理和评价矩阵能对经销商个体状况和整体状况都进行形象化的展示，并据此采取相应的渠道调整方案进行指导，从风险、能力和成长三种角度对渠道进行全面的评估和优化。

第⑫课

用组合拳进行渠道合理规划与布局

本课核心知识要点：

1. 渠道规划和布局的组合工具
2. 常见的渠道布局模式

“只要你能把渠道盘点和管理矩阵应用得当，全面深入地掌握渠道现状便不在话下。”包教授总结道。

马亮连连点头，说：“这三个管理矩阵真是太棒了，不仅看起来简洁，而且用起来也不复杂，还能同时展示渠道个体和整体的状况。目前我正在进行的渠道设计工作正可以用上。”

“包教授，我有个问题，盘点清楚了渠道状况，那么下一步该如何行动？”马亮问道。

“从渠道布局入手。”包教授说，“规划好的行动才是最有效的行动。”

马亮对此充满期待。

渠道布局的组合拳

渠道布局，顾名思义，就是为完成销售目标，对渠道进行的合理规划和安排。

通常在渠道布局时需要考虑以下要素：①销售量（数量或金额）；

②资源占用（数量或金额）；③销售品种（全品种、个别品种）；④销售范围（区域、终端）；⑤渠道功能（配送、推广）；⑥渠道结构等。

借鉴前人总结和工作实际，在渠道布局上可以采用六种组合（如图2－9）。

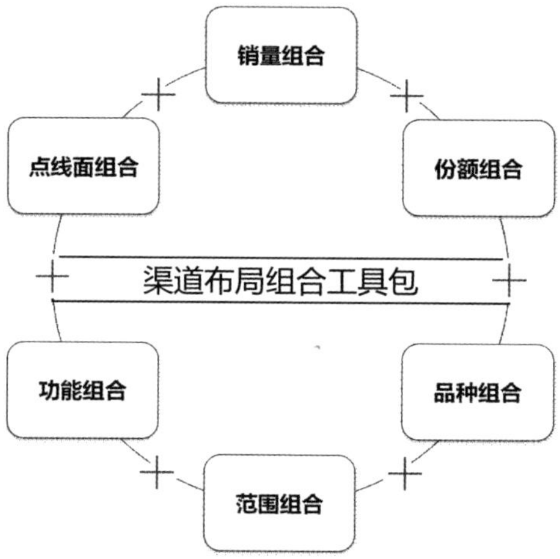

图2－9 SMOP 工具13——渠道布局组合

1. 销量组合

企业制定出明确的销售目标后，对渠道经销商进行逐一评估，依据经销商的发展状况、同类品种的销售情况以及企业的支持配合，预测出目标产品在每个经销商处可能实现的潜在销量，将经销商的潜在销量加起来进行计划目标的对比，潜在销量的总和一定要高于企业的目标销量。公式为：

经销商1潜在销量＋经销商2潜在销量＋…＋经销商N潜在销量＞企业目标总销量

该组合可以确保企业渠道销售目标的实现，当经销商的潜在销量不能达到企业目标时，企业需要在现有合作的经销商中进行挖潜或者开发新的经销商；选择潜在销量排在前几名的经销商作为主要合作对象，并进一步地明确合作重点。

2. 份额组合

企业预测出目标产品在经销商处可能实现的潜在销量，同时预测经销商处所有同类产品的已有总销量，通过审视目标产品的潜在销量占经销商所有同类产品销售总量的比重大小或者变化，判断渠道的成长性。公式为：

经销商目标产品的潜在销量/经销商同类产品销售总量>经销商同类产品平均份额

目标产品占用经销商的资源越多，越能够确保目标产品赢得经销商的足够重视，让经销商把目标产品当做重点品种来对待，确保目标产品在经销商的品种结构中不被“边缘化”。该组合提供了目标产品在经销商处地位的判断依据；如果产品潜在销量小于同类品种的平均份额，企业需要协助经销商扩大销售，增加比重，确保自己产品的被重视程度。

3. 品种组合

确定经销商的品种方向，对经销商所经销的主营产品进行分类，划分出不同的产品群，摸清经销商的经营品种主要类型和最擅长的分销渠道，选择在该产品群中最具能力的经销商进行产品分销。公式为：

产品群1潜在销量+产品群2潜在销量+…+产品群N潜在销量>全产品目标总销量

该组合要求根据经销商的网络优势和特点，不同类型品种选择不同的经销商来经销，不能把鸡蛋放在一个篮子里，确保目标产品适销对路。同时还要考虑经销商的资金实力是否可以支撑销售，市场开拓中是否有推广时间、精力等方面的冲突。以医药企业为例，通常会规划出覆盖连锁及城市零售的经销商、覆盖城市周边地区和县乡的批发商、专门覆盖高端医院的经销商、专门覆盖基层医疗机构的经销商等。

4. 范围组合

按照惯例，经销商通常会以200公里为边际效益最大化的直接配送半径或服务范围，企业应该综合考虑候选经销商配送半径的大小以及自身网络覆盖的大小，选择拥有不同覆盖能力的经销商进行组合，做到区域和客户全覆盖。公式为：

经销商 1 配送区域 + 经销商 2 配送区域 + … + 经销商 N 配送区域 > 企业目标销售区域

经销商 1 客户覆盖 + 经销商 2 客户覆盖 + … + 经销商 N 客户覆盖 > 企业目标客户范围

该组合可减少市场空白和漏洞，充分开发市场，不至于贻误销售时机；可合理规划和限定经销商的销售范围，避免市场的重叠，有效防止窜货现象发生。

5. 功能组合

经销商功能近年来逐渐分化，有以物流配送为主的经销商——物流商，有以终端推广为主的经销商——推广商，同时第三方物流的兴起更使这一分化加剧。公式为：

物流商服务范围 > 推广商 1 服务范围 + 推广商 2 服务范围 + … + 推广商 N 服务范围

该组合可以将一级经销商定位为配送商或物流服务商，把省级市场按照地域、终端、行业或市场类别分成不同领域，建立二级市场分销体系，确定二级推广商；生产企业、物流商、推广商共同参与销售的过程管理和结果管理，建立三方共同开发市场的机制。

6. 点线面组合

“点”是指企业按照人、财、物力的状况，选择重点市场，确定渠道结构；“点”是整个渠道布局的基础。“线”是指营销过程中的实物流、信息流等各种流程的实际流通线路，以实现渠道动态的功能。“面”是点线所构成框架的渠道总体功能和综合作用。公式为：

面 =（点 + 线）1 +（点 + 线）2 + … +（点 + 线）3

该组合通常是企业选择优势区位，通过对“点”的选择和抢占，来争取竞争的主动权或适度回避竞争对手，进入现有竞争格局中的薄弱地带，以形成局部优势；通过对渠道的纵深管理，建立分级，规范流程；点线结合进行区域的划分、渗透以及在区域中确立企业强有力的竞争地位，建立起阻止竞争对手进入的壁垒，从而长期获利。

常见的渠道布局模式

六种渠道布局组合的目的就是根据企业自身状况和目标市场特征进行有针对性的渠道设计，对渠道结构进行整体化构建和优化，完成渠道布局。

不同行业的渠道由于特点不完全一致，因此布局略有不同，但是殊途同归，基本的逻辑和方法并没有多少差别。

【案例解析：医药企业的渠道布局模式】

经过近30年的发展，医药企业渠道结构基本形成。根据医药企业的不同特征和市场目标，医药企业渠道结构可以归纳为三种主要的渠道布局模式，即国内总代、省区代理、地区分销。

医药企业直接供货给一家全国性的总代理，然后由其向各省级批发商进行销售，由他们向下一级渠道成员供货。同时，总代理还会直接对接终端网点，供货给一些批发商无法覆盖的个体诊所、医院、药店、超市等（如图2-10）。

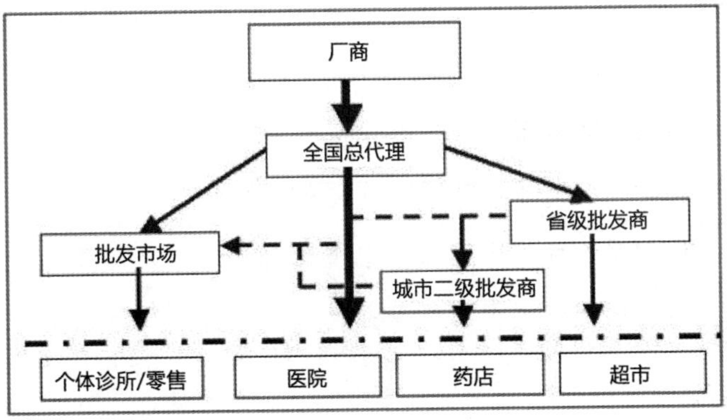

图2-10 国内总代的渠道布局模式

采用该渠道模式的多是一些中小医药企业，或是新产品上市，由于没有足够的市场规模支撑，也没有足够的人员和分销商资源去管理整个分销渠道，因此需要借助一个有资质、有经验的强势全国总代理的分销能力把产品推向全国市场或大的区域市场。

医药企业通常以行政区域为单位，将全国市场划分为若干个业务区域，然后再制定若干个区域代理，把产品供应给这些区域代理，再向整个区域内的城市中的省级批发商或批发市场供货，最终供应到销售终端。也有一些区域代理会直接供货给他们所掌握的销售终端，如大型医院或连锁超市等（如图2－11）。

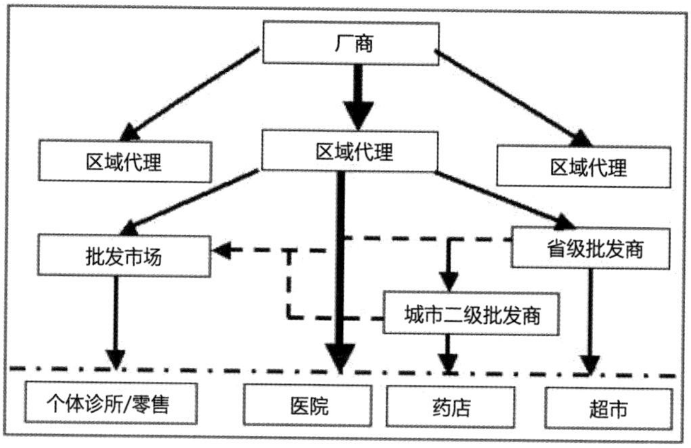

图2－11　区域代理的渠道布局模式

区域代理是一种医药行业中运用较为广泛的渠道模式，其最大的优势在于灵活，跟客户的距离比较近，能够及时准确地反馈客户的需求。如此，公司的销售队伍就能跟整个渠道形成良好的互动配合，设计一些具体的营销计划，提升零售终端的业绩成果。

地区分销是一种较为特殊的渠道模式。地区分销可以任意指定批发商，不分类型和规模大小，外埠批发市场也可以进行供货，所以产品在整个市场中自由流通（如图2－12）。

通常，采用地区分销的医药企业缺乏一个强有力的品牌支撑，渠道目标以短时间获取最大销量为宗旨，追求高布货率并迅速取得足够的收益。一些传统的医药企业也可能会在特定的产品、特定的市场和特定的业务目标下采用这种特殊的渠道模式。

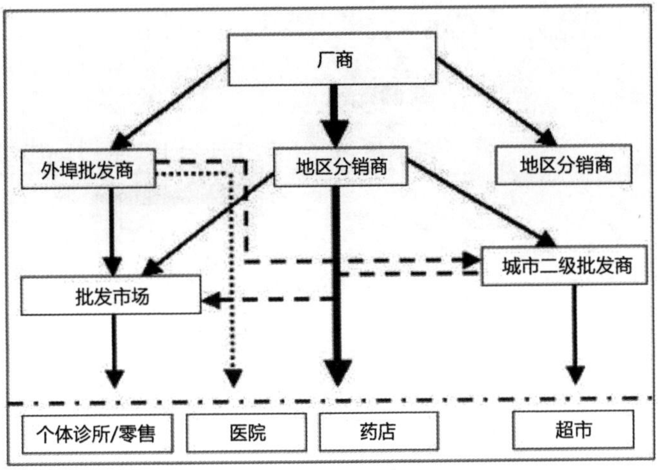

图 2－12　地区分销的渠道布局模式

随着互联网的蓬勃发展，尤其是移动互联网的日益活跃，渠道的结构在向扁平化方向发展，应尽可能节省中间环节的运营成本，拉近企业与消费者的距离，减少因中间商层次过多而引起的众多问题。

所以，渠道布局必须要立足现状，选择最具可行性、能使企业优势最大化的渠道结构设计，这样才能使渠道布局不断趋于合理。

第⑬课

渠道设计需要参照的八要素及流程

本课核心知识要点：

1. 渠道设计的八个参考要素
2. 渠道的设计流程

“难怪我设计了几套方案，都未取得老板和销售团队的认可，原来是因为我没有掌握渠道管理的内在规律，只是按照朴素的自我认知和生搬硬套的书本理论，为设计而设计，而没有立足于渠道的内在规律和企业自身特征、需求。”马亮若有所思地说。

“其实在企业管理中，无论是哪个模块，都有其内在的规律，必须从实际出发才可以收到成效。包教授总结道。

马亮点点头，问道：“那您可以帮我梳理一下，企业的渠道需要如何进行设计吗？”

“Certainly。”包教授回答，“渠道设计有标准作业的流程，这个你必须遵守。而且，你必须思考清楚，哪些是影响渠道设计的主要因素。”

渠道设计需要参考的八个要素

渠道的结构是否合理决定了产品分销是否顺利。

在进行渠道规划的前期需要进行渠道结构的设计，渠道结构受诸多要素的影响，通常在渠道设计时需要考虑以下要素。

1. 产品特性

不同特性的产品对渠道的要求不一样，因此渠道结构也不一样。如新上市产品、特殊用途的产品等由于其市场销售中针对的客户集中，因此其在渠道宽度、长度、广度上与有广覆盖需求的产品相比较为简单。

2. 终端特性

不同的目标终端，渠道结构也不尽相同。如在医药行业中，处方药通常以医疗机构为主要销售对象，常采用1~2级的渠道层级，渠道的宽度较窄；而非处方产品通常以药店为主要销售对象，常采用2~3级的渠道层级，渠道的宽度相对较宽；双跨产品既对医疗机构销售，也对药店进行销售，因此其渠道结构需要兼顾两种销售的特点，可以分别设计也可以统筹考虑。

3. 经销商特性

经销商的不同类型，决定了渠道的设计。如综合性的大型公司通常承担渠道一级经销商的职能，专门针对于某一市场的经销商通常承担该细分市场的一级经销商或整体的二级经销商职能。

4. 企业性质

不同类型的企业拥有不同的渠道观念，因此设计的渠道结构也不相同。外资企业通常会以省为单位，以产品为参考，选择一家或两家一级经销商，负责全省的网络覆盖，通常的一级经销商有20~40家；国内企业则差距较大，有些企业的一级商与外资企业相当，有些企业则以地区设立一级经销商，也有企业只要经销商可以承付货款即将其设为一级经销商，很多国内企业的一级经销商数量为几百甚至上千家。

5. 经营方式

即便在同一地区的同一行业中，不同的企业也有完全不同的经营方式，而不同经营方式的渠道结构也不尽相同。

6. 环境特征

企业和行业在发展中会呈现明显的区域性不平衡趋势，有些地区可能是一家独大，而另一些地区则可能是群雄割据。不同区域的渠道结构必须按照当地的行业市场竞争特点来调整。

7. 政策法规

近年来，某些行业渠道要减少流通环节已成为政策方面的要求，比较典型的是医药企业。新医改以来，两票制、原则上委托一次、鼓励一票制、生产企业直接与终端结算货款、限制配送商数量等规定或要求在各地药品集中采购中被广泛实施并极大地改变了渠道结构。所以，渠道结构不论如何调整，一定要顺应政策和法规的要求，否则会大大降低渠道的效率。

8. 信息化技术

渠道能够管理多广、多深，取决于对渠道的管理能力。信息技术是管理的手段，信息技术的发展使得渠道管理走向精细化，渠道的结构也随之转变。

渠道设计流程

在考虑上述因素对渠道结构影响的基础上，进行渠道设计可以按照如下程序进行，包括：①确认渠道需求；②确定渠道目标；③明确渠道任务；④制定渠道结构；⑤评估影响因素；⑥选择渠道结构（如图 2－13）。

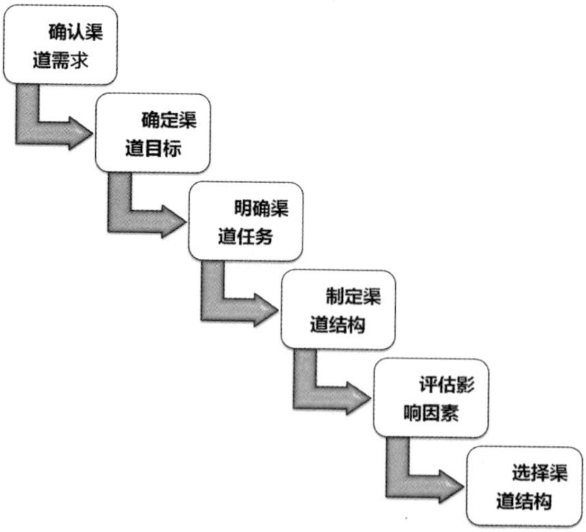

图 2－13　SMOP 工具 14——渠道设计流程

1. 确定渠道需求

进行渠道设计，一定是为了满足某种具体需求。而在渠道的不同发展阶段，这种需求也会呈现出完全不同的内容。

2. 确定渠道目标

渠道目标的内容是以相关目标市场期望的服务水平进行阐述的，简单来说就是如何、何时、何地使产品到达目标客户。其中又涉及具体的产品目标、定价目标和促销目标等。

渠道目标的制定必须符合 SMART 原则，即明确（Specific）、可测量（Measurable）、可达到（Attainable）、相关（Relative）、有期限（Time - limited）。

3. 明确渠道任务

根据渠道目标，要制定出具体的渠道任务。通常情况主要包含以下五个方面：

（1）推销：新产品市场推广、现有产品推广、向最终消费者促销、建立零售展厅、价格谈判与销售形式确定等。

（2）物流：存货、订单处理、产品运输、与最终消费者的信用交易、向顾客报单、单据处理。

（3）风险承担：存货融资、向最终消费者提供信用、存货的所有权、产品义务、仓储实施投资。

（4）渠道支持：市场调研、地区市场信息共享、向顾客提供市场信息、与最终消费者洽谈、选择经销商、培训经销商的员工。

（5）产品修正与售后服务：提供技术服务、调整产品以满足顾客需求、产品维护与修理、处理退货、处理取消订单。

4. 制定渠道结构

根据渠道任务计划，制定出能满足任务需求的渠道结构模式进行候选。具体的渠道结构特征可参考渠道三维（长、宽、广度）立体结构。

5. 评估影响因素

评价渠道结构主要分为两大层面：一是评价标准，包含经济性标准、控制性标准和适应性标准；二是评价因素，包含终端特点、企业特点、产品因素、中间商因素。

在具体的评估方法上，通常有以下四种选择：

（1）投资收益分析法。用投资收益率进行比较，决策标准、客观，但可操作性差。

（2）交易成本分析法。用交易成本进行比较，选择范围通常局限在一体化与独立中间商二者之间。

（3）直接定性判断法。由渠道管理人员凭借经验进行判断，简单快捷，但是主观性较强，对渠道管理人员的能力有较高要求。

（4）重要因素评价法。用加权方法算出渠道的具体得分，进行数据化判断，但权重不易精准确定。

6. 选择渠道结构

结合渠道的目标、任务，根据渠道结构的评估结果，选择出最适合的渠道结构组合，或是对现有渠道进行有效调整，以优化结构、提高效率。

该工具通常在以下情况应用：

（1）新企业、新产品上市；

（2）产品与市场发生变化；

（3）产品生命周期发生变化；

（4）产品价格政策发生重大变化；

（5）企业渠道政策发生变化；

（6）营销渠道中出现了严重的危机；

（7）整个商业格局发生变化；

（8）竞争格局改变；

（9）宏观销售环境发生变化；

（10）影响渠道的重大政策出台。

【案例分享：九万公司分销渠道设计】

买打火机到百货商场或杂货店，这是人们的惯性思维。打火机的生产厂家在选择渠道终端时，自然也是瞄准当地的超市或杂货店。但是日本的九万公司却选择了一种让人意想不到的销售渠道——在钟表店卖打火机。

九万公司在最早研制出瓦斯打火机时，由于产品定位较高，采用传统的分销渠道很难使产品在人们惯用的廉价打火机中脱颖而出。出于此种考虑，九万公司的高层选择了一种匪夷所思的销售模式，供货给各地的钟表店。因为钟表店通常给人以高档的印象，所以出现在钟表店中的打火机也会显得与众不同。

这一反传统的分销渠道大获成功，不仅使九万公司的新产品赚足了眼球和销量，而且也进行了一次全新的品牌塑造，还避免了传统销售渠道的市场重叠和激烈竞争，节约了渠道成本。

在任何一个行业，企业在设计渠道时，往往会受到行业惯性思维的禁锢，并没有真正做到从实际出发，按照科学的流程去思考和设计渠道。但是九万公司却充分考虑到了新产品的特点、市场的特点及销售的需求目标，并最终取得了成功。

渠道设计是一个繁杂的过程，需要考虑的细节要素很多。只有深入具体细节进行专门化的渠道设计，才能保证渠道结构是合理可行的。生搬硬套的渠道虽然用起来简单，但是难以为企业带来长久利益。

第 14 课

渠道结构在不同生命周期各不相同

本课核心知识要点：

1. 渠道的生命周期
2. 渠道不同生命周期的策略

“包教授，按照你所讲的内容，我发现前一个阶段做的工作存在很多问题，现在恨不得马上回到办公室把学到的都用上，这样才不会辜负老板对我的信任。”马亮激动地说。

马亮这番话把包教授逗乐了。

“从这个角度看，你是一个非常有责任心的人，老板让你当商务经理看来是选对人了。”包教授说道，“但是，你没必要这么着急，因为你还要知道你的渠道处于生命周期的哪一个阶段，这样你才可以对症下药。”

“渠道也有生命周期?”马亮反问道。

包教授从容地说：“当然。生命周期理论于 1966 年由卡曼（A. K. Karman）首先提出，后来逐渐成为企业、产品、行业等进行渠道分析的一种常规手段。赫塞（Hersey）与布兰查德（B1anchard）于 1976 年对该理论进行了完善和发展，形成了目前渠道生命周期理论的框架。企业、行业、产品的生命周期都有其内在的规律。伴随着行业的发展、企业的壮大、产品的销售，渠道也同样具有生命周期的规律。渠道的周期性特征反映了渠道不同阶段的不同需求，在各个行业中都是如此。研究渠道的生命周期，能够帮助我们更精准地把握渠道需求。”

渠道的生命周期

按照渠道发展的状况，通常可以将渠道的生命周期划分为五个阶段。

1. 进入期

企业此阶段的目标主要集中在吸引经销商成为自己的渠道成员，保证渠道可以满足对终端客户的覆盖，满足终端随时获得货物的要求。初期，往往购买数量少，频率高，要求交货及时，一旦出现断货，就有可能抵消营销所取得的成果。因此在这一阶段，渠道要求便捷、高效，具有产品的补给能力。

进入期订货具有不稳定性，这时若断货往往是致命的。库存高会增加生产企业和经销商的经营压力，库存低却往往难以保证货物的供应，因此进行科学布货、合理管理库存极其重要。

渠道结构是此阶段的重点考虑内容，渠道的长度设计直接影响配送的效率。是采用省级经销、地区级经销还是县级经销，需要按照产品的特点和企业拥有的经销商资源来确定。根据各地渠道要求的不同，渠道结构需要随之变化。基本原则是尽可能地保持渠道短、覆盖广、配送便利。

2. 成长期

在渠道生命周期的成长阶段，渠道逐渐趋于稳定，对客户的保障能力逐步提高，渠道成员的能力也相对提升，培养和发展优质经销商，鼓励优质经销商做强做大，成为企业的主要目标。此阶段产品的需求增长相对稳定，经销商的库存可以通过最低库存的方式进行管理，并降低断货发生的概率。同类产品渠道竞争的激烈度增加，随着市场占有率的提高，此时市场需要进一步细分，渠道也将随之变化，渠道宽度进一步提高，此时选择细分市场中优秀的经销商作为一级或二级经销商，建立广泛、密集的分销体系。同时，渠道的广度也有了新的要求，渠道走向多元化。

在成长阶段企业将最大程度地追求规模效应，降低成本。这个阶段企业具有最好的机会去设计物流作业以获取利润，物流活动开始真正成为企业的第三利润源。这一阶段应选择合适的经销商，优胜劣汰，稳定销售网络，建立与分销商的供应链伙伴关系，让分销商及时反馈终端的需求信息，迅速建立物流网络支持系统。

3. 成熟期

经过成长期之后，市场需求趋于饱和，渠道稳定，进入了成熟期，企业将把巩固经销商、稳定网络、提高经销商忠诚度、增加对经销商的服务作为此阶段的目标，尽可能地实现全产品的渠道销售和差异化的渠道服务。

此阶段，企业通过营造的良好品牌和渠道引入新产品，以延长渠道生命周期。成熟阶段渠道的竞争是服务的竞争和价格的竞争，调整价格和服务成为企业的一种标准战略措施。由于在这一阶段需求稳定，每个销售网点的需求量和配送中心的发货量都是可以控制的，需要多少、缺货多少也能得到及时的反馈，企业在此阶段可以通过先进的物流信息技术进行渠道管理，降低渠道的成本。

由于渠道的量相对稳定，渠道的活力相对降低，企业需要通过终端拉动、渠道政策等再次激发渠道的活力。

4. 衰退期

当产品的需求量和销售量迅速下降，渠道成员不能维系运营成本的时候，渠道会渐渐降低对产品的分销力度，渠道会逐渐走向衰败。从一般情况看，产品与渠道的进入期、成长期、成熟期会一一对应，因为只有渠道支持，产品才能实现成长，而产品成长了，渠道才会真正发展。在衰退期，产品与渠道可能分开，因为企业不会任由辛苦建立的渠道消失，通常会以新的产品维持或促进渠道的发展。

5. 离开期

当新产品无以为继，产品逐渐退市，则渠道进入离开期。企业在离开期通常会通过大幅降价攫取最后的利润。一个健康发展的企业，通常是不会让渠道走向这一阶段的（如图 2－14）。

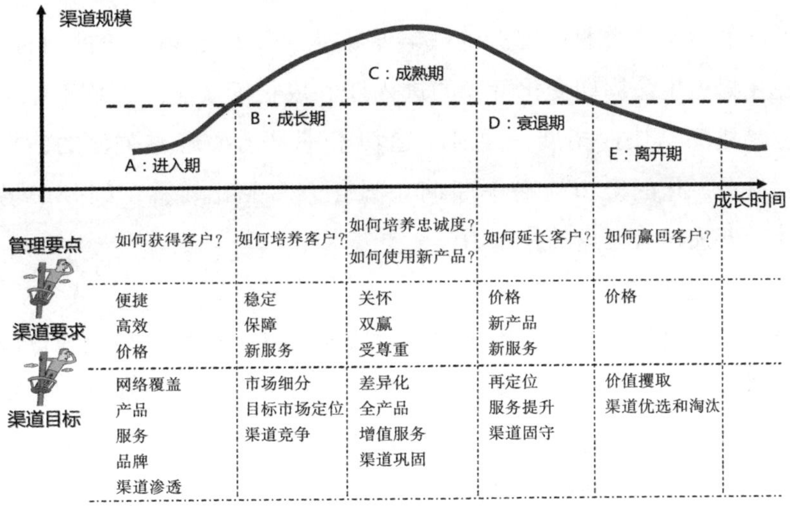

图2－14　SMOP 工具15——渠道的生命周期

不同生命周期的渠道策略不同

针对渠道不同的生命周期阶段，企业应采取不同的渠道策略，从而使渠道更具前瞻性、目标性和可操作性。通常可以采用以下三种策略（如图2－15）。

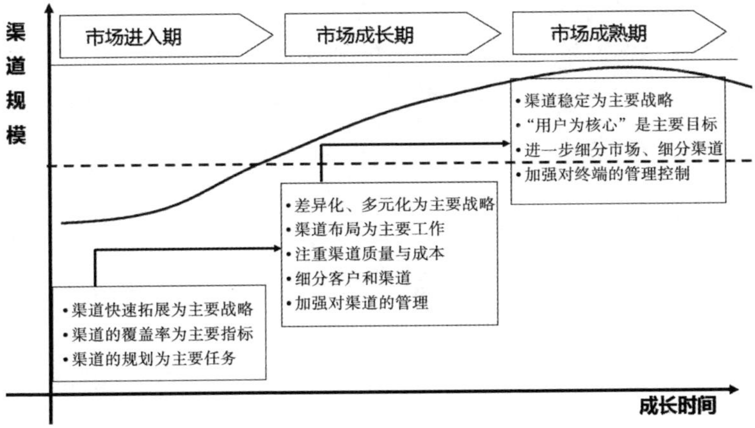

图2－15　各生命周期的渠道策略

1. 发展型策略

发展型策略使企业在现有的战略基础水平上向更高一级的目标发展，宜选择在渠道生命周期变化阶段的进入期和成长期实施。在该策略下，渠道的主要战略是快速拓展，同时渠道覆盖率是需要着重关注的指标。同时，要从单一化的渠道战略不断向差异化、多元化转移，细分市场和渠道，并不断加强对渠道的控制力。

2. 稳定型策略

稳定型策略使企业所期望达到的经营状况基本保持在战略起点的范围和水平，宜选择在渠道生命周期变化阶段的成熟期实施该战略。在该策略下，渠道的主要战略是追求稳定性，要从追求销售数量转移到追求销售质量上，不断实现客户价值，坚持“以用户为核心”的方针，尽可能延续渠道的成熟期。

3. 退却型策略

该策略指企业从现有的战略基础水平往后收缩和撤退，且偏离战略起点较大的策略，宜选择在企业生命周期变化阶段的衰退期和离开期实施。在该策略下，要不断延续渠道的生命，不能只注重攫取眼前利益，应通过引入新产品、新理念使渠道焕发青春。

渠道的生命周期具有普遍性的指导意义，任何一个行业、任何一个企业的渠道都会呈现生命周期的特征。准确掌握渠道所处周期，并关注相应的管理要点，以相应的策略优化渠道，不仅能够抵御一些风险状况，还能使渠道更持久、更高效。

第15课

渠道结构扁平化是未来发展的趋势

本课核心知识要点：

1. 渠道扁平化是未来发展趋势
2. 渠道扁平化的方法和要点

“原来渠道像人一样，也有少年、壮年和老年期啊！”马亮打着比方说。

“是的，不同的是渠道的生命周期是可控的，它们的命运掌握在渠道经理的手里。”包教授回应说，“如果管控得当，就能将渠道的壮年期尽可能延长，避免老年期的到来。甚至还有一种可能，那就是让渠道‘返老还童’。”

马亮一边回味着包教授的话，一边思考着自己的管理工作。

包教授话锋一转，说：“渠道结构的扁平化是未来的发展趋势，需要企业关注。”

渠道扁平化是未来发展趋势

市场中最常见的渠道结构通常是厂商——总经销商——二级（三级）经销商——终端网点——消费者，该渠道模式也被称为金字塔型渠道结构模式。这种模式以其广大的辐射能力，为厂商占领市场、扩大市场占有率作出了卓越的贡献。但是随着消费观念和竞争理念的改变，传统金字塔型渠道结构模式的弊端涌现，面临着巨大的挑战。

如成本问题，不同层级的渠道铺设确实加强了企业的市场开发与覆盖能力，但是也加大了渠道成本。从客户的角度看，渠道经销商为获取利润层层加价，使得产品价格迅速攀升，这在电子商务盛行的今天会使企业处于明显的价格劣势。

再如终端客户联系问题，传统的渠道模式将厂商与消费者大大地隔离开来，消费者很难对厂商有所感觉，而厂商也难以快速准确地获得客户的反馈信息。这些都不利于渠道的及时调整和整个企业品牌的塑造。在这种环境下，渠道结构扁平化的概念应运而生。

所谓渠道结构扁平化，是指营销渠道结构采取基于以消费者导向的短而宽的策略进行构建。渠道结构扁平化是企业提高渠道效率、增加渠道适应性和快速反应能力、改善企业渠道竞争力的重要途径，必将成为未来渠道的发展趋势。渠道结构扁平化的核心是以消费者为导向，尽可能节省中间环节的运营成本，拉近企业与消费者的距离，减少因中间商层次过多而引起的众多问题。

渠道扁平化的方法和要点

渠道扁平化有两大主要优势：一是价格优势，传统渠道因为层次过多，每个企业都想从中渔利，加上各自的运营成本，落到消费者手里的产品价格一般较高，企业压缩层次以后就会有价格优势；二是企业与市场、客户对接更方便，市场情况能够很快地回馈到企业，从而使企业更好地感受竞争的变化和需求的变化。

但是渠道扁平化并非只有优势，同样也存在一些现实问题。扁平化后，渠道中的合作伙伴数量会被压缩，这对企业覆盖市场的能力提出了一个新的挑战。因此，企业的渠道如何实现扁平化要按照企业的实际情况、产品特点、产品的生命周期等而定，决不能一味地为了扁平化而去减少层级，这样也许不仅不能提高渠道效率，反而会影响渠道的发展。

【案例分享：联想的渠道扁平化变革】

联想作为我国知名的自主品牌，自进入21世纪后呈现出新一轮高速增长的态势。特别是在亚太地区，联想更是占据着首屈一指的市场地位。不过，面对着戴尔、惠普等世界知名电脑品牌的竞争冲击，联想传统的渠道分销模式显露出越来越多的弊端。过于依赖大经销商，市场反馈差、客户体验差，这些都是联想的销售面临的问题，特别是同戴尔的直销渠道相比，联想的销售渠道显得有些落后。

在此状况下，联想集团决定进行渠道的扁平化变革，主动走近消费者。但是，贸然地改变传统渠道结构，会直接损害经销商利益，造成市场混乱。于是，联想采用了“直销＋分销”相结合的模式，对原有渠道进行区域整合，同时将直销比例控制在20%以内。

新的销售渠道得到了主要经销商的支持和理解，而直销模式的引入也对传统渠道进行了补充，构建了一座与终端用户沟通的桥梁，整个渠道呈现了扁平化发展趋势。

扁平化能够很好地适应互联网时代下终端客户的消费特点，但是过于简单粗暴地对传统渠道进行变革，很容易破坏企业的销售体系。扁平化应当从细节入手，有针对性地进行渠道优化。变革后的联想渠道，其整体模式还是以传统渠道为主，但是全新引入的直销模式成为了一剂“催化剂”，改善了联想渠道中最明显的弊端。

采取正确、适合的扁平化策略，能够使企业用最快的速度、最小的代价实现渠道的变革。总结目前企业渠道扁平化变革的方式，可以概括为以下五种（如图2－16）。

1. 生产企业直供零售终端

传统流通渠道的多环节一直以来都倍受争议，因此生产企业与终端直接进行产品交易的零级渠道模式越来越多。如在医药行业，连锁药店、药店采购联盟直接向生产企业发出采购订单，医疗机构直接从中标生产企业采购，生产企业和商业企业联合托管医院药房等，都能够实现药品低成本

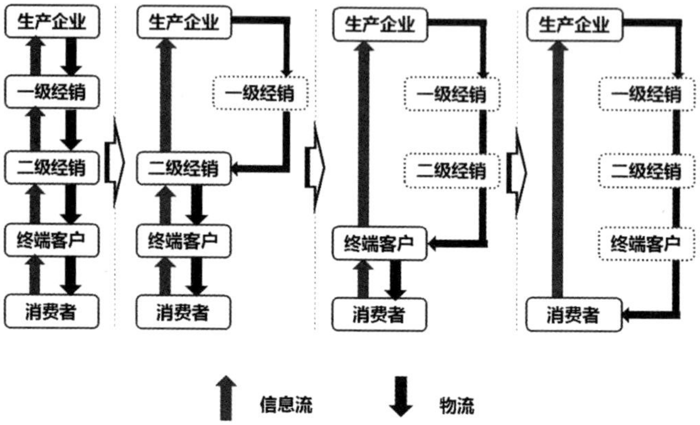

图 2－16　SMOP 工具 16——渠道扁平化的信息流和物流的演变过程

直接销售。

2. 生产企业下沉到之前商业覆盖的区域

为了增加对渠道的控制，生产企业开始把目光投向长期被忽视商业覆盖的农村地区市场、个体店、消费者等。

3. 一级经销商加大直销比例

按照传统模式，一级经销商通常会通过二级分销商进行终端的覆盖。而在扁平化的思想指导下，企业应当鼓励和引导一级经销商扩大直销占比，削弱二级分销的比重和作用。这样不仅节约成本，也便于企业对一级经销商直接管控。

4. 大商业、大连锁进行产品定制包销

生产企业的产品资源与商业公司和大型连锁的网络资源有效结合，形成了产品的单独定制、生产，渠道包销，直接供应终端网点，从而大大减少了中间环节。

5. 企业物流的下游延伸

大型生产企业可以通过收购等方式组建商业物流公司，直接参与商业配送；大型商业企业则可以直接通过物流合作、兼并重组等模式，与终端网点进行物流合作等。

渠道扁平化是渠道的管理思想，并非是简单地要减少营销渠道的层级

数，而是要对原有的渠道网络进行优化，剔除其中没有增值的环节，整合渠道功能。IT 技术的发展为渠道扁平化提供了技术保障，企业可以通过 IT 技术的运用，将渠道管理的工作进一步下沉，通过流程的再造实现渠道扁平化管理的效果。互联网时代的商业提倡精益思想，而渠道结构扁平化正是精益思想的重要体现。未来的渠道竞争将逐渐摆脱数量竞争，而向质量竞争转变。大型臃肿的渠道模式很难再适应未来市场，覆盖面广、层级简化的灵活式、简约式渠道，会在越来越多的行业渠道中得到重视。

本章小结

本章对渠道结构的概念、要素以及管理等进行了论述。强调的是策略的谋划。

渠道结构是渠道微积分的核心内容之一。核心的要点如下：

1. 渠道结构管理中有三个变量，长度、宽度、广度，不同变量对应着不同的渠道策略；三者使得渠道丰富多彩，也构成了渠道的三维立体结构。

2. 渠道结构没有最优，只有更优，最合适的才是最好的。在实践中我们通常按照“七个最”标准进行渠道的评价，即销量最大、成本最低、信誉最优、控制最强、渗透最高、合作最佳、冲突最小等。

3. 渠道盘点是渠道管理的日常工作，常会周期性进行，渠道盘点的内容需要企业自行设定，按照五步法即可到达盘点的目标。

4. 衡量渠道状态的评价指标有八个，即目标终端覆盖率、渠道产品销售率、经销商质量、经销商数量、发货频次、回款周转率、价格维系、价差调整。不同的指标表代表了渠道业绩、能力、策略、流程等不同方面的运营质量。

5. 渠道管理和评价通常会建立三个矩阵，即风险矩阵、能力矩阵、成长矩阵。通过矩阵可以进行渠道现状的分析和判断，制定出针对经销商的分类管理策略。

6. 渠道布局通常采用组合方式进行，包括销量组合、份额组合、品种组合、范围组合、功能组合、点线面组合六种方法，虽然不同行业特点不一样，但是采用的方式基本相同。

7. 渠道设计通常要考虑八个要素，按确认渠道需求、确定渠道目标、明确渠道任务、制定渠道结构、评估影响因素、选择渠道结构的流程进行设计，要从实际出发，避免生搬硬套。

8. 渠道生命周期划分为五个阶段，即进入期、成长期、成熟期、衰退期、离开期，每个阶段的特点各不相同，企业采用的渠道策略也不同。

9. 渠道扁平化是一种理念，更是一种方法，是企业提高渠道管理效率的有效路径。

3 Chapter

善战术：渠道的成员管理

人是企业最重要的组成，而渠道最重要的组成则是各级成员。渠道的所有活动都是通过渠道成员来执行和完成的。因此，渠道的成员管理成为掌控渠道活动的重要途径和方式，此环节也是渠道管理中不可控要素最多的一环。运用共赢思维，渠道成员在为企业服务的同时，企业也帮助不断成长进化，这是渠道成员管理顺利开展的基本战术。

第16课

代理商和经销商根本就是两回事

本课核心知识要点：

1. 代理商和经销商的区别
2. 代理商和经销商管理的可控性

马亮利用包教授提供的各种管理工具，建章立制，对企业的渠道结构作了新的设计和规划。通过盘点分析，对渠道方案进行了重新的修订，还把包教授传授的知识和渠道管理的理念做成了PPT，结合企业的实际状况对本部门以及销售部门的人员进行了商务渠道建设的培训，建立了企业渠道管理的微信群……

老板对于马亮的工作给予了极高的评价，同事们的赞许也使得马亮干劲十足，他用了1个多月的时间马不停蹄地走访了15个省的30余家重要经销商，交流新渠道方案、传递公司管理理念、听取经销商市场反馈。

走访中，对马亮冲击最大的是每个经销商都提出了不同的问题，听起来都很有道理，可其中很多问题却是相互矛盾的，一时让马亮“丈二和尚摸不清头脑”。

当马亮再次见到包教授的时候，他把在拜访经销商的过程中遇到的问题一股脑地讲给了包教授。

听完马亮的讲述，包教授说道：“人是生产力中最活跃的因素。企业管理中难度最大的是对人的管理，渠道管理中难度最大的则是对渠道成员的管理，因为这不仅需要知识和技术，更需要灵活和艺术。”

“灵活和艺术?”马亮反问道。

“没错，就是灵活和艺术。灵活表现在针对不同的渠道成员要采取不同的管理思路和方法，艺术表现在对每个渠道成员的管理要按照其特点采用个性化的方法。”包教授补充道。

包教授停顿了一下，问：“马亮，你们企业目前渠道上采取的是代理制还是经销制?”

一个看似简单的问题，却让马亮彻底傻了眼，他支支吾吾地答道：“这个……应该算是经销制吧……”

听到马亮没底气的回答，包教授微笑着说：“其实不只是你，有许多企业、很多渠道和商务经理都没有去区分经销制和代理制的不同，有些人还将两者混为一谈。其实这是渠道成员管理的两种不同方式。”

“渠道管理就剥葱头一样。”马亮低声嘀咕，“每每剥开一层，就会打开一个新世界。”

代理商和经销商有何不同?

目前国内很多企业常常将经销商和代理商混为一谈，一些著名的企业和管理者也不例外，在很多渠道管理和招商的文案中，我们可以发现，他们有时会将经销和代理作为同一性质的行为来规划和管理。但是从严格意义上讲，代理与经销有着本质的区别，企业如果不作正确的区分，将会使渠道管理陷入混乱。

从定义上来说，经销商是指以买卖的关系与上游合作，即以资金从上游购货，然后进行产品的转售，他们获取的是产品进销的差价，因此经销商对利差的关注往往高于对产品实际价格的关注。代理商则与其完全不同，通常情况下，代理商不通过买卖的关系获得产品的所有权，而是替其服务的产品或厂家进行产品的促销和销售，他们获取的是上游企业的佣金或代理费用，他们更关注产品的本身和产品的销售量。营销大师菲利浦·科特勒在其专著《营销管理》（第 14 版）中，将经销商和代理商比较和区别如表3－1。

表3－1　经销商和代理商的比较和区别

序号	比较项	经销商	代理商
1	机构性质	拥有合法资格的企业	企业或个人
2	产品所有权	拥有产品的所有权	没有产品所有权
3	与上游关系	买卖关系	委托代理关系
4	取酬方式	产品的买卖差价	佣金或提成
5	经营的品种	多品种、多品牌	一般不经营竞争品牌
6	经营自主性	自主经营	受上游指导和限制
7	签约方式	通常以自己的名义签订合同	通常以制造商名义签订合同
8	付款方式	货款两清、需较大资金实力	提供保证金，不需太大资金实力
9	承担责任	利润至上，品牌责任小，对销售量负责	维护品牌形象，对市场质量和销售量负责
10	承担风险	承担销售风险	不承担销售风险
11	分销影响	对制造商分销政策影响较大	对制造商分销政策影响较小

在上表的分析中，可以重点关注与上游的关系、经营的品种、取酬方式和风险承担等内容。

严格意义上讲，目前很多企业营销中常用的一些概念，如招商代理、独家代理、区域代理、产品代理等概念，都是不对的，应该称之为招商、独家经销、区域经销、产品经销才更为精准。相信通过上述的比较，企业渠道经理一定能够正确地定义经销和代理关系。

要特别提示的是，很多企业在签订协议书时通常没有正确区分经销协议和代理协议，混淆了上述两个名词，其实这两种协议企业要承担的法律责任是完全不一样的。

【案例分享：两票制带来的医药行业渠道成员转型】

新医改为医药行业带来了重大变革，而其中两票制的推出更是给医药行业的渠道管理带来了巨大冲击。

所谓两票制，是指药品从药厂卖到一级经销商时开一次发票，从经销商卖到医院再开一次发票，以两票的形式代替原有的三票、四票，以政策强制力减少原有流通环节的层层加价。

两票制是通过减少流通环节的层级，降低药品的流通成本，继而实现降低药品价格的目标。针对此政策，大型经销商反应普遍乐观，他们认为此举能增强行业的集中度，有效应对各类风险冲击；而中小型经销商则面临着被淘汰的命运，有些经销商选择了转行，也有些经销商选择了被兼并重组，还有部分经销商采用全新的佣金制或提成制与上游厂家合作，以此来应对变革的冲击。

经销商与上游厂家采取全新的佣金制或提成制合作方案的，双方的关系已经发生了根本性的转变，这是从经销商向代理商的转变。在未来的渠道发展中，代理制将成为一种新常态，代理商在渠道成员中占据的比例也会逐渐提高。

代理商和经销商的可控性管理

企业不论是采用经销制还是代理制，都需要按照企业的实际情况来决定。经销制和代理制本身没有优劣之分，它们有着不同的运作机制，有着不同的适用范围。

在经销制中，企业通常会设置一级经销、二级经销，甚至三级经销；在代理制中通常会设置区域代理、产品代理等。而无论是对经销商还是对代理商，始终使企业保有对其的控制力，是渠道管理的重要一环。

从渠道的可控性上，经销商和代理商有较大的区别，渠道管理中应该对其进行区分对待，如图 3－1 所示。使用渠道可控性管理工具可以有效对代理商、经销商的性质进行区分，同时按照可控性进行管理。

代理商与企业的关系较为紧密，其日常运作受到企业规章和政策的影响较深，因此对于代理商的控制应按照企业的内部管理进行。

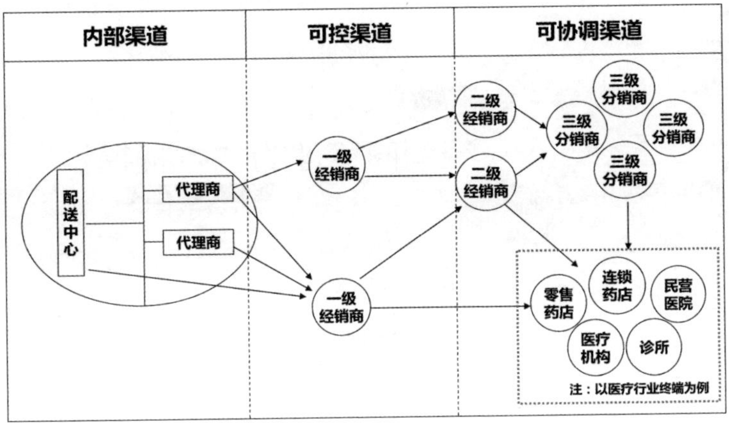

图 3－1　SMOP 工具 17——渠道代理商和经销商的可控性

经销商不仅有着较强的独立性，而且有着较多层级的划分。其中，一级经销商与企业直接对接，关联最紧密，是企业的可控渠道，可以通过渠道政策进行有效把握；二、三级及各类终端企业不易直接接触和控制，则需要通过一级经销商共同实施管理，进行有效协调。

按照渠道可控性管理工具的指导，企业应该加强对代理商和一级经销商的控制力。对代理商应当将其作为企业内部渠道的一环，按企业管理方式进行控制；对一级经销商则应将其作为合作伙伴，以共同发展作为宗旨。对于二、三级经销商和终端网点，企业不要强行控制，这样不仅会使渠道管理成本攀升，效果也未必好，充分发挥一级经销商的中间环节作用，能使企业事半功倍。

第17课

经销商管理的“木桶模型”及应用

本课核心知识要点：

1. 经销商管理的木桶模型
2. 木桶理论的延伸及应用

“之前我一直以为代理商和经销商只是名称上的区别，没有区分。”马亮认真地说道，“没想到这种囫囵吞枣的理解，存在着巨大的隐患。如果按照我们企业的情况，所有的渠道成员都应该严格称为经销商，因此我们需要进行一次严格的梳理，把原来未作区分的、签订的和未签订的、具有代理字样的协议，全部改为经销商协议。”

包教授面带微笑，说：“对，这是经销商管理的基础工作。”

“每个经销商情况都不一样，经销商管理究竟管理哪些内容？”马亮脸上又出现难色，“企业这方面问题很多，杂乱无章，包教授可否帮助我梳理一下？”

只见包教授站了起来，走到客厅的玻璃墙前，说“你可以用‘木桶模型’来进行管理。木桶模型是渠道微积分 SMOP 理论的重要工具之一。”

“木桶模型？”马亮用手指着包教授画的图，好奇地说。

“对，就是木桶模型。”说着，包教授用彩笔快速地画起来（如图3－2）。

包教授进一步解说道：“木桶能装多少水，不取决于最长的木板，而取决于最短的木板。劣势决定优势，劣势决定生死。这便是管理学上著名

图 3－2　木桶理论在渠道管理中的应用

的‘木桶理论’。木桶理论近些年作为一种整体竞争力最大化的管理方式，在团队管理、企业管理、渠道管理中都有着极其广泛的应用。”

到底经销商哪些方面需要管理？

“木桶模型”可以将经销商的管理要素划分为九个，分为两个维度，即桶底和桶壁。

桶底：业绩、能力、流程、策略是第一维度，构成了木桶的桶底，这是经销商管理的基础；如果有一块缺失或是整体上不牢靠，那么就会彻底“漏水”。

桶壁：销售规模和市场经验、物流信息、财务实力、合规经营、领导团队是第二维度，构成了木桶的桶壁，决定了经销商的能力上限，如果有一项短板，经销商的整体经营实力和业绩就会大打折扣。

“木桶模型”被广泛用于经销商选择、调整、考核和动销等渠道管理工作中（如图 3－3）。

图 3－3　SMOP 工具 18——经销商管理木桶模型

第一维度：

（1）业绩。这是衡量经销商的

最主要的指标。过往的业绩可以反映出经销商的管理和营销水平。通常具有优秀业绩的企业，其成长性、规范性、竞争力、市场力等均较强。业绩不单指销售规模、销售网络和销售量等单一指标，而是按照经销商评价的KPI关键绩效指标综合评判的结果。

（2）能力。指经销商企业综合能力，不仅包括市场能力、销售能力、管理能力，同时包括政府事务能力、财务能力等，还包括企业领导者的自身能力等。能力需要量化，通常采用企业自评、第三方机构测评等方式实现。

（3）流程。反映经销商企业管理的法制化，经销商内部运营规章制度的完善程度是重要的考量依据。一个通过制度和流程等法制化手段管理的企业通常比无制度和流程的企业更健康、更稳定。流程也反映出一个企业对信息化的应用，体现了经销商自身的管理效率和营销效率。

（4）策略。体现经销商的经营理念、价值观、发展方向，同时也体现了经销商运营中智慧的高低。

第二维度：

（1）销售规模和市场经验。市场经验是指之前经销商是否有做同类产品的经验，通常有同类产品销售经验的企业更易于介入市场，易于快速上量。

销售规模通常会以销售额等作为指标，同时需要考量网络覆盖率等。一般会以终端客户作为量化标准，包括主要客户是谁、在哪里、购买习惯有什么特点、能不能覆盖企业需要开发的市场等。

（2）物流信息。物流配送是经销商的核心能力之一。在此方面主要关注配送效率高不高，配送速度如何，以及对于供应中的问题的解决速度和成效等。另外，还需要关注是否能够提供物流清单和客户开发信息，是否可以收集及处理市场信息等。

（3）财务实力。从对资本的依赖角度看经销商，经销商属于资本密集型企业，资金实力决定了未来发展的规模。此方面重点分析经销商的资产情况、资金的周转情况，是否有雄厚的资金来保障产品的销售，信誉是否良好，会不会厂家开了票以后拖着不付款，是否有要账人员排队的现象等。

（4）合规经营。随着市场监管的严格，经营正规化成为对经销商新的要求，保持合规的经营才可以保持发展的稳定。此方面要关注经销商市场运作是否科学、守法，能不能对质量问题作出解答，退换货的态度如何。如果经销商运作有问题，规模越大，风险也会越大。

（5）领导团队。经销商领导团队的综合素质水平决定了经销商未来的发展。此方面需要关注股东、高管之间是否有矛盾，当地的社会资源如何，如在招标、医保、物价申报过程中的能力，处理危机的能力等。

木桶理论的反思及应用

木桶的装水量不仅由短板一个要素决定。“木桶理论”的新释义如下：

（1）木桶桶底的直径越大，装水量也越多。具体到经销商管理，构成经销商木桶模型底部的业绩、能力、流程、策略等要素越是扎实牢靠，其潜力也就越大。

（2）木桶装水量由形状决定，圆桶容积要大于方桶。结构决定力量，经销商组织结构的运作协调性和向心力，决定了经销商的优劣。

（3）木桶装水量和木板的结合度有关，越紧密的木桶越不容易漏水。如果经销商各要素间不能形成协调配合、无缝衔接，那么也极有可能“竹篮打水一场空”。

经销商管理是一个动态的过程，根据以上这些“木桶理论”的新思路，演变出了经销商管理木桶模型的三项新定律。

定律一：木桶不变，通过倾斜角度来增加容量。

每个经销商都是一个形状完全不同的木桶，他们有着不同的优劣势，木板的长度也参差不齐。但在实际情况中，经销商并不会按照企业的希望轻易地改变原有的模式，这使得传统“木桶理论”难以实施。

那么，企业应当如何正确地引导管理经销商呢？按照该定律，通过政策的力量促使经销商调整木桶的倾斜角度，最大程度发挥优势力量，降低短板的不良影响，从而将木桶的短板效应转移到倾斜角度和长板长度上来。

定律二：通过增加长板长度来提升木桶容量。

长板的优化与短板的弥补相比，往往阻力更小，动力更足。而且从管理实践中来看，真正形成竞争力的是长板，短板改善后若未发展成优势也很难形成竞争力。

在定律一的基础上，我们得知，通过增加长板长度也能不断扩大木桶容量，不必受到短板的影响。此时，短板效应就变成了长板效应。而实践也证明，改善优势往往比弥补劣势更加迅速、更具成效。

定律三：木桶容量大也要有水可装。

经销商木桶模型的九项指标是建立在一种静态的理想假设下的，但经销商的实际业绩是一个动态发展的过程。无论经销商的装水量再大，也需要与之匹配的水量，否则就成了一个空桶，无法产生与之对应的价值。所以，企业在经销商管理中要确保有与之相符的市场需求和流量，否则经销商管理就成了纸上谈兵。

【案例分享：娃哈哈联销体渠道模式】

娃哈哈集团是我国知名的本土企业，以代售起家的娃哈哈曾经在渠道上具备独到的优势。但是随着农贸市场兴起对集团造成的冲击，娃哈哈的销售渠道开始混乱，布货困难，企业和经销商逐渐走向了对立面。

娃哈哈决定放弃原有的营销路线，采用联销体渠道模式。联销体模式有明显缺陷，例如分销商为自身利益产生冲突，具有较大的抵触；老旧产品难以平衡退出市场等。但是该模式有利于快速布货，并将产品渗透到各个领域，加强分销商的市场影响力和开发管控能力等，并最终实现了多个分销商共赢，化解了分销商的利益矛盾。

娃哈哈联销体模式的成功，正是运用长板效应的结果，结合自身和分销商的优势，并将之最大化，通过共同的成功来降低或消除一些不利因素的影响。

企业在运用木桶模型管理经销商的过程中，要灵活开展，多角度审视、考核经销商，用最合适的方式增强经销商的竞争力。同时，要建立平等共赢的合作机制，和谐发展，不能只单方面要求经销商竞争力的提升，也要提供有利的资源和政策。

第18课

选择经销商需要遵守四项基本原则

本课核心知识要点：

1. 经销商选择的四项基本原则
2. 影响企业经销商选择的因素

木桶理论，源于生活常识。没想到关联经销商管理后，可以让人耳目一新，可以使人在渠道管理中得以应用。

马亮边听边思考，越发觉得包教授讲述的渠道微积分知识已经超越了渠道管理的理论、知识、技术和应用本身，对他最大的启迪在于告诉了他一种重新思考问题的方法，让他用一种新的视野去审视自己未来的人生。

“木桶理论，之前也接触过，都是按照习惯逻辑，匆匆略过，没有进行过如此深入的思考和反思。”马亮总结说，“正如清代文学家张潮《幽梦影》中描述的‘少年读书如隙中窥月，中年读书如庭中望月，老年读书如台上玩月，皆以阅历之浅深，为所得之浅深耳’。经包教授这样一点拨，我懂得了怎样学习和读书。”

包教授说道：“其实许多管理理论都是从现实生活中获得的启发，也有许多管理模型一开始很单一，后来不断发展，适用范围和效果越来越强。”包教授进一步阐述道。

“你找对象了吗?”包教授突然发问。

“还没有。”马亮答道，他不知道包教授葫芦里卖的什么药。

“找什么标准的？如何找？怎么找？其实和选择经销商是一样的。这一步决定了你未来生活是否幸福，是最最基础和关键的。一定记住合适是最重要的。选择一批高质量的经销商能省去往后工作中的许多麻烦，且带来更多的经济效益。”包教授解释道。

经销商选择的四项原则

经销商是渠道管理链条中的要素。经销商的效率决定了渠道管理的结果，选择不同的经销商常常会带来截然不同的渠道运营成果。通过研究总结国内外众多企业在经销商选择上的经验，我们发现，通常都会遵循这样的原则（如图3－4）。

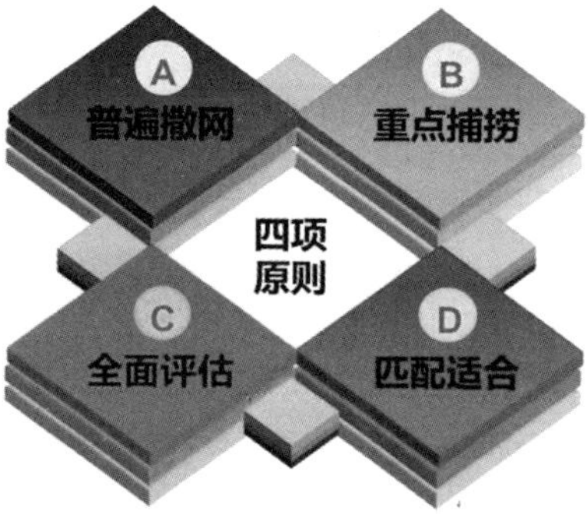

图3－4　SMOP工具19——经销商选择的四项原则

1. 普遍撒网

根据渠道生命周期理论，处于渠道生命周期的初始期，企业需要网罗区域内的经销商。企业可以通过同行的介绍、朋友的推荐、终端的推举、短信邮件的联络、行业区域会议的接触等方式，获取最大量的经销商信息，以增加经销商选择的空间。在渠道生命周期的增长期和成熟期，通常企业已经固定了自己的合作经销商，但是此时也需要关注适合企业产品的经销商的信息，做好渠道调整和经销商更换的准备。

2. 重点捕捞

对于初步筛选的经销商，企业要逐一甄选，选择认可公司产品、理念和文化，能够共同发展的经销商作为合作伙伴。重点关注的条件有：第一，在区域市场拥有良好的终端资源和政府关系资源；第二，合作期间不做同类竞争产品；第三，有较高人员素质和一定的管理水平，财务状况良好；第四，在行业有较好的口碑；第五，最好有同类产品的销售经验；第六，竞争产品的经销商可以优先考虑。

3. 全面评估

企业需要建立对经销商筛选的评估系统，全面对预备合作经销商进行考察和评估。此外，还需要对经销商的基本情况作全面的了解，包括经销商的发展历史、既往的成功业绩、经营的产品结构、管理的理念、营销的水平、配送的能力和技术、信息化的应用等。

领导团队的作风决定了一个企业的性格，在选择时可以将对领导团队的考察作为重点。

4. 匹配适合

是不是规模最大、实力最强的经销商就最好，也许每个人在这个命题上都会持否定意见。但我们却见到，在实际操作中，企业通常会习惯性地以此作为标准。

如果经销商规模大、实力强，也能够和企业一起谋求共同发展，当然是最理想的事。但实际工作中，大的经销商所经营的品种也较多，在单一企业的产品上所花费的精力也有限。而且经销商实力越强，经销条件越苛刻，跟厂家的讨价还价能力也越强，厂家越不容易掌握渠道决策权。因此每个企业一定要务实地考虑渠道经销商定位，规模、实力与企业匹配，适合产品销售特点的经销商才是最好的经销商。

选择经销商需要考虑的因素

选择经销可以从人、财、网、物四个方面入手（如图3－5）。

人的因素：主要是对经销领导者或是整个管理团队的考量。比如人品，经销商的领导者必须要讲道理、讲信用，没有一些会影响工作的不良嗜好；理念，经销商要具备现代化的管理理念并能够认同企业的文化；眼

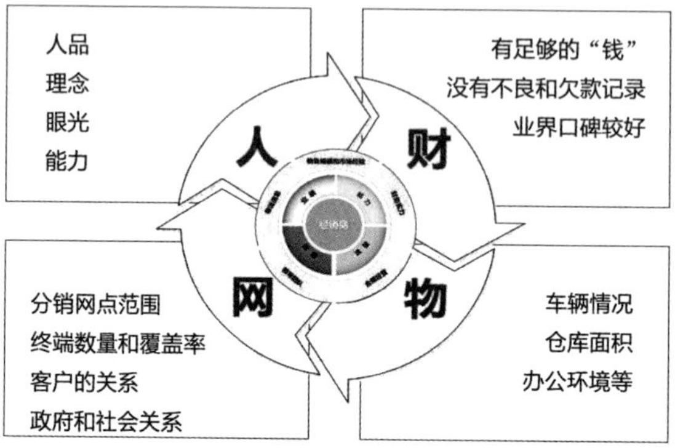

图3－5 选择经销商需要考虑的影响因素

光，经销商要能够坚持长期合作，不过分追求短期利益；能力，经销商的管理层要具备优秀的个人能力与团队能力。

财的因素：既包括对经销商资金实力的考察，也包括对经销商资金信誉的考察。经销商的口碑和信誉度是企业与之合作的前提和基础。“人无信则不立”，经销商如无信誉，则合作难以保证，所以选择经销商一定要将信誉放在首位。即便经销商资金实力雄厚，但如果有着大量的不良欠款记录，企业也要慎重考虑合作事宜。

网的因素：主要是考察经销商的铺货能力和销售能力。其中，不仅要关注经销商的网店范围、终端数量和覆盖面积等实体网络，还要关注经销商与客户的关系、与政府机构的关系等虚拟网络，这些对于实际的销售都是大有裨益的。

物的因素：是指经销商的硬件环境。比如车辆数量和仓库面积，这关乎经销商的运输能力和仓储能力；再比如工作办公环境，这对经销商的员工工作效率会有不同程度的影响。

除了上述选择经销商的四个方面，还有一些其他的影响因素，作为选择经销商时的参考。如：

终端客户：经销商所连接的终端网点有哪些，具体分布如何，对接的终端消费者的特征和潜力如何等。经销商的销售网络能否满足企业的市场开发需求，具体的覆盖率有多少。

运作体制：是否科学，规模如何。如果运作不科学，那么规模越大，伴随的风险也越高。

管理体系：是否完善，工作效率如何，执行的速度和质量如何。

服务水平：接待下游客户的能力，能否对质量问题作出解答，协商退换货事宜的态度如何。

合作预期：能否满足企业的分销要求和条件，能否在工作中协同配合、长期合作。

综合处理能力：经销商对分销相关事宜的处理能力，处理突发状况和潜在危机的能力等。

企业经销商选择过程是动态发展的。不仅需要考虑上述的客观标准，还可以根据经销商当前能力和发展潜力的不同，作出判断。既能带来短期利益，又有长远发展潜力的经销商自然是企业最乐于见到的，但是这样的经销商往往数量很少，可遇不可求。既不能带来短期收益，又没有长远发展潜力的经销商自然需要优先放弃，或者是作为阶段性的“临时工”。更多时候，企业需要从追求短期收益和长远发展中进行选择，而在不同的行业、不同的阶段可能都会有不同的选择重点，需要企业根据最迫切的需求进行选择。

企业选择经销商，需要取舍，但不能“将就”。对于经销商最基本的选择标准必须严守，如果因为找不到合适的经销商就轻易降低标准，会给未来的渠道建设及管理都埋下隐患。

第19课

经销商分类评估和甄选的常用方法

本课核心知识要点：

1. 经销商分类评估和甄选的四种常用方法
2. 企业实现经销商评估和甄选的路径

“唉，如果我能早点认识您，就不用做那么多无用功，就能按照您的指导更准确地选出经销商了。”马亮带着一丝遗憾说。

“亡羊补牢，为时未晚。上述我们只是讲原则和标准。”包教授开导说，“所有的经销商都不会在自己的脑袋上贴上标签‘好经销商’；因此下一步需要我们通过工具和方法，按照上述原则和标准进行经销商评估，通过评估甄选出适合企业的经销商。”

经销商的分类评估和甄选

经销商木桶模型构建了两个维度九项指标，可以以此为依据，从不同的角度对经销商分类，建立不同的评估和甄选方法。通常可以按照经销商与生产企业的远近、销售规模、信用情况、对企业的忠诚度四种方法进行划分。

1. 按照经销商与生产企业的远近，经销商可分成一级经销商、二级经销商、三级经销商等

通常一级经销商为生产企业的直接交易客户，对厂商的物流、资金流

负责；二、三级经销商则通过一级经销商进行交易，对于生产企业为间接交易客户。各级经销商构建的渠道网络，经销商的级别不同，功能定位也不一样，甄选和评估的标准和方法也有差异。

2. 运用28原则，按照销售规模将经销商划分为A、B、C三个等级

A类经销商通常销售额最大，占据区域总销售额的80%左右，为生产企业的重点维护对象，此类经销商的数量通常占企业经销商总数的20%左右；B、C类经销商销售额占20%左右，经销商数量占80%左右。需要提醒的是，B、C类经销商的进步性相对较快，在甄选和评估中要将进步性作为主要的考量指标。

3. 按照客户的信用从高到低，可以将经销商分为不同的信用等级

信用等级反映了客户的信用状况、信用程度。信用好的可以多授予信用额度，信用差的则不能授予信用额度。

4. 利用经销商管理矩阵，按照经销商短期收益和长远发展两个维度，把客户分成分别为A、B、C、D四类

不同象限的客户采用不同的评估、甄选标准以及发展思路（如图3－6）。

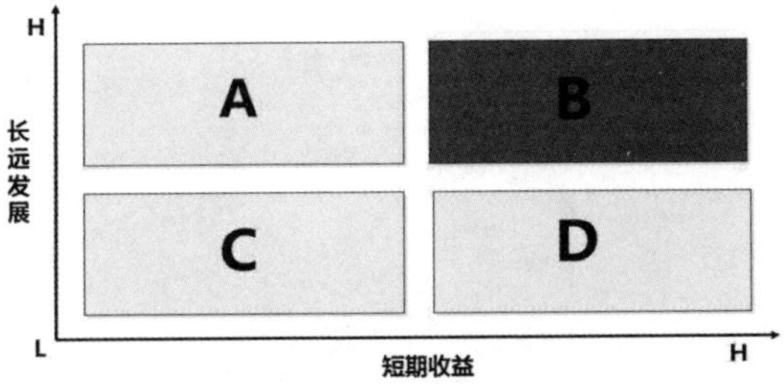

图3－6　经销商分类评估和甄选

B类经销商既能带来短期收益，又有长远发展潜力的经销商自然是企业最乐于见到的，但是这样的经销商往往数量很少，可遇不可求。既不能带来短期收益，又没有长远发展潜力的C类经销商自然需要优先放弃，或者是作为阶段性的“临时工”。更多时候，企业需要从追求短期收益和长远发展的A、D类经销商中进行选择。

上述四种经销商的划分不同，甄选和评估的重点也不一样，在渠道的不同发展阶段，渠道的重点也不一样，通常生产企业在甄选经销时，可交叉运用。在不同行业、不同阶段可能还会有不同的选择重点，需要企业根据最迫切的需求进行选择。

经销商分类评估和甄选的执行方法

评估和甄选对于生产企业来说，是一个动态的过程，通常在合作前期、合作过程中、每个合作年结束时周期性地进行。采用的方法一般为三种：①定量法；②定性法；③动态法。按照经销商管理木桶模型第二个维度对应的五项标准，可以将评估和甄选确定为五个评价和甄选要素，即：①销售指标达成；②财务实力付款；③市场合作支持；④团队管理水平；⑤物流配送服务（如图 3 –7）。

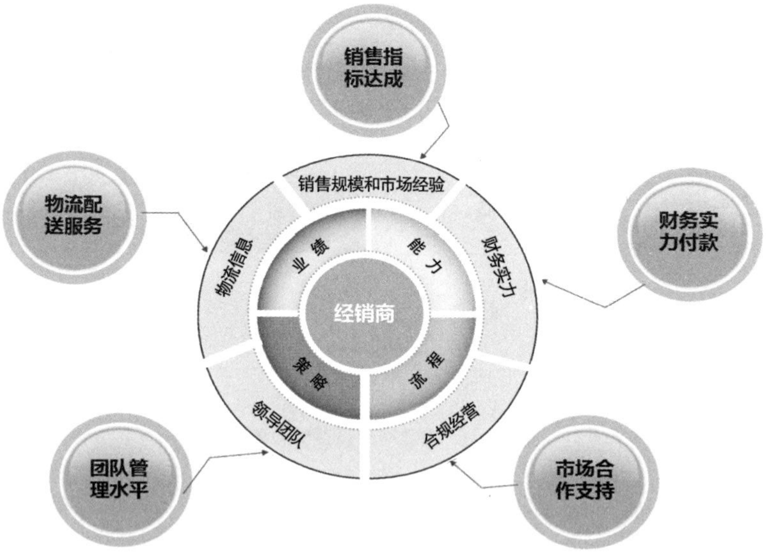

图 3 –7 SMOP 工具 20——经销商评估和甄选的五个要素

调查走访和问卷调查是企业对经销商进行评估和甄选最常使用的方式。在具体的调查走访和问卷调查内容上，可大体分为经销商直接信息和间接背景。

直接信息多指一些硬性的指标、数据，能够精准传达和表现的内容，例如销售额、客户数量等；间接背景则多指一些柔性的工作成果，例如工作态度、与各方关系等。对直接信息多采用直接访问、电话沟通、文件报表等形式进行；而对间接背景则多采用业内走动、终端客户访问、合作代理、内线调查等形式进行。

【案例分享：美国 Covidien 公司利用第三方公司进行经销商评估和甄选】

美国 Covidien 公司是一家全球领先的医疗产品供应商，被公认为是患者监护产品和呼吸监护器材领域的创新企业，世界 500 强之一。2012 年该公司与上海制信信息咨询有限公司合作在云南地区联合召开了经销商甄选战略合作恳谈会。当被问及为什么会选择第三方介入来进行经销商的甄选时，该公司负责人称采用第三方公司介入可以更加省时、省力、准确地选择经销商，公司不可能对全球每个国家、每个城市的医疗情况了如指掌，如果直接进入，就显得非常盲目，而且在人力、物力、财力以及时间上都耗费很大。这时若有第三方公司介入，那么第三方公司不仅对当地情况非常清楚，省时、省力、省资金，而且在覆盖和渗透的效果上也要比公司直接进入好得多。一是降低了很多不合法的风险，如有些经销商会通过不法手段谋取高额利益，有些不懂医疗的经销商会不顾安全问题自己解释一些不符合医疗技术的事项；二是避免了公司内部员工之间的利益纠葛；三是可以做到有的放矢，使产品在一个区域内更好地渗透。

上述案例为企业提供了一种新型的经销商评估和甄选的思路和方法。企业进行经销商的评估和甄选时，不应该拘泥于一定的形式和方法，应该按照企业的实际情况，采用最适合企业的方式开展，这样才可以达到效果。

第⑳课

经销商定性、定量、动态评价示例

本课核心知识要点：

1. 经销商常用的三种评价方法
2. 经销商定性、定量、动态评价示例

“包教授，您刚才说到对经销商进行评价和甄别有三种方法——定量法、定性法和动态法，作为企业如何运用这些方法呢?”马亮问道。

包教授笑着回应道：“你听得很认真啊。由于每个企业的渠道现状不同，因此定量法、定性法和动态法考核指标设计的细节差别很大，我会通过举例的方式让你更容易理解，继而可以结合你们企业的实际情况，举一反三。”

“哦？这三种方法与之前您讲的经销商评价和甄选的四种常用方法有何区别呢?”马亮似乎有些混乱。

“那四种常用方法是针对渠道如何进行分类评估的，而此三种方法则是针对每一个经销商合作的前中后期具体运行状况的综合性评价，是对经销商个体更为细化、数据化的考量。”

马亮恍然大悟。他越发感觉渠道管理中概念关联性的重要，渠道的管理环环相套，牵一发而动全局，组合拳才是渠道管理的王道。

经销商的三种评价法

在合作前期需要对经销商进行选择，在合作过程中需要对经销商进行评价和考核，在每个合作年结束需要对经销商工作进行总结。一般合作前期通常采用定性评价法，合作过程中会大量采用动态评价法，每个合作年结束时应该采用定量评价法（如图 3－8）。

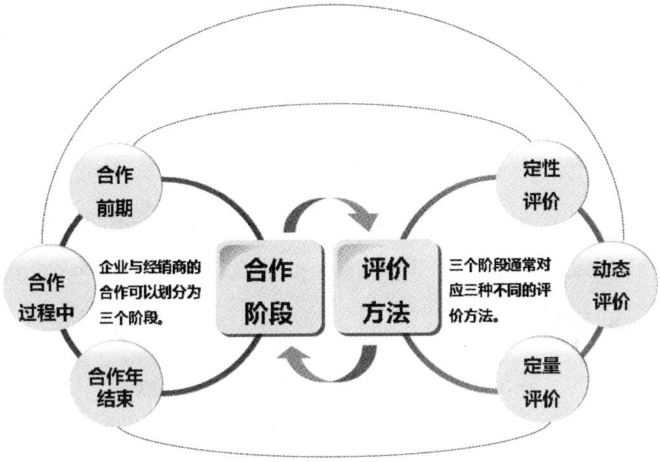

图 3－8　SMOP 工具 21——经销商的三种评价方法

（1）定性评价法：指凭借主观的判断对经销商的管理、协作、理念、活动、行为等无法量化或无数据支撑的指标进行评价，此方法简单易行，被多数企业所采用。定性评价虽然有较强的主观性，但是能对定量评价起到论证和说明的作用，定性指标常作为经销商评价的参考数据。

（2）定量评价法：对经销商的销售额、回款额、目标终端、市场占有率等可以用数字指标进行评价。企业通常按照要求设定各项指标的标准，以此标准对经销商的达成情况进行比较。此法的难点是 KPI 指标的设定，可按照企业的要求或多或少，只要符合企业的管理要求即可，也被多数企业采用。

（3）动态评价法：常同定性与定量评价相结合，更关注于过程的控制。评价指标可分为量化指标和质化指标两大类。

定性、定量、动态评价示例

三种方法通常相互兼容，配合使用，具体指标的制定是其成功执行的关键所在。

企业在实施过程中，不仅要设定每一项指标及其评分标准，还要设定每一项指标在整体评价中的权重。行业不同、企业需求和关注点不同，权重设定都会各不相同，这需要企业根据自身的实际情况和经验加以区分。

下面将就上述的三种评价方法举例说明，以便于大家理解和应用。

示例1：定性评价

在定性分析中，主要的评价因素通常有对企业政策的执行、对产品的重视支持程度、对分销商和终端的管理、对信息传递和报告系统响应、对促销和人员的要求五个方面，具体指标如表3－2所示，企业可以根据自身需要增减相应的指标。

表3－2　经销商定性评价的因素和指标

评价因素	定性分析指标	权重
对企业政策的执行	评价企业政策及策略的执行状况，价格执行、窜货管理、招标管理等	
对产品的重视支持程度	评价在代理的品种中对我方产品的重视程度	
对分销商和终端的管理	评价与我方区域经理或代表以及二、三级分销商、目标终端的关系	
对信息传递和报告系统响应	评价经销商对企业市场策略的参与和关切 评价对企业需要的报表和信息的上报情况	
对促销和人员的要求	评价产品在终端网点的陈列 评价经销商业务人员的动销终端状况	

对于表中定性分析的指标，需要特别注意：

（1）价格执行。对于成熟的市场，厂家的价格相对统一；而对于新市场，则要按照招标的价格进行招商。价格的差异性满足了不同区域的需求和特点，但是也大大增加了物流控制的难度。

（2）窜货管理。窜货问题必须严格控制，一经发现要果断采取措施。不过，也要区分清楚正常窜货和恶意窜货，处罚的力度和内容要有所区别。

（3）信息传递和反馈。此点无法量化，但是其优劣却能从信息传递和反馈的速度、内容等进行较为客观的评估。信息的传递和反馈对企业和经销商双方，乃至整个渠道的建设、优化都起着至关重要的作用。

示例2：定量评价

在定量分析中，主要的评价因素有业绩、终端、协议、物流、授信五个方面，具体指标如表3－3所示，企业同样可以根据自身需要增减相应的指标。

表3－3　经销商定量评价的因素和指标

评价因素	定量分析指标	标准	权重
业绩	销售额达成率（月、季度、年）	100%	
	按地区、级别分解后的指标达成率	100%	
终端	目标终端网点的覆盖率	40%	
	目标终端的增减情况等	15%	
协议	规定时间是否可以开发规定数量的终端	100%	
	业绩指标与计划的比较（环比和前同比）	125%	
物流	经销商库存N（单位：箱）	200	
	退换货数量N×2%	4	
授信	月销量与授信额度的比例	4：1	

对于上述定量分析的指标，需要说明：

（1）占有率、覆盖率、铺货率考核。这些指标通常在产品投入市场的第一年最为适用，具体的考核标准要按照产品特征和企业的市场战略来确定。这些指标过低不利于销售，但也并非是越多越好，需要同时关注销售质量。

（2）月度或季度销售额考核。经销商的销售额通常要按计划每月、每季度都有所增长，但也要根据产品的旺季、淡季加以区分。销售额的增长情况应该结合市场整体增长状况、公司商品的平均增长等情况分析、比较。此外，还需要关注企业产品的销售额占经销商销售总额的比例。

（3）退换货考核。一般情况下企业货物无质量问题原则上不予以退货，但为了支持和鼓励经销商发展，企业也应当允许一定程度的退货现象，具体额度由企业自行制定。对于滞销的产品企业应当主动予以适当调货，而对于不合格产品、运输途中破损的产品和经销商自己损坏的产品则不算在调货范围内，应该根据情况由企业负责退换货补偿或由经销商自负责任。

示例3：动态评价

在动态分析中，主要的评价因素有指标达成、财务付款、物流配送、市场支持、团队管理五个方面，具体指标及要求如表3－4所示。

表3－4　经销商动态评价的因素和指标

评价因素	动态分析指标	达标要求
指标达成	月度销售指标完成率	每月销售指标完成率100%及以上
	季度销售指标完成率	季度销售指标完成率100%及以上
财务付款	应收账款天数	季度回款平均小于等于30天
物流配送	送货及时满意度	终端网点总体对送货及时性的反馈
	送货准确性	终端网点对送货准确性的反馈
	安全库存天数	安全库存天数
	质量管理达标	质量管理审计或培训
市场支持	市场价格管理	市场价格管理配合度
	客户定期拜访	按要求完成关键客户定期拜访频率
	季度市场投入	按要求和计划进行市场投入
	招投标项目配合	招标相关流程的执行
团队管理	专职人员配备	按要求配备足额的专职人员
	培训出勤和考试达标	参加培训出勤率和考试达标率
	团队能力合格	团队整体能力符合要求

动态分析中的指标，主要分为量化指标与质化指标两类。量化指标主要指销售额、回款率等硬指标，能够具体衡量经销商的销售业绩。质化指标主要是用于反映经销商对企业的关系度、忠诚度等。需要说明如下：

（1）销售额。需要考察经销商的销售额是否有阶段性增长，与厂家同期销售额的平均增长相比如何，是否达到了最大销售额，有哪些需要改进的环节等。

（2）回款率。需要考察经销商回款是否及时，回款率是多少，回款率与销售额的增长是否同步，回款率和销售额要结合起来进行综合评价。

（3）库存量。经销商的库存量大，优点是不易断货，保证终端网点能够随时提货，但缺点是会影响回款时间，且对时效性产品影响较大。所以库存量标准必须合理，既要保证供应又不增加资金压力。

（4）配送速度。供货的速度自然是越快越好，但这对于经销商的能力要求很高，也会在一定程度上增加成本。

（5）信息提供。经销商需要提供的信息包括流向表、市场调研报告等。其中流向表是基本信息，能够为企业提供真实、全面的产品销售情况。

在进行经销商评价时，不能只套用一种模式，而是需要定性、定量、动态评价配合使用，否则就不能真实客观地评价经销商的优劣，从而无法为经销商的淘汰与调整提供科学的决策依据。

第21课

读懂和满足经销商不同阶段的需求

本课核心知识要点：

1. 经销商的阶段性需求
2. 人性化管理经销商需求

包教授对照着表格向马亮一一进行讲解，详细地说明了不同评价方法的注意要点。

马亮若有所思，说道："这些考评标准很好，不过有些经销商实在是有些'不服管教'，这次出差拜访客户，就有经销商直接和我提出，公司制定的指标过高无法达成，并对企业不接受退货的规定表示了巨大的反感，甚至威胁我，如果我回来后，公司不解决退货问题，他就把货低价销到别的省区。"

"我深知，强硬地管理就会发生矛盾，不强硬就难以执行公司的规定，这真是两难呀。"马亮继续说道，"回来后，我向老板汇报了经销商的情况，老板根本没有听我说明原因，就态度坚决地告知我，政策是对所用经销商制定的，不能因为一个经销商而改变。"

看到马亮像是霜打了的茄子一样，包教授摇了摇头，说："不是经销商'不服管教'，而是你们没有读懂他们。任何一个经销商，都不会无缘无故地抗拒上游厂商。如果他们不配合，那一定是因为他们的正常需求没有得到满足。心中有不满，自然会有对抗。像你举的这个经销商的例子，背后一定有很多你还不掌握的故事……”

“我又没有‘读心术’，怎么知道他们在想什么？”马亮说道。显然他还沉浸在这件事情的打击下。

“人与人之间常会出现相互不理解的情况，更何况企业与企业之间呢！”包教授继续说，“有时，经销商无法把握自己的真正需求；而有时，企业对经销商需求百般苛责。这些都使双方渐行渐远。”听后，马亮陷入了沉思。

“其实，你大可不必因读不懂经销商而苦恼。把握经销商需求，看起来复杂，其实却很简单。经销商需求万变不离其宗，总结起来不外乎短期利益和长期发展等。”包教授继续说道。

马亮正听得入神，突然包教授问道：“马亮，你周围有这样的人吗？”

“哪样的人？”马亮好奇地反问。

“日常工作中，有部分渠道经理自我感觉良好，本身根本没有意识到经销商对他们的反感。”包教授认真地说，“像有些人平时见不到人影，月底催款人就出现了，催款比谁都急；有些人很少下市场，时不时去经销商那儿混吃混喝；还有些人经常走访市场，但不懂市场，瞎指挥，不解决实际问题；也有些人俨然一副领导派头，说话打官腔，把经销商当做自己的下属，吆五喝六……”

“之所以如此，都是因为没有读懂经销商的心态。”包教授总结道。

“读懂，读懂……”马亮重复着包教授的关键词，耳边回想起那首脍炙人口的歌曲《读你》。

“对，是读懂。”包教授答道。

经销商的阶段性需求

需求产生市场，经销商需求的达成是生产企业进行经销商管理的重要内容，如果不能满足经销商的需求，渠道管理就失去了意义。而要做到这一点，生产企业首先必须读懂经销商。

我们要知道，经销商购买的不只是生产企业的产品，更是生产企业的服务和政策。经销商在起步、增长、成熟等不同的发展阶段，其需求也完全不一样，如图 3 －9 所示。

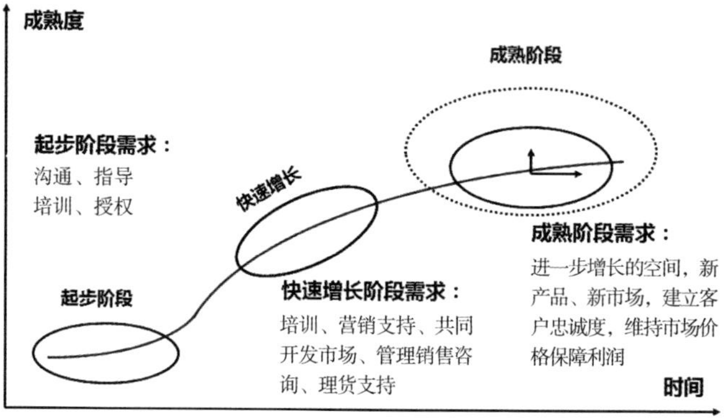

图 3 －9　经销商不同发展阶段的需求

经销商在不同的阶段需求迥异，需要生产企业制定不同的支持政策和管理方案。

1. 起步阶段

此阶段经销商需要的是生产企业的深入沟通和指导，以帮助其快速成长。此阶段生产企业需要通过对经销商的培训，使经销商的理念、经营方式等与企业的要求相接近，只有理念相同的经销商才可以成为企业的长期合作伙伴。经销商发展的初期就像一张白纸，往往生产企业的经营理念就是经销商的理念，此阶段经销商的顺应性往往较强，执行性较好。

起步阶段的经销商特点是规模不大，人员较少，网络覆盖有限，负责一个或几个终端网点，县级或邻近两三个县级市场终端的货物配送、结款；积极性高、操作机动性强、终端把握能力强；但是其资金实力小，缺少忠诚度，往往没有长远规划。

2. 增长阶段

经销商经过初期起步以后，往往会有一定自己的想法，形成区域开发的自我思想。此阶段生产企业需要关注经销商的经营理念是否与企业的相符，需要通过市场培训、市场支持、营销方案的共同执行等，对经销商进行有效引导。此阶段经销商发展和扩大规模的意愿最为强烈，生产企业可以通过对各地营销思路的总结，为经销商提供一些新的想法，帮助经销商快速调整和发展。生产企业要对其进行深入分析，谨慎选择，避免被表象迷惑，使区域市场开发受到影响。

此阶段经销商的特点为具备一定的市场能力，具备区域内的终端开发能力，有队伍，有一定的资金积累，但是好高骛远，急功近利，往往不顾生产企业的规则，为一己之利而宁可不做大销量也不让他人分享市场，且与厂家抢夺市场控制权。

3. 成熟阶段

成熟的经销商通常对生产企业市场开发和合作的要求较为苛刻。经销商进入到成熟阶段，缺少的不是产品，而是企业的服务及长期的盈利支持。常言道“上赶的不是买卖”，在与成熟的经销商的合作过程中往往有如此感觉，通常一旦合作，往往取得的效益会超出原来的预想。

成熟阶段经销商的特点是规模较大，有成熟的终端网络和渠道网络，在区域市场有影响力和良好的政府资源，但是其选择合作伙伴的条件较为苛刻。一旦合作，通常其会通过分销和配送能力，主动开发市场，协助生产企业做品牌宣传，忠诚度较高，与生产企业共同承担市场风险。

人性化管理经销商需求

经销商都是有性格的，不同的发展阶段经销商的性格往往不一致。经销商企业老板的性格通常会决定了一个企业的性格。因此分析经销商需求要像分析人一样来分析，才可以真正地把握经销商的需求。

首先，利是第一位的。没有经销商会做无利的生意，在与经销商的相处过程中利益是永恒的。因此，生产企业渠道政策的制定，一定要充分地考虑经销商的应得利益，如果不能达到经销商的基本利益需求，渠道政策就是再完美，也难以达到真正的效果。

其次，要注重情。经销商总是倾向于做自己熟悉的产品和领域，其实这是一种情感的依托。生产企业一定要关注此点，维系一个老的经销商通常会比开发一个新的经销商的成本低很多。情有时可以使经销商放松对价格、利益、政策的要求，与生产企业的理念更好地统一到一起（如图3－10）。

图3－10 经销商与生产企业的人性化需求

对经销商的需求管理，需要从利益和情感两方面进行。重利轻情，容易使经销商唯利是图，且不利于忠诚度的培养；而重情轻利，经销商难以生存发展，也容易使人情凌驾于制度之上。

另外，中国传统文化重面子，面子对于经销商来说就是一种名誉，如区域的总代理、总经销、独家授权等。名誉通常是经销商追求的高层次目标，有时经销商可以牺牲利益，但是决不可以牺牲名誉。因此生产企业在与经销商合作中，给足经销商面子非常重要，这也是与经销商合作中成本最低的一种运作方法，也是生产企业“情商”的表现。

【知识分享：中国的面子文化】

“面子”在中国代表广受重视的一种声誉，是在人生历程中步步高升，借由成功和被夸耀而获得的名声，也是借个人努力或刻意经营而积累起来的声誉。

“面子”是维护道德标准的一种社会约束力，是一种内化的自我制约束力量。

“面子”代表的是社会群体对道德良好者所持有的尊敬。道德良好者不论在什么情况下，都会表现出自己是个正直的人，都会履行自己的义务。

“丢面子”是团体对不道德或社会所不同意之行为的责难。严重损害社会道德规范之事，一旦为大众知道，便构成个人品格上的污点，同时引发大家的互相责难。“丢面子”的另一种说法是“丢人”，这里的“人”主要是指“人格”。

中国人所谓“面子”的大小，通常是由个人在某一特定场合中所占的位置及其所掌握的权力决定的。

第22课

大数据与经销商数据库的建立更新

本课核心知识要点：

1. 构建经销商数据库的原则和方法
2. 经销商资料卡与 CRM 管理系统

听完包教授的讲解，马亮恍然大悟："看来，是我的思想认识出现了偏差，在渠道管理中，不能把问题都归结在经销商头上，要从人性的角度思考问题，这样才有利于了解和理解经销商。"

"没错，有些渠道经理一谈到经销商管理，就以为真的要去'管'他们，其实更多的需要引导合作。渠道成员之间是上下游关系，不是上下级关系，在这个意义上管理只是让整个渠道运转更流畅而已。"包教授总结道。

"您的这个说法颠覆了我之前对经销商管理的理解。我想，在未来的工作中我将会把这种思想贯彻到经销商管理的每一个细节中。"马亮说道。

"你现在能立即说出几个主要经销商的信息吗？"包教授问道。

马亮刚想回答，突然发现自己脑中的资料实在是不够充分，便改口道："看来，我在这方面做的工作也不够……"

"你对经销商的了解比你想象中要少得多。"包教授继续说，"目前已经进入到大数据的时代，信息化程度高，数据资料的获取、存储更加容易，而价值也更大。因此，每一个生产企业，都应当建立并管理自己的经销商数据库。"

大数据与企业经销商数据库的建立和更新

随着互联网经济的发展，尤其是移动互联时代的到来，大数据应运而生。

数据本身可能没有意义，只有通过分析才能获取智能的、深入的、有价值的信息。如今数据和员工成为企业仅有的两笔无法被竞争对手复制的财富。好的数据是所有管理决策的基础，带来的是对客户的了解。

经销商数据库是企业进行经销商管理的基础工作，完善的数据库可为企业进行经销商甄选、管理、调整提供决策依据。如今数据已经成为渠道业务部门的生命线，数据在决策和行动时无缝流动，成为现阶段的要求。

构建企业的经销商数据库要遵循“全面详实、动态更新、定期盘点”的原则。

1. 全面详实

经销商数据库不同于一般的人事档案和产品档案，总结好之后就束之高阁，而是要进行日常分析和利用。经销商数据库资料是公司的宝贵资源，可以用于优化经销商结构，作为选择和更换经销商的依据。要做到全面、详实、具体，企业可设专人负责管理，通过“五定”来实施：①定专人，明确负责人和执行人；②定时，确定档案检查及更新周期；③定内容，确定经销商档案的项目；④定方法，制定经销商档案搜集及管理的具体操作方式；⑤定规则，明确档案管理规则及相关的奖惩制度（如图3－11）。

图3－11　经销商数据库建立的五定原则

2. 动态更新

经销商管理是一个动态的过程，动态更新数据库信息，可以使企业随时掌握经销商的信息和变化，对经销商的级别、信用、渠道政策等作出及时调整，比如经销商的升级、降级等。

3. 定期盘点

企业对于经销商还应该进行定期的分析、评估，调整管理重点。经销商管理最常见的问题就是主次不分，定期的盘点可以帮助企业把握重点，区别对待。

经销商资料卡

有数据就离不开记录存储，在经销商数据库的建立和更新中最常用的就是经销商资料卡，其也是商务内勤进行信息更新的基础资料。资料卡可以是纸版的表格，也可以是电子版的报表。经销商资料卡通常包括四个方面的内容。

1. 基础资料

基本资料包括工商注册全称、准确的注册地址、经营许可证和营业执照的发放和年检情况、股东结构、发货地址、开户行及账号等公司的基本资料；还要包括经销商主要负责人的从业经历和受教育情况、公司的组织结构、部门负责人的构成等；相关人的兴趣爱好、生日等信息，如果可能最好也要详细记录。

2. 信用资料

信用资料包括注册资本、开业历史、信用额度、信用期限、结账日、付款条件不良信誉记录等。

3. 经营资料

经营资料包括经营范围、销售规模、销售配送网络、销售人员数量、仓储状况、运输条件、竞争产品销售情况等。

4. 销售资料

销售资料包括历年销售公司产品的数量、月实际销售额、回款额、增长情况、新增客户情况等。

表 3 –5　经销商资料卡模板（示例）

公司：　　　　　　　　　　　城市：　　　　　　　　　　　　　　编号：

客户名称					地址				
电话/传真					邮编				
性质	A. 个体　B. 私营　C. 国有　D. 集体								
类别	A. 一级经销商（省会城市） B. 二级经销商（地级市） C. 三级经销商（县级市）								
人员	姓名	性别	生日	民族	职务	婚否	电话	住址	素质
负责人									
影响人									
采购人									
售货人									
工商登记号						税号			
银行账号									
资本额			流动资金				开业日期		
营业面积			仓库面积				雇员人数		
店面	○自有○租用		分店数量				车辆		
运输方式	○铁路○水运○汽运○自提○其他								
付款方式			经营额						
经营品种及比重									
开发日期			开发人						
授权经销地区									
授权经销品牌			授权经销品种						

填表人　　　　　　　　　　　　　　　　　　　　　　填表时间

经销商客户关系管理系统

随着电子化和信息化在商务管理上的应用，经销商数据库管理可以利用客户关系管理系统完成。客户关系管理系统不是一个简单的应用系统，更不是一个简单的客户管理软件，它是企业客户管理的理念和思想，是一种以客户为中心的企业经营观念，是一种通过若干系统和技术增强内外部互动的哲学与策略。

通过客户关系管理系统可以实现经销商和企业信息资源在一个平台上相互传递，达到公司内部和经销商有选择的资源共享，从而为终端客户提供更快速周到的优质服务，吸引和保持更多的终端客户（如图 3－12）。

通过对业务流程的重新设计，能够更有效地管理客户关系，降低渠道运营成本。

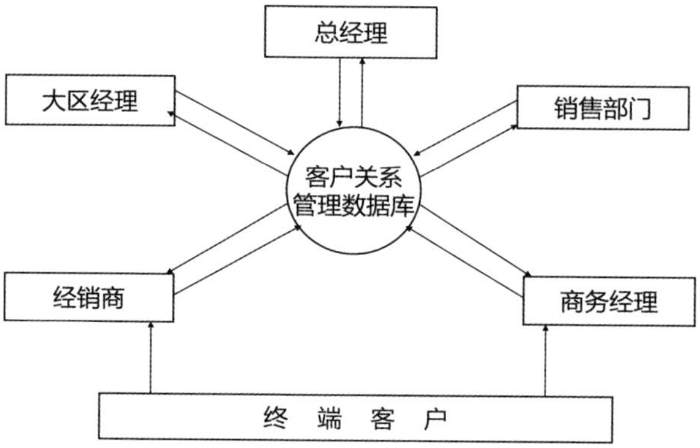

图 3－12 SMOP 工具 22——经销商客户关系管理系统的数据库建设

【案例分享：上海大众客户关系管理系统应用】

从 2004 年开始，上海大众的客户关系管理系统由最初的“联系电话”开始转变为“主要营销平台”。在 2004～2009 年间，上海大众先后建立车主俱乐部、车友会网站、车主社区平台，让广大大众车主畅所欲言，而大众则从中搜集宝贵的客户信息。

上海大众经过 20 多年的发展，经销商遍布各地。但是，经销商素质不一、想法各异，给渠道管理和客户服务都带来了诸多问题。而通过客户关系管理系统，大众与经销商之间加强了沟通。大众将搜集的客户需求信息传递给经销商，以便于他们修正经营思路、提高服务质量；而大众也要求经销商深度挖掘第一手客户资料，并保证在交易的第一时间将信息传送到客户关系管理数据库中。

在客户关系管理系统中，具体的模块和内容如表3－6：

表3－6　经销商客户关系管理系统模块和内容（示例）

模块	经销商客户关系管理系统主要内容
信息管理	1. 客户单位信息和联系人信息的情报收集；2. 销售渠道管理
日常管理	1. 周计划/月度报告；2. 机遇/事务提醒；3. 活动计划/历史管理
产品管理	1. 所售产品、品名、价格等信息集中管理；2. 产品的相关信息
销售线索	1. 机遇分配传递流程；2. 销售漏斗；3. 销售预测；4. 审批流程
报价管理	1. 产品折扣权限管理；2. 报价审核管理
招标管理	1. 标书信息管理；2. 投标情况；3. 中标情况
合同管理	1. 订单审核流程；2. 快速生成合同文档；3. 合同签订记录
物流管理	1. 发货；2. 在途；3. 经销商验收（产品）；4. 经销商流向
账款管理	1. 付款/催款提醒；2. 对账单；3. 催款记录；4. 付款/收款记录；5. 收款和合同执行
服务管理	1. 管理流程（信息接收、客户走访、促销活动、分销服务）；2. 经销商满意度调查/效率评估

通过客户信息管理系统的运用，上海大众与经销商和终端客户建立了更为紧密的联系。客户信息管理系统中汇集了经销商和终端客户的各类信息，这为大众进行科学的渠道管理提供了宝贵的数据支持。

计算机技术和网络技术的发展成熟让企业对数据进行搜集、分类、管理变得更加便捷，大数据管理是众多行业都在积极研究的课题。经销商数据库的建立，正是渠道从传统管理迈向数据化管理的基础工作。

第㉓课

1+1=1 模式实现企商双方共同发展

本课核心知识要点：

1. 渠道上下游共同发展的实现路径
2. 1+1=1 商业模式和实施细则

“运用经销商数据库管理，不仅仅是为了科学合理地管理经销商，更是为了对经销商进行引导，帮助其更好地成长发展。”包教授进一步解释道。

“之前的工作中，我对经销商资料的管理感觉太过于形式化，根本没有进行深入搜集和分析，更别提进行相应的指导和调整了。”听完后，马亮主动反省自己在工作中的不足。

“产生这些问题，主要由于认识、思路和定位，本位主义的干扰使得企业没能顾及经销商的需求。”包教授说道。

“是，您批评得很对。”马亮谦虚地说。

“经销商不断成长，渠道才能更顺畅，而最大的受益者，还是生产企业自身。只有企商共同发展，才会实现渠道上下游的双赢。”包教授一字一字地说道。

如何实现企商的共同发展？

企商共同发展，近年来成为生产企业渠道管理的共识和理念。企业要实现与经销商的共同发展，通常会遵循以下三个步骤（如图3－13）。

图3－13　SMOP 工具23——企商共同发展的实施步骤

1. 模式设计要与企业的特点和发展阶段相结合

由于每个企业的特点和渠道管理的发展阶段不尽相同，因此与经销商的合作模式也不尽相同。要形成与经销商的共同发展，需要先设计出与企业相匹配的合作模式。通常合作模式设计要考虑的因素包括产品、营销方式、企业发展战略等。

首先，产品不同，那么与经销商的合作方式不同。比如在医药行业中，处方药品对经销商的终端开拓能力、医疗机构的网络、医药代表的素质等要求较高，而OTC药品则与经销商的药店网络、物流能力、配送设施等的相关性更高；其次，办事处的销售方式需要经销商的终端开拓、物流配送和资金保障，而招商代理制的销售方式则不仅需要经销商的终端开拓、资金等，更需要经销商有优秀的专业代表进行上量；最后，销售方式的选用与企业的发展战略相关，自我把握终端和委托第三方管理终端是两种不同的发展方向，经销商的合作方式也不一样。

通过对企业状况和企业拥有的渠道资源的分析，可以建立起与经销商合作的发展模型，如1+1=1的商务模型。合作模型不限于一种方式，可以按照市场的重要性、经销商的类别、产品进入市场的时间等分别制定，以适应不同市场发展阶段的要求。

2. 建立样板市场检验和完善经销商合作发展模型

一种合作方式是否成功需要经过市场的检验，并在市场中进一步完善和丰富。通常企业可以选择代表性的市场进行试点，建立样板市场。

首先，按照市场的差异性。选用具有代表性的一至两个市场进行试点，如可以按照南北区域划分、省或直辖市划分、沿海和内地划分等；其次，按照经销商的类别选择具有代表性的一级商、二级商各一至两个进行试点；最后，按照销售市场的成熟度选择成熟的和刚开发的各一至两个市场进行试点。

样板市场的建立通常可以采用项目制进行，确定项目的目标、项目的时间、项目的领导小组和负责人以及项目实施中的协调机制。样板市场直接受企业总部的领导，便于对实施中发现的问题进行解决，对合作方案进行修正。项目结束时需要对样板市场的效果进行评估，以此对经销商管理的流程、规则等作出重新修订。

【案例分享：亿佳能与经销商的战略合作】

山东亿佳能太阳能有限公司可谓太阳能行业的一匹黑马，在公司成立次年就完成了1亿元销售额的佳绩。公司的成功不仅得益于其热水器产品的典雅外观和成熟技术，与其和经销商的深层次战略合作也分不开关系。

亿佳能首先从公司自身改制入手，将渠道建设重心下移，强化经销商关系管理，提升营销服务能力等，切实改善公司与经销商的关系。而亿佳能对经销商的支持更是全方位的。

方案支持：根据以往的成功经验，制定了详细的区域市场推广蓝本，以指导新加入的经销商快速启动区域市场。

资金支持：制定了一系列的资金援助计划，每年都会按照各区域预期销售额的一定比例确定推广费用并提前投入，还为经销商提供各种物料支持，如宣传册、设计手册、展板展架等。

样板市场支持：打造优秀经销商的“黄埔军校”，选择23个区域样板，予以重点支持，为经销商提供成功榜样。

人力资源支持：公司在内部组建一批一线销售精英团队，与经销商协同合作，全面提升经销商的市场开发与销售能力。

亿佳能由内及外的经销商合作模式，不仅大大改善了公司与经销商的关系，而且还从人力、物力、财力、培训等方面全方位提升了经销商的能力和业绩，并最终使双方共同获益，共同发展。

3. 全面推广，作好内部业务人员培训和经销商引导

全面推广成功的关键在于内部业务人员要详细掌握实施的要领，且深刻理解公司的管理意图，同时要作好经销商的培训。企业可以采用以下方式进行：

（1）内部启动和宣导大会。通过内部教育统一理念和思想，使每一个人可以领会公司的整体要求，销售人员、商务人员和相关人员需要全员参加。

（2）编制操作手册或指南。此手册或指南是每一个业务人员操作中需要遵循的依据，通常包括方案的介绍、规则、流程、职责和权利、经销商渠道政策、支持方案、考评方案和细则等。

（3）经销商培训。经销商的培训可以通过大会的方式统一宣导，也可以按照类别进行经销商的划分并分别培训，也可以按照商务、财务、销售等业务单元培训，还可以按照经销商的管理者和业务人员分类进行培训。

全面推广中会遇到各种各样的问题，因此需要进行有效的跟踪，做好内外的沟通，及时发现问题解决问题，才可以保证成功。

1+1=1商务模式及实施细则

企商合作关键要从实际出发，否则共同发展就只会沦为一种口号。在实践中1+1=1模式是较适合企业渠道管理的商务模式（如图3－14）。

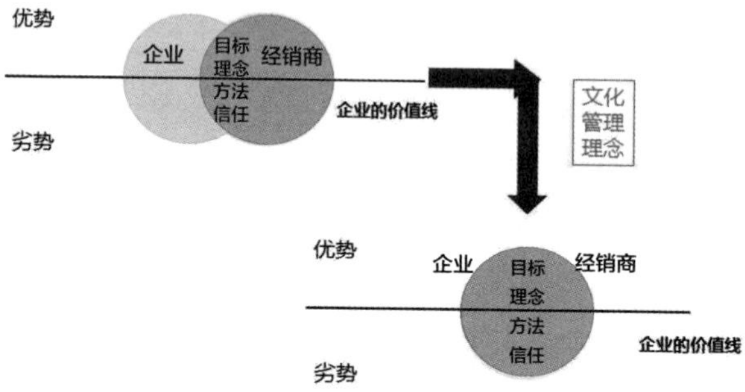

图 3－14 SMOP 工具 24——1＋1＝1 商务模式

1＋1＝1 商务模式是对企业商务管理实际工作的总结，体现了竞争差异化策略的营销理念，是企商协作、顾问和服务型一体化、优势互补、共同动销终端、实现双赢的新型管理模式。该模式中的理念、方法、工具适合于各个行业的商务管理，代表着一种趋势和方向。该模式的突出特点是企业与经销商理念、管理、方法和信任的输出和融合，特别强调“协作、服务和定位”。给政策不如给思路，给思路不如给支持，给支持不如去参与。

该模式的核心思路是“一个中心，两个基本点，三个原则，四个目标”，即：以渠道下移、精细渠道规划操作为一个中心；以建立专业型学术推广队伍和培养专业型销售经销商为两个基本点；三个原则是以终端建设为中心，以网络建设为重点，以帮助经销商设计盈利模式为基础；四个目标，即保证回款、保证费用合理、保证各级客户和谐稳定、保证对网络的控制力度。企业在 1＋1＝1 商务模式的实施过程中常会出现如图 3－15 的不匹配状况。当出现不匹配时，企业必须要进行实时调整，才能实现双方的一体化。如果没有进行有效的调整，即使模式再好，效果也会大打折扣。

要实现 1＋1＝1 商务模式，作为企业的领导者需要带领商务团队经历一个业务主导、适度调适、一体化发展的螺旋式上升的过程，其中重点就是“四个核心要素”的调整，即区域市场、经销商、终端客户和渠道经理（如图 3－16）。

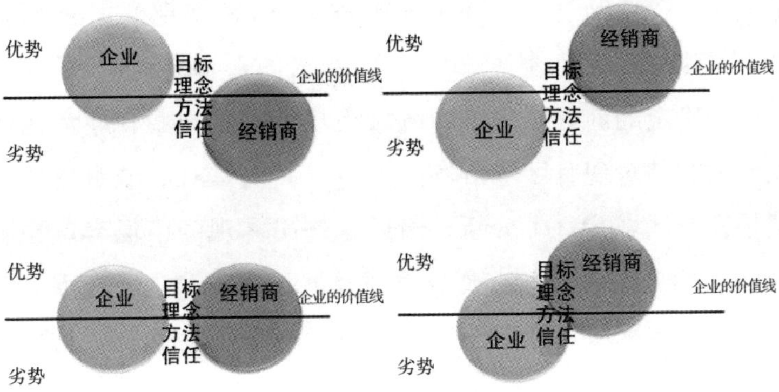

图 3－15　1＋1＝1 商务模式中的不匹配状况

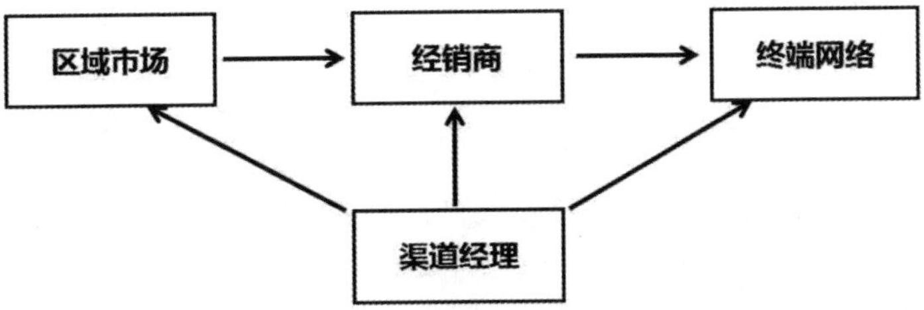

区域市场	通过对区域内各级经销商及终端的调研（普查），建立区域市场数据库，分析区域市场的容量和竞争强度，选择首先切入的区域，并确定区域目标责任。
经销商	在某区域市场掌握着较大的销售网络，具有较大的分销能力、具有现实和未来的意义的经销商。寻找并维持与核心经销商的结盟与合作是掌控终端网络、实现区域市场开发关键。
终端网络	建立稳定的终端网络是保证分销系统稳固的基础，必须优先进入和掌控优秀的终端，构建有效覆盖区域市场的网络，强调其有效性和排他性。
渠道经理	向核心客户提供经营管理和网络维护的经验与规范，对其队伍与资源进行分析利用，对其下辖的终端网络提供服务与支持。

图 3－16　1＋1＝1 商务模式的四个核心要素

虽然各企业针对不同因素的调整内容、调整幅度不一定完全相同，但完成四要素合理配置的目标却是相同的，正如中医理论中“药和方”、孙子兵法中的“兵和阵”的协调统一一样。在调适过程中，系统体系和运行机制的建立是关键，需要渐进、循环往复地进行，才能实现模式价值的提升。

1. 区域市场

区域市场确定的前提是完善的区域市场计划和方案，通常在计划和方案中首先要做的是对现有区域市场的评价，其次是对区域市场环境进行分析，再次是进行区域 SWOT 分析，最后是作出客观的市场容量预测。结合分析，区域市场要对区域内各级经销商及终端的调研（普查），建立区域市场数据库，确定区域目标责任，选择切入点，制订好推进计划。

2. 经销商

与企业有着共同的理念、掌握着较大的销售网络，具有较强的分销能力、销售份额较高，有未来发展潜力，可以协助企业品牌推广和对下游管理的经销商，我们称其为核心经销商。加强并维系与核心经销商的政治结盟与合作是掌控终端网络、实现区域市场开发的关键。核心经销商的出现与企业政策支持和培养有着直接的关系。在区域核心经销商的确定上要走出销量最高就是核心的误区。

核心经销商的选择和考核是关键。选择的标准是：①必须认可公司产品、理念和文化，能够共同发展；②必须在区域市场拥有良好的终端资源和政府关系资源；③必须在合作期间不做同类竞争产品；④必须有较高人员素质和一定的技术水平；⑤最好有做过同类产品的推广和销售经验；⑥必须在区域、行业内拥有较好的口碑。只有按照以上标准选择核心经销商，才能保证商务运作的顺利推进。

考核可以从七个方面进行：①销售量；②终端覆盖；③合作度；④政府关系；⑤分销能力；⑥资金情况；⑦推广力量。

3. 终端客户

终端客户的数量和优质终端客户的比例决定了产品的销量，企业对终端客户的把握通常是通过经销商来完成的，由于经销商对终端的理解不同，产品在终端的销售差异很大，需要企业建立终端的信息系统，以便于帮助经销商判断，对不同的经销商进行指导。

4. 渠道经理

渠道经理在1+1=1商务模型中的定位不同于传统意义上的商务经理，需要做好准确的定位。第一，工作重点是采取主动策略，促成与经销商、重点终端和政府部门的伙伴关系；第二，协助经销商市场推广方案的建立和实施改进，利用企业资源为核心经销商提供经营管理和终端维护的经验与规范；第三，对经销商队伍与资源进行分析利用，对其下辖的终端提供服务与支持；第四，保持与潜在经销商联系；第五，熟悉区域市场特点和产品、渠道；第六，熟悉公司的渠道政策及工作程序；第七，制订渠道计划及统筹管理过程中的每个方面；第八，对经销商培训和辅导；第九，做好双方企业的沟通，分享信息；第十，定期安排双方的高层会晤等。

第24课

运筹帷幄用四步完成经销商的调整

本课核心知识要点：

1. 经销商调整要对销量有意义
2. 经销商调整模型及核心要点

"1+1=1，这就犹如元代词人管道升在《我侬词》中写到的'把一块泥，捻一个你，塑一个我。将咱两个，一齐打破，用水调和。再捻一个你，再塑一个我。我泥中有你，你泥中有我'。"包教授吟咏道。

马亮佩服地说道，"之前包括我和企业的大多数人总把'经销商是伙伴'放在嘴边。现在看来，那只是些口号，根本没有落到实处，看来还有很长的一段路要走。不过这让我感悟到，要形成《我侬词》中的'你中有我，我中有你'的一体化商务管理模式，首先要改变的不是机制，而是思想。"

"完全正确。"包教授赞赏地伸出大拇指，说："思想是根源，心态的高度将决定工作的高度，有什么思想就会有什么结果。"

"按照您讲述的渠道管理的理念、标准、方法、工具，我觉得我们企业最紧迫的工作就是对现有的经销商进行系统的调整，这可是一个大的工程！"马亮讲道。

"哈哈，你只要把握了经销商调整的本质是建立在双方共识的基础上，做起来就容易了。"包教授讲道，"只要解决了冲突，技术上的工作都好操作，经销商调整有 SOP 的执行流程和核心要点。"

"我们不妨先看一个具体的案例，也许对你会有更多启发。"包教授讲授起来。

【案例讨论：A医药企业通过渠道调整增加销量】

A企业的主打产品为医保品种，目前主要应用于临床。企业认为该品种OTC也有巨大的市场，希望通过渠道调整，增加销量。

A企业开始实施渠道调整计划，先是确定了区域总代理的渠道政策，每省选择一家经销商作为总代理，各个渠道由总代理开发，鼓励分配送。企业对总代理作出如下承诺：提供市场操作方案支持，向代理商提供市场推广手册和产品使用手册；提供媒体硬性广告和软性文章样稿；提供终端实物支持，针对具体代理区域终端展示及促销品给予支持，向代理商提供产品促销用品的方案、样稿、图案或成品（产品单页、营销实战策略、软文广告、海报、终端促销品）；提供严格的市场保护，对代理商实行区域市场独家代理政策，即每个地区只选择一家代理商；提供全套的正规手续、批文以及招投标支持；年中完成任务1%的实物返利。

然而实施一年以来，产品的销售情况并没有出现明显的好转，尤其是在一些主流市场，迟迟打不开市场局面，表现为：代理商分销体系没有建立起来，渠道各地发展不平衡，市场推进速度较慢；企业对代理商选择分销商没有约束，经销商鱼龙混杂；经销商不遵守市场规则，损害了产品形象。

A企业通过分析认为是渠道的建设出现了问题，一是总代理模式下，代理商的能力限制了市场的开发；二是评估代理商的重点放在完成指标上，忽略了其分销能力，只重视了代理商的选择，而对代理商有多少经销商、如何管理经销商等问题没有过问；三是没有把控分销商。

包教授问道："企业需要怎样进行渠道调整，才能建立起新的管理机制呢？"

马亮觉得这个企业的状况与自己企业有很多相似之处，他的大脑飞速旋转，过滤着每一个包教授讲过的工具和模型，试图能够马上找到一个能帮助他解决这难题的方法。

包教授并没有直接回答问题，而是继续引导马亮，说道："在同质化竞争越来越严重的今天，渠道的作用日益重要，好的渠道可以让企业如虎添翼，不好的渠道可以毁掉一个企业。渠道的调整就是一次纠偏，面对此现状，纠偏要讲求方法，更要讲求速度。"

"我们用了一个多月的时间对这个企业的渠道状况作了诊断，提出了改善的方案。下面我们就看看这个企业是如何做的。"包教授继续说道。

做对销量有意义的事

A 企业首先进行了渠道调整策略的确定：一是将不理想的独家代理区域转换为经销制，引入竞争；二是管理下沉，构建和参与二级和三级渠道建设；三是确定各级经销商的选择目标，对经销商从后馈管理到前馈管理。所有举措的前提是，做对销量有意义的事。

A 企业第一时间制定了实施计划：①与总代理商一同探讨各地市场情况，找出问题症结，达成共识；②商务经理全面考察各地经销商，如经营理念、优势、信任度、投入强度、协作能力、公司组成、公司规模、公司人力资源状况、顾客服务项目、销售情况等，筛选适合的经销商，为渠道调整做准备；③客观公正地对二级经销商进行评估，作出取舍，采用企业评价与总代理商评价相结合，正面调查和侧面了解相结合，定性与定量相结合，力使所选择的经销商的预期销售量与运营成本比例最佳，最适合企业的发展需要，顺从度最高；④广泛开展二级以上经销商进行培训，让经销商获得更多信息；⑤全程参与代理和经销商的经营过程，帮助经销商制订市场计划、推销方案、过程控制要点，分析经销商在品种上的精力和资金分配、品种对经销商销售额和利润的贡献、经销商平均存货水平、交货时间、目标医院的选择、目标医生的单位产出，收集信息判断经销商对企业政策的依从度、适应能力、患者满意度等；⑥商务和销售人员全面介入市场，与代理商（经销商）合作开发，改原来管理返利的后馈管理为联合促销、陪同销售、提供销售工具、全方位培训、客户关系管理信息共享、专家参与等前馈管理；⑦价格管理，解决严重的窜货问题。

“通过不到半年的调整。渠道就发挥出了巨大的活力，销量呈现上升的势头。”包教授总结道，“厂商之间是既合作又竞争、既抗衡又协调的博弈关系。渠道的调整不能一蹴而就，中间需要采用正确的方法，付出巨大的努力。只要方向正确，就需要企业坚持并不断完善。”

经销商调整的流程

在与经销商共同发展的过程中，对经销商的调整是一项常规性工作，调整得好可以促进销售的提高，如果调整不好常会对销量带来巨大的影响，因此对于经销商的调整企业通常会慎重进行。

有些渠道经理，经常会因为一些心理因素，因而不愿去进行经销商调整。比如，碍于与经销商的交情与情面，不好意思去调整；害怕承担责任，担心进行经销商调整会造成业绩下滑；抱着多一事不如少一事的思想，得过且过，对区域市场不去追求销量最大化。

常言道“不破不立”，对经销商的调整既是“破”，也是“立”，唯有主动调整、适当调整，才能取得进步。通常情况下，企业在经销商调整可以遵循以下方式进行（如图 3－17）。

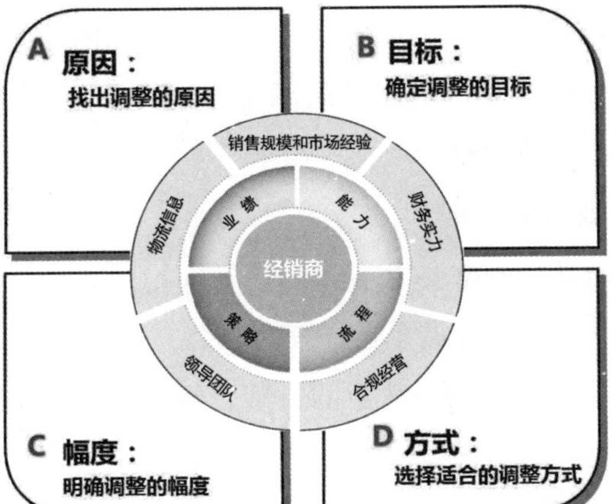

图 3－17　SMOP 工具 25——经销商调整模型

寻找原因→明确目标→确定幅度→选择方式，按照这一流程，才能使经销商调整工作有方向、有目标、有标准、有计划，才能保证调整工作顺利进行。在经销商调整过程中还需要关注以下要点。

1. 调整的原因一定建立在双方的共识基础之上

经销商调整和不调整，企业通常都会列出诸多原因，结合经销商管理实践，分析归纳企业进行经销商调整的充分条件，归纳为以下十种情况：

（1）不能完成企业下达的年度或阶段任务指标，实力达不到企业市场拓展的要求；

（2）不遵守市场管理规则，跨地区、行业进行产品销售，对整体市场带来影响；

（3）网络与企业的要求匹配度不高；

（4）经销商对企业产品的重视度不够，在市场上投入的人力、物力等有限；

（5）经销商业务人员不符合企业的要求，不能有效地配合企业活动；

（6）资金出现问题，难以保证企业回款；

（7）信誉等级发生变化；

（8）转向或变更经营范围；

（9）出现经营违规违法等事件；

（10）经销商的管理层发生重大改变。

调整涉及经销商的利益，要注意的是调整的原因一定要来自双方的共识，且有数据和事实的支持，如果原因不是双方共同认可的，即使调整，也常常会出现一系列的障碍。

2. 调整前需要做的准备

企业对经销商进行调整要力求和谐，条件不成熟就贸然进行调整会带来很多风险。因此必须作好调整前的充分准备。

（1）保持企业销售和商务队伍的稳定，经销商和业务人员同时调整的方法建议谨慎使用。

（2）调整前做好新客户的准备。新客户对原有经销商的网络、销售方法、终端客户要有尽可能详尽的了解，方可以顺利接手原有业务。

（3）企业要下沉管理，狠抓终端。经销商调整后，只要终端不发生改变，销量就不会有影响。尤其对于区域内的销量大户，企业一定要作出调整以后的判断。

（4）调整前企业要适当控制物流的时间和速度，尽可能使市场的存货量达到最低，为调整创造条件。

（5）调整前暂缓进行经销商政策的兑现，待调整后进行。

（6）必须保持公司上下统一认识，统一口径，往往调整不成功都来自内部意见分歧。

（7）调整前做好保密工作，避免经销商有所准备，制造各种障碍，导致调整难以进行。

（8）尽量缩短调整的过程，不能一次调整到位的，可分步实施。

3. 选择最佳的调整时机

通常一个销售年度结束是经销商调整的最佳时机。企业在一个年度结束时可以对经销商合作一年来的情况进行总结，制订出下一年度的计划和目标，如果由于经销商的业绩不佳或别的原因，在签订第二年协议前进行调整顺理成章。进行经销商调整要避开销售旺季，不同企业产品的销售周期不一样，但通常都在淡季进行调整，这样对企业的影响会较小。

4. 经销商调整的方式

经销商调整不仅仅是对经销商的取舍，通常在调整中有以下几种方式：

（1）对独家经销和代理方式进行调整。独家和多家方式各有利弊，企业需要按照产品销售周期、区域市场情况进行确定，不论采用哪种方式，都要充分分析调整中面临的问题，使渠道功能最大化。从独家调整为多家，需要重新细化网络、区域、品种等。

（2）如果区域的经销商不能满足企业的覆盖率要求，可增加同级的经销商数量。重新对网络进行划分，比如，可以按照行业细分，增加新的经销商；可以按照区域细分，增加新的经销商；可以按照产品线细分，增加新的经销商。

（3）如果区域内的经销商过多，导致运营秩序混乱，可减少经销商的数量。如缩减同级经销商的数量，对新的网络进行划分；缩减上一级的经销商数量，转为低一级经销商，即将一级经销商转为二级，或将二级转为三级等。

（4）对经销商的渠道政策调整，包括价格、铺货、市场促销、信用额度、奖罚等政策。经销商在企业管理中通常都会进行分级分类管理，不同级别的经销商所享受的渠道政策也不一样。企业会按照企业制定的经销商标准进行评价和衡量，决定经销商的升级、降级。另外，企业每年度都要进行渠道政策调整，当政策出现重大变动时，要做好调整前的铺垫，要使渠道结构与渠道政策相符。

（5）对于业绩有较大增幅的经销商，可采用提高其在经销商中的地位的方法。具体可以采用升高级别、扩大地区、增加品种、附加利好政策等。反之，则降低其地位。

在经销商调整的四步法中牢牢把握以上核心要点，能够使经销商调整带来的潜在风险降到最低，同时最大化经销商调整后的效果，使每一次调整都能切实达成渠道进化。

第25课

优秀的经销商也需要培训、再培训

本课核心知识要点：

1. 经销商培训的实用性原则
2. 经销商培训的实施流程和步骤
3. 协同拜访的步骤、误区及应对

“包教授，案例分析和工具，让我信心满满，我计划本周就启动企业经销商调整工作，届时邀请您到公司做个现场指导，可以吗？”马亮一改沮丧的神情说道。

“没有问题。”包教授说，“我正有想到你们企业走走，这样就可以更加了解企业的实际情况，为你们提出更多的合理化建议，让你的工作能够更上一层楼。我提议下次课就安排在你的企业进行，如何？”

“太好了。”马亮高兴地简直要跳起来。

“学无止境。建议你们把企业当成教室，通过学习获取更高的经济效益和社会效益，而且不仅你们自己学习，还要进行经销商的培训，这样大家才可以一起成长。”包教授的观点再次令马亮眼前一亮。

“有些经销商做得不好，需要培训，可有些经销商已经做得很好了，难道他们也需要？”马亮有些疑惑地问道。

“一个经销商无论再优秀，他依然有他的需求和困惑，所有的经销商都需要培训。”包教授解释道，“之于企业，只有不完美的培训方案，没有不需要进行培训的经销商。”

没有不需要培训的经销商

企业渠道管理的成功依赖于经销商的训练有素，依赖于厂商相互之间的配合，依赖于共同的运营规则。而实际的工作中，经销商的素质差异较大，厂商之间的配合总是难以协调，习惯性地遵循各自的价值理念、规则而行事，要改变此现状，培训是唯一可行的方法，培训是理念、政策、目标、方法、产品、信任交流和信息传递的最好方式。

【案例分享：惠普渠道培训计划】

惠普是全球知名的计算机设备生产销售公司，自1939年成立起至今一直在行业中占据着稳定的地位。在数十年间，惠普数次经历了行业的低迷期，之所以能够经久不衰，与其令人称道的渠道管理是分不开的。

惠普在业界中享有“渠道船长”的美誉，特别重视对经销商的培训和引导。无论新加入的经销商实力是强是弱，都必须接受惠普提供的系统性培训。而且，随着行业的发展和新需求的诞生，还要随时更新培训内容。

惠普还专门设立了经销商大学，该机构始终关注着经销商的成长与建设，并根据渠道中心思想为经销商提供培训。后来，随着网络的普及，惠普又开创了经销商培训新模式——在线培训，对经销商实行更快捷、更大范围的针对性培训。

惠普公司通过经销商培训，不仅增强了经销商的渠道开发与销售能力，更重要的是加强了双方的文化、理念沟通，使双方的关系更加紧密，合作更加协调。

经销商培训要突出实用

为作好经销商的培训，通常会按以下步骤工作：经销商培训需求的调研；按照需求编制培训计划，确定培训内容；确定培训形式，选择培训老师；培训和培训后的评估和改进（如图3－18）。

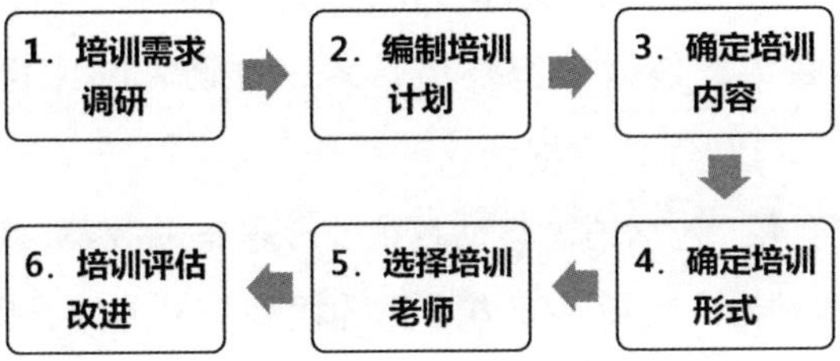

图3－18 SMOP工具26——经销商培训的流程和步骤

1. 经销商培训需求调研

经销商是一个特殊的群体。他们具有一些鲜明的特点，如通常立足于区域、专心于方法；想把生意做大、苦于无灵妙之法；信息相对闭塞，渴求行业动态、成功的方法；时间紧、工作忙，希望不要长时间培训，希望培训立竿见影；知识水平参差不齐，管理经验相对较少等。以上经销商的共性特点和每一个经销商的个性特点，决定了经销商培训既要针对共性，更要因材施教，突出实用。

经销商培训需求可以通过调研了解到。调研通常有三种常用的方法：

（1）问卷调查。即通过发放培训调查问卷，由经销商或其销售团队有代表性的人员进行应答，通过将问卷汇总，了解经销商的培训需求，确定培训的主题和重点。这是最为简便易行和效果良好的一种方式。

（2）面访或电话拜访。即通过对经销商的拜访或电话沟通，针对培训的问题进行提问，而获知经销商需求。这种方法直接、针对性强，也是最有效的一种方法。

（3）实际工作总结。即通过日常工作中经销商暴露和存在的问题作为需求安排培训。

2. 培训内容的确定

企业对经销商培训的内容通常会划分为以下几类：

（1）公司介绍类。包括企业文化、理念、品牌、社会形象、公司营销团队等，旨在建立信任，树立信心区别于一般竞争者。

（2）公司产品类。包括经销商经营的全部产品线，产品的特点、独到之处、市场定位、临床应用或独特功效，以区别于竞争者及其产品。

（3）能力提高类。包括销售技巧、客户拜访、临床推广、终端管理、医生处方管理、渠道管理、学术会议的组织等。

（4）合作政策类。包括销售奖励政策、厂家销助政策、阶段性促销政策、渠道铺货政策、学术推广支持、双方合作的权利与义务等，以激励销售。

（5）市场环境类。包括国家、区域的政策出台、变化情况，区域市场环境的分析，本地区同类产品的消费分析，其他区域的成功经验等，以引导、开阔思路。

3. 培训计划的编制

培训计划的编制需要企业首先明确全年经销商培训的规模、范围、投入和产出，然后分别确定各个经销商培训的时间表和形式，确定实施责任人，按照计划执行和检查落实。

培训计划的编制具体包括与经销商沟通确认培训内容、内部申请/审批、内部协调沟通、培训形式确定、培训师选择和确定、培训场地布置、培训现场控制、培训后的沟通反馈、培训评估报告。

4. 培训的具体形式

企业进行经销商培训的形式有专题讲课、拜访洽谈式、研讨会、列席会议、演示推广、信函邮件、内部营销刊物、协同拜访等多种，要做到多种培训形式相互组合，才可以达到培训效果。

（1）培训要注意具体形式和内容的结合，突出实用，照本宣科的培训往往难以达到效果。

（2）企业可以通过交换区域的方式进行培训，他山之玉可以攻石，用其他区域的实例解决本区域遇到的问题。

（3）对经销商内部人员的培训最好选在公司外面进行，可以在酒店安排，这样会不受干扰，效果会更好。

5. 培训师的选择

培训师可以选择有实践经验的公司内部讲师，也可以选择外请的人员，培训师的优劣通常是培训成功与否的最为关键的要素。

培训师在讲课时，形式要突出“三讲”，即：多讲案例，多讲故事，多讲当下；少讲理论，从实际出发，用发生在本行业、本区域的例子教育大家，越是近距离、近期的例子，教育意义越大。

6. 培训的评估和改进

培训效果评估通常可以采用问卷调查的方式，在培训之后由被训者现场进行逐一填写，经汇总后对本次培训作出评价，并对今后的培训作进一步了解，以便于日后的安排。培训效果评估通常包括培训的内容、培训的方式、培训讲师、培训的组织、感兴趣的培训题目和遇到的工作问题等。

通过多维度的问卷，可以判断出培训的内容是否契合经销商实际，方式是否为大家所接受，培训师是否达到了预期的效果，培训组织中有哪些不足和漏洞，经销商还面临哪些问题需要提高等。

常言道“没有金刚钻别揽瓷器活”。要对经销商进行培训，让其接受企业的理念、管理方式等，企业就必须有高人之处，不然的话就会反过来被经销商培训。企业需要对区域经理进行定位，若让其去培训经销商就要提前对其进行培养和培训，按照人力资源的情况进行区域培训组合的安排和推进培训，切不可盲目实施。

培训的主要目的是为销量服务的。因此培训实施中既要注重过程，更要注重效果。经销商培训是一个计划，不是发现了问题才去临时抱佛脚，而是要发现经销商的不足，预判到经销商可能会出现的问题，然后提前加以培训指导，预防潜在风险的冲击。

与经销商协同拜访的实施步骤

通过对经销商的协同拜访，可以发现市场和销售中存在的问题，提出改善经销商销售方式的建议，改变经销商的销售行为，从而提升销量。同时，又可以更接近客户及市场，有利于制定短期和长期的市场策略及规划。与经销商协同拜访通常包括四个步骤（如图 3 - 19）。

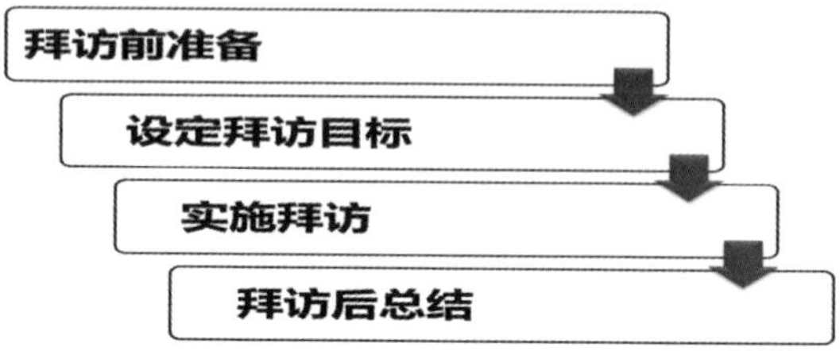

图 3－19　SMOP 工具 27——与经销商协同拜访的步骤

1. 拜访前的准备

拜访前首先需要与经销商进行沟通，了解计划拜访客户的详细资料，知道经销商在客户面前面临的问题；其次需要与经销商协定协同拜访的时间、方式，确定拜访的对象；最后需要做好厂商产品、推广方案等相关物料的准备。

2. 设定拜访目标

协同拜访一般有两种方式，即示范式和观察式，两种协同拜访的目标往往不一致。通常以解决问题为目的的协同拜访以示范式为主，而以提高经销商能力为目的的协同拜访以观察式为主。不论采用哪一种方式，都要明确拜访的目标和计划达到的结果。而这个目标结果必须在拜访之前与经销商共同确定。

3. 实施拜访

示范式通常以厂家为主导，在拜访的全过程中针对客户关心问题进行阐述，使经销商更加了解厂家的产品、理念、主张和观点，并可以运用到日后的客户拜访中；观察式以经销商为主导，厂家进行必要的补充和说明，可以通过此方式发现经销商在客户沟通中的问题，继而提出改善建议，帮助经销商对客户的把握。

4. 拜访后总结

拜访后需要与经销商一起针对此次拜访进行分析总结，对客户提出的问题作出回复，以及对拜访中发现的产品、市场、销售等问题交换意见，达成共识，提出改善的措施。

对协同拜访的认识误区及应对

与经销商的协同拜访不同于企业内部的协同拜访，在具体的实施中常会遇到很多障碍，主要是因为双方对协同拜访的认识不一样而产生误区。

误区一：

经销商认为厂家协同拜访是对自己工作的监督。经销商作为一个独立经营的实体，不愿意让厂家对自己的经营情况和运作方式指手画脚，尤其体现在当厂家和经销商在规模、能力等方面有较大差距的情况下，经销商从内心排斥是非常自然的，这导致协同拜访工作难以安排，即使进行也难以切入实际业务。

【解决方案】

（1）厂家明确协同拜访的目标是共同的市场运作，帮助经销商解决销售中的实际问题，并与经销商充分沟通，形成共同的认识，建立双方的运营机制。

（2）厂家协同拜访的安排针对双方共识的市场和销售问题展开，通过协同拜访帮助经销商解决问题，让经销商看到通过协同拜访为其取得的直接效果。

（3）争取经销商一把手的支持，成为经销商决策层的营销参谋，通过协同拜访帮助经销商决策层发现业务人员工作中的共性问题，并提出合理化建议。

（4）与经销商的营销中层管理和业务人员交朋友。在协同拜访中以商量、鼓励、就事论事为主，避免大包大揽、炫耀自我、吹毛求疵。

误区二：

经销商认为下游客户是自己的资源和资本，不愿意让厂家掌握。经销商与厂家博弈的根本就是销售网络、客户关系和资金，合作再好的经销商从内心中对于厂家也有不信任的要素存在，担心一旦厂家掌握了现有的销售网络和资源，就会进行经销商调整。

【解决方案】

（1）通过协议确定双方的合作范围和时间，对于与厂家已经长期合作的经销商或经厂家评估可以作为长期合作的经销商适当放宽协议的时间，以增加经销商的安全感。

（2）厂家制订好分销商、终端客户的销售和促销计划，明确双方职责和费用分担情况，改换思路，从给政策到给思路，共同参与。

（3）加强市场职能，发挥厂家在市场推广上的优势，提供专业化的客户推进计划，如医院的科室会议、区域的行业会议等，以此参与到经销商的市场活动中。

（4）建立客户关系管理系统，为经销商提供客户管理的工具，信息共享。

误区三：

协同拜访对直接销量没有影响，做不做没有区别，此误区厂家有，经销商也有。厂家把协同拜访当成经销商必须完成的任务来操作，过分强调形式，而没有注重内容；经销商认为厂家的协同拜访打乱了自己的工作安排，耽误时间，或拒绝配合，或草草应对。

【解决方案】

（1）厂家要作好区域经理协同拜访的培训，使其掌握协同拜访的要点，程序和方法。完善协同拜访的流程，克服协同拜访的随意性，更加关注协同拜访内容。

（2）既要看到协同拜访对销量的促进，更要明确协同拜访是相互交流和业务能力提升的手段，要从重结果到重过程转变。

（3）厂家业务人员要注重自身素质和能力的提高，在协同拜访中发挥优势、突出特点，树立在产品、客户沟通、问题解决方面的权威形象，如果厂家业务员的素质和能力还不及经销商的业务人员，那就难以达到协同拜访的目的。

（4）科学合理地安排协同拜访时间，将协同拜访的重点客户与经销商近期客户拜访计划结合起来，目标一致才不会出现时间和精力上的冲突。

当协同拜访无法达到预期效果，当经销商不愿配合时，不要过度埋怨或是采取强制手段，这样无法从根本上解决问题。了解经销商的心理，深入沟通，向其说明协同拜访的意义所在，征求对方的理解和支持，这样才能使经销商全心全意地配合工作，这样协同拜访真正得以实现。

第26课

经销商培训的 AIDA 模型及其应用

本课核心知识要点：

1. 经销商培训的 AIDA 模型
2. 经销商培训的形式和类型
3. AIDA 模型应用中的注意点

“经销商培训实在不好做。有些培训内容我觉得非常适合经销商，而且我们费了九牛二虎之力制作出来，可是到经销商那里后却反响平平，而且有些经销商应付了事，只是走走过场，把培训当成了当耳边风。”马亮疑惑地说道。

“要从自身找原因。”包教授回应道，“试问一下自己，我们自认为对经销商有价值的培训，是否真的对经销商有价值？真有价值的话，是否让经销商充分认识到了这份价值？即使经销商认识到了，是否我们培训的表现不够优秀，不够吸引人？”

“如果你提供的培训切实有效，能让经销商多卖产品多赚钱，他们还会拒绝吗？还会没兴趣吗？”包教授继续反问道，“不是经销商走过场，而是有些企业把培训当成走过场。培训千篇一律，理论多于实践，自然效果不佳。”

“你知道 AIDA 模型吗？”包教授问道。

“不知道。”马亮答道。

“国际著名的推销专家海英兹·姆·戈得曼（Heinz M. Goldmann），十分关注对销售行为的研究，他对业务人员推销的过程进行了归纳，形成了西方推销学中一个重要模型——AIDA 模型，也称‘爱达’公式。”

AIDA 模型告诫我们，一个成功的推销员必须把顾客的注意力吸引或转变到产品上，使顾客对推销人员所推销的产品产生兴趣，这样顾客的购买欲望也就随之产生，尔后促使其实现购买行为，达成交易。”

马亮疑惑地问：“AIDA 模型讲述的是业务人员推销过程中的规律，和我们现在讨论的经销商培训有什么关联吗？”

“知道你就会这么问。”包教授说，“我们可以按照延续此模型思路，制定出经销商培训的 AIDA 模型。”

经销商培训的 AIDA 模型

企业对经销商的培训实质上也是一种销售，只是其销售的东西不是公司的产品，而是企业的理念、思路、想法和政策。因此经销商培训的实施过程也同样包括了四个阶段（如图 3－20）。

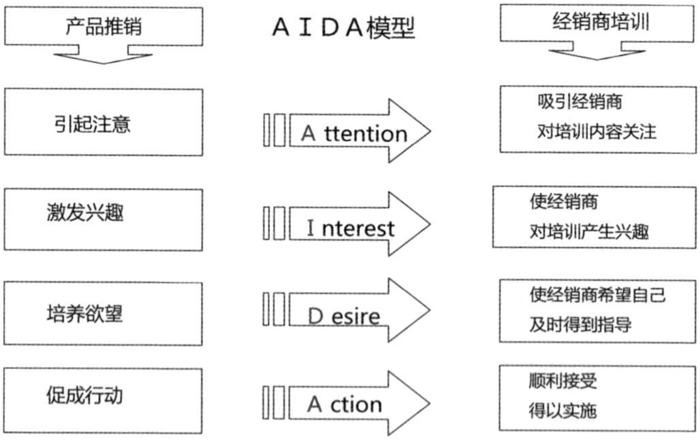

图 3－20 SMOP 工具 28——经销商培训的 AIDA 模型

经销商培训常常难以顺利开展，它不同于企业内部培训，原因是多数经销商经营理念不同、背景经历不同、知识水平不同、年龄差距较大以及对于新事物接受程度参差不齐，这都使经销商培训很难做到放之四海而皆准，难以有的放矢，难以真正激发出经销商的共鸣。

经销商培训 AIDA 模型为解决此问题提供了思路，要求在培训内容上力求新颖、实用，具有吸引力，足以引起经销商的关注和渴望；在培训安排上企业要力求让参训者对培训本身产生兴趣，因此要注重形式的选择、讲师的选择等；培训中要理论联系实际，至少能解决一到两个工作中的问题；培训后要形成落地的制度，用于日后的实际行动。

多种形式的经销商培训

人们总会以为课堂的讲授才是培训，其实这是一个误区。对经销商的培训其实是一种意识、一种理念和营销方法，销售活动的各个环节都可以实施有效的经销商培训。为了引起经销商关注，让经销商产生接受培训的兴趣和愿望，对经销商的培训至少可以采用以下十种方式。

1. 拜访洽谈式

通过拜访、洽谈向经销商传递企业的各种信息，对经销商进行知识点的更新等。

2. 演示推广式

通过产品、展示广告、影视、多媒体等方式向经销商进行信息的推广和教育，使经销商最大可能性地掌握企业欲传递的信息。

3. 信函邮件式

通过定期或阶段性的信函、邮件等向经销商传递信息，使其充分了解和掌握，达到培训的目的。

4. 内部营销刊物式

通过邮寄内部刊物，如杂志、报刊、简讯、文摘等，让经销商随时了解企业的状况。

5. 阅读培训手册、视听材料

通过下发培训手册等相关资料，如培训讲稿、PPT、光盘、U 盘等，让经销商自己通过阅读和观看，达到培训和传播的目的。

6. 网络、移动互联式

可以通过网站、微博、微信、手机应用程序等让经销商参与其中，继而收到培训和宣传的效果；也可以通过社区、知识库、互动平台等新兴的网络手段达到培训的效果。

7. 专题讲课式

这是最传统的培训方式，也是最有效和直接的方式，目前依然是被企业采用最多的方式，尤其适合需要集体进行的产品、市场策略以及渠道政策的的培训。

8. 研讨会式

共同组织研讨会或厂商双方组织研讨会，针对专项产品或问题进行讨论，这既是双方交流的机会，也是培训和提高的过程。

9. 列席会议式

厂家代表列席经销商的业务会议、周例会、月例会等，听取意见反馈并对市场情况进行及时的指导，提出企业的要求等。

10. 协同拜访式

这种方式以前多用于企业内部的培训，在对经销商的培训中应用此方法效果也非常显著，既可以清楚了解经销商业务人员的工作状况，也可以对经销商的业务人员进行一对一的指导，为作好经销商的整体培训提供素材。

AIDA 模型应用中的注意点

经销商培训的内容、方式、技巧的选择都要紧扣 AIDA 模型来进行，根本的思路和目标就是让经销商从兴趣到行动，从而使培训有切实的成果。上述培训方式对于任何企业来说都不是单一的，企业需要按照自己的实际情况组合使用才可以发挥出更好的培训效果。生产企业在应用 AIDA 模型进行经销商培训时要注意以下几个方面：

一是培训的内容和方式选择要尽可能新颖，可以让被培训的经销商感兴趣，并引起关注。经销商领导层的关注更为关键，只有经销商的领导层关注并重视，才可以建立好良好的培训机制，最终达到培训的预期效果。

二是培训的主题一定是双方都感兴趣的话题。这就需要双方充分沟通和了解，尤其是厂家要对经销商的培训需求有所把握，只有需要的培训才是适合的培训。

三是培训的内容不仅仅限于产品、政策等与营销相关的内容，也可以是其他类型的培训，如 PPT 的制作、摄影、中国文化等，目的是让经销商感兴趣。

四是培训要力求实际，讲究效果，从解决经销商的实际问题入手，通过培训使其充分地感觉到对厂家的依赖，以及给其经营带来的变化，形成相互依赖的关系。

五是不能为培训而培训，要讲究技巧，要经常鼓励经销商谈自己的想法、看法、感受，在交流中完成培训。

六是培训要立足于经销商人员的特点，因人因地而异，要做到尽可能通俗易懂、简单易操作。

七是每次培训不在于内容多、时间长，一次只针对一个问题效果更好。

八是最好应用实物、PPT、图表、示意图进行讲解，最好举身边发生的例子。

九是邀请经销商中的优秀者或厂家人员进行交叉区域的培训，都可收到意想不到的效果。

十是阶段性地对培训效果进行评估，改善培训组合和方案，并持之以恒地做下去。

第27课

按照经销商需求层次制订激励方案

本课核心知识要点：

1. 经销商需求层次模型
2. 经销商不同需求层次下的激励方案

“经销商培训可以引申为销售，同样可以引申为管理。只是这种管理与传统意义上的管理略有不同，近些年在管理学中将这种管理称为柔性管理。通过培训使经销商获益，更容易达成思想上的统一，经销商的忠诚度自然也会更高，甚至不需要制度的约束。”包教授说道。

“柔性管理一定是相对于刚性管理提出来的。”马亮问道，“这两种管理的方式究竟有哪些区别？”

包教授解释道：“刚性管理以规章制度为中心，而柔性管理则以人为本，增加了人格化管理的要素。正如有专家归纳的，柔性管理‘内在重于外在，心理重于物理，身教重于言教，肯定重于否定，激励重于控制，务实重于务虚’。”

“我觉得，随着社会的进步、人们对个性化自由的追求，柔性化管理将会广泛地在经销商管理的各个方面应用，成为未来发展的必然趋势，也将成为现阶段经销商管理的新常态。”马亮总结道。

“Very good。”包教授赞赏地说，“在工作中，只要我们能够把经销商当做活生生的‘人’，那内心就会多了一丝敬畏，加了一丝热度，少了一丝冷漠，增了一丝情感。你会发现，我们的管理效率反而更高。”

“把经销商当成‘人’，这是不是说，针对人的各项管理理论也能运用到经销商的管理中？”马亮反问。

包教授鼓励地说：“你举个例子。”

“我最近正在进行经销商奖励方案的设计，这让我常常想到马斯洛的层次需求理论，人在不同的阶段会有不同的需求，采用不同的激励手段可以达到满足不同需求的目标。那么，经销商是不是也有不同层次的需求，是否也需要不同的方式进行激励呢？”马亮问道。

“当然。”包教授肯定地回答，“经销商同样有不同层次的需求。生产企业在日常的管理中要善于发现，并找到满足需求的方法，达到激励经销商的目标。”

经销商不同层次的需求

按照经济学理论，每个个体都会以自己的利益最大化来指导自己的行为。当你委托别人做一件事的时候，如果他的利益与你的不一致，那就别指望这事能如你所愿。这种现象在经济学上被称为“激励不相容”，该理论由激励理论的奠基者威廉·维克里（William Vickrey）和英国著名经济学家詹姆斯·米尔利斯（James Mirrlees）共同提出。经销商管理中，激励不相容的现象常常发生，这就要求生产企业通过对经销商需求的研究，制定出相对应的激励方案。

按照马斯洛的层次需求理论，人的需求分为五层，底层的需求是基础，越高层的需求得到满足，越能起到激励的作用。经销商同样如此，只有将各个层次的需求研究透彻，方可将生产企业的利益与经销商的利益统一到一起，起到真正的激励作用。经销商的需求层次如图3－21：

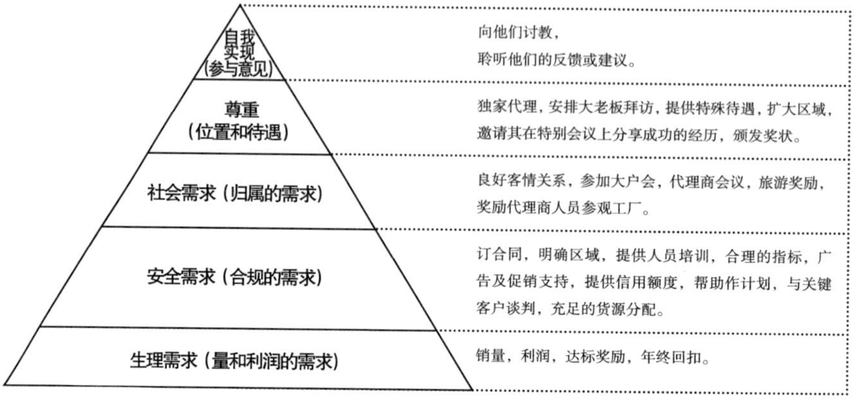

图 3－21　SMOP 工具 29——经销商需求层次模型

【案例分享：摩恩公司的经销商激励计划】

摩恩（Moen）公司是美国知名的卫浴洁具与配件厂商，在其发展过程中，为增加市场份额，曾启动了一个名为“Base Loaded”的激励项目，吸引经销商加入并提高其销售动力，最终取得了夺目的成果。

根据激励项目内容，摩恩公司会向经销商及其销售人员按照销售额提供相应的积分奖励，如果最终获得了 MVP 奖项，那么这些积分便可兑换为实物。而获奖的经销商不仅有机会免费参加大型展会，还可以参加每月举行的摇奖活动，奖品包括照相机、电视、旅行装备等。

在该激励项目实施的当年，摩恩公司的总销量攀升了 15%，经销商数量增加了 17%，市场份额扩大了 2%。

摩恩公司的激励政策并不复杂，但是重在参与方便，且对经销商及其销售人员有足够的吸引力。同时，摩恩公司的产品有足够的知名度和市场，公司本身也有着完善的经销商管理制度，激励制度体现了摩恩公司对经销商的欢迎和关注，与现行管理制度形成配合，并最终使经销商动力大增。

不同需求层次的激励方案

针对经销商不同的需求层次，企业需要采取不同的激励方案，这样才能够有针对性地满足经销商的需求。

1. 利润是经销商的最基本需求

生产企业关注销售量，经销商更关注产品的利润。经销商通常情况下把产品的差价作为首要的标准，认为差价大的产品会带来更高的利润，其实这是一个认识的误区。产品为企业赢得的利润才应该是企业更为关心的，而利润由差价和销量两个要素构成。

首先，生产企业通常会通过对销量和差价的调解、制定达成奖励等方式达到对经销商激励的作用。

其次，经销商在实现销售过程中的各个环节都会对销售的结果产生影响，要实施各个环节的激励作为对公司整体激励的补充。经销商内部一般横向上包括分销售系统、采购系统、物流系统、财务系统等，纵向上则包括了销售的大区、区域、业务员等环节。如果对每个环节的激励都到位，就像是给一部机器增加了润滑油一样，运行会更加顺畅。

最后，生产企业为保障销量，通常会针对于不同的阶段、不同的问题，采用阶段性的政策进行激励，以保证总体目标的实现。

【组合方案】

（1）制定合理的销售指标，建立层级价格。让利益成为牵动经销商的指挥棒，保障销售目标的实现。

（2）提供行业通行或略高的利润率（差价）。可以鼓舞经销商的干劲，使经销商投入更多的人力、物力。如果有市场活动、广告、会议、临床推广等支持，价差可以适当降低，经销商常是会作出总体测算。

（3）制定达标奖励。可采用阶段或年终返利的方式兑现。

（4）设立经销商业务员的专项奖励。经销商通常愿意由他们自己统一支付给业务人员，但实际中由厂家直接给业务人员的效果会更好，需要按照经销商的情况而定。

（5）开票员的专项奖励。

（6）阶段性的促销政策。

2. 合规的需求是经销商踏实销售的保障

经销商最担心的是生产企业的政策变化和对经销商的调整和更换。生产企业通过合规的经销商管理程序和方式，可以消除经销商的后顾之忧，使其更加专注于市场工作。

【组合方案】

（1）签订年度销售协议或合同。明确销售的区域、范围；明确任务指标；明确双方的权利义务；明确市场规则和运作方法等。

（2）给予经销商相应的市场活动、促销广告支持。如果需要经销商的互动，提供完成的市场活动方案，以利于经销商的执行。

（3）经销商的培训。通过培训增加经销商的顺应性，可以包括公司的经营策略、行业政策等。

（4）信用额度的支持。对于销售情况良好的客户，可以给予适当的信用额度，这是经销商认为对他们的实质性支持。

（5）对于发货和供应的承诺，并实践承诺。

（6）协销和助销活动的日常开展，保障物料和促销礼品的充足供应。

3. 归属感、依托感是经销商长期发展的心理需要

经销商是需要归属感和依托感的，尤其对于品牌企业、品牌产品，经销商会以与其合作为荣。如果生产企业给予其充分的重视，会提高经销商的忠诚度；而对于非品牌企业和产品，则更需要体现对经销商的尊重。

【组合方案】

（1）日常客情。日常客情是生产企业的一种态度，热情和尊敬往往会使经销商对企业产生良好的认知，更愿意与生产企业进行交流和提供帮助。

（2）大会或核心经销商会议邀请。区别对待经销商会使他们产生心里优越感。

（3）安排国内外学术加联谊的活动，邀请经销商的关键人物参加。

（4）邀请经销商参与公益活动、旅游等。

（5）邀请参观工厂。

4. 经销商的级别是市场地位的象征

经销商都会谋求在生产企业经销商体系中更高的位置，如独家代理、区域代理、一级经销等，位置决定了经销商在市场中的地位。生产企业给予经销商怎样的地位要充分考虑经销商的网络、财力和政府关系等能力。

【组合方案】

（1）授予独家代理或者一级经销。此方法通常是双刃剑，对于热情高、责任感强的经销商可以起到巨大的激励作用，而对于个别经销商则会陷入市场开发不足又不让别人介入、不进行二级授权等矛盾中。

（2）扩大销售区域或增加产品线。对于业绩较好的经销商，此法可以保持其积极性得到持续发挥，增加对企业产品的忠诚度。

（3）公司高管的会面或宴请。此法可以使经销商充分感受到其位置的重要性，很多经销商会以此为荣。

（4）大会发言或经验分享。

5. 经销商出谋划策提升其自我价值

经销商常常是生产企业政策的执行者，如果生产企业放下身段，虚心听取经销商的合理化建议，让他们参与到企业市场的管理之中，可以使经销商的自我价值得到充分实现。

【组合方案】

（1）聘经销商为企业顾问。对于优秀的经销商，可以通过聘书或颁牌形式，聘其为企业的市场顾问、管理顾问、战略顾问等，定期组织召开专项会议，使其与企业紧密相连，并可以实时对企业现状进行点评。

（2）征询经销商建议和市场问题讨教制度化。好为人师是人的天性，师者常知无不言，言无不尽。如果企业尊经销商为老师，既突出了经销商的价值，也会得到经销商更多的帮助。

（3）邀请经销商给企业员工培训。虽然越高层次的需求激励效果越强，但是如果低层次的需求没能得到满足，高层次的需求激励也会效果大减甚至无效。比如，经销商的利润需求没能得到满足，这时去大谈所谓的自我价值经销商也会缺少兴致。所以，对经销商的激励，既要有针对性，也要符合阶段性特点。

第28课

企业激励经销商的十二种常规方法

本课核心知识要点：

1. 经销商激励要打组合拳
2. 十二种激励经销商的方法

“我想任何一个企业，多多少少都会运用一些经销商激励方法。但是，由于没有关注经销商的需求层次，往往使激励处于一种单一、低级的层面上，久而久之失去效用。”包教授说道。

“确实，我们企业中也有一套经销商的奖励制度，但总结下来无非是根据经销商的业绩给予相应的奖金、奖品。这些激励方法对一些小的、新加入的经销商还算有效，但对于一些大经销商几乎没有吸引力。”马亮深有感触。

“激励同培训一样，一是要讲究实用，即满足经销商的需求层次；二是要具备吸引力，即采取多样化激励方式，让经销商不至于对激励感到麻木。”包教授总结。

经销商激励要打组合拳

激励经销商是为了更好地进行经销商管理，达到促进销售、维系关系、激发动力的目标。每个企业都知道对经销商的激励原则应当是以奖励为主、以处罚为辅，同时物质奖励与精神鼓励相结合（如图3－22）。但在实际的操作中，企业往往在处罚的设计中动足了脑筋，而没有认真计划奖励；或是更关注物质上的奖励，而忽略了经销商的精神需求。

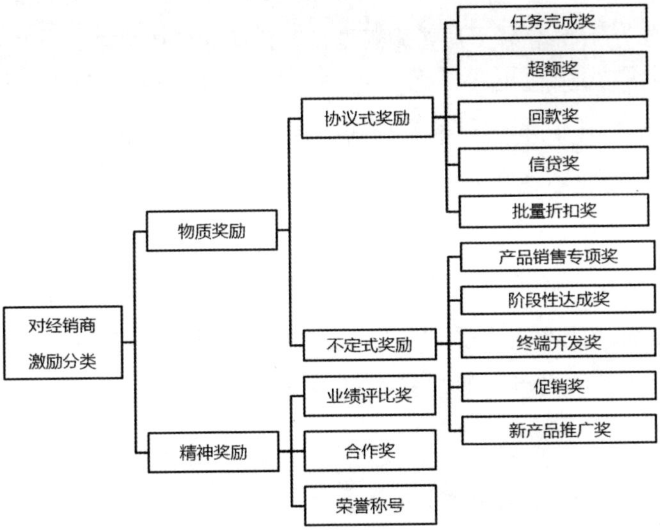

图3－22　企业对经销商激励的分类

通常，厂商对经销商的激励可以分为物质奖励和精神奖励两大类。

物质奖励包括两种：

一是协议式奖励，指通过签订年度的销售协议、代理协议、经销协议等，明确经销商达到厂家的要求可以获得的相应奖励，如任务完成奖、超额奖、回款奖、信贷奖、批量折扣奖等。

二是不定式奖励，指在销售过程中厂家按照市场情况设定的销售、产品、促销等专项奖励政策或阶段性奖励，如产品销售专项奖、阶段性达成奖、终端开发奖、促销奖、新产品推广奖等。

精神奖励则包括业绩评比奖、合作奖、荣誉称号等。

【案例分享：啤酒行业的多样化激励】

在过去，啤酒行业为经销商设计的激励形式多是根据销售额进行一定比例的奖励。比如，对完成 10 万箱销量的经销商予以实际销量 3% 的奖励，对完成 15 万箱销量的经销商予以实际销量 4% 的奖励等等。

除了这种传统的奖励形式外，也有越来越多的啤酒厂家提供更丰富的奖励项目。比如，嘉士伯啤酒向在 6～9 月份完成规定销量者提供两个“新马泰”旅游名额，贝克啤酒提供赴德国考察的机会，百威啤酒则提供赴美国的旅游学习机会……

此外，还有啤酒厂商向经销商提供货车、电脑、管理软件、培训课程等极具实用价值的奖励项目。

这些创新式奖励项目不仅丰富了企业的激励体系，同时涵盖了物质奖励与精神奖励，让经销商受到激励的同时又能获取开拓事业、提升实力的机会，往往比金钱激励更受经销商的欢迎。

十二种常见的经销商激励方法

市场是多变的，经销商激励的方式同样是多变的，如何用创新的方式进行经销商的激励，需要在市场中不断实践和升华。下面分别对常用的十二种经销商激励的方法进行阐述。

1. 任务完成奖

厂家在年度协议中通常都会为经销商制定当年度的销售任务指标，任务指标通常会包含销售总指标、不同产品的销售分解指标、终端的覆盖、分销的要求等，有时也会包括中间的一项或几项。为激励经销商实现上述目标，厂家通常会制定经销商达成目标的奖励措施，多采用年终统一返利、阶段性返利、奖励国内外旅游、奖励培训的方式。通过对任务完成奖的设定，确保任务完成，或是经销商虽未完成任务，但愿意通过提前订货实现任务目标。

2. 超额奖

激励经销商超额完成指标是每一个厂家的共同愿望。为激励经销商的超额，通常协议中会对超额完成的部分制定特殊的奖励，如对超额部分提高返利的比例、下一年度给予更多的市场费用支持等。超额奖通常采用梯度设置，梯度越高奖励越大，鼓励能超额的经销商实现更多的销量。

3. 回款奖

经销商通常会经营多个产品，在目前终端回款不好的状况下，回款就成为厂家对经销商资金资源的一种争取，经销商通常为了长期合作会将大品种、优势品种、品牌品种等作为优先回款的对象，通过设定按时回款的奖励，可以有效保证厂家资金的回笼。回款奖的设定通常与回款的时间挂钩，如现款、30天、60天采用不同的结算价格，也可以采用同样的价格，按照货款到账的时间执行不同的销售折扣。

4. 信贷奖

对于长期合作、有一定销售量基础的经销商，厂家通常都会给予一定数额的信用额度。信用额度既是对经销商的一种激励措施，也是对厂家货款风险的一种保障。随着经销商销量的提高，通过提高信用额度可以有效地激励经销商扩大市场，同时对于销售量下滑的经销商通过减少信用额度，可以缩减回款的时间，有效地进行资金控制。

5. 批量折扣奖

批量的大小决定了厂家的运营成本，厂家总是希望经销商订货要有计划、不要太散，从而有效地组织生产和运输。因此通过批量折扣奖的设定，可以有效地调整经销商的订货数量和订货时间。操作中可以通过设定不同批量享受不同的价格，或折让、批量赠品数量不同等方式来实现。

6. 产品销售专项奖

厂家通常都是多产品销售，都希望利润品种、主打品种、潜力品种可以占据更高的销售比例。为促进销售，设定产品销售的专项奖可以有效地保证企业的推广重点。可以通过增加专销产品的返利比例、提高销售折让、增加市场（广告）费用投入、增配销售人员、给予经销商专项市场推广费用等方法实现。

7. 阶段性达成奖

厂家进行阶段性的销售冲刺或季节性产品销售通常会采用阶段性达成

奖来激励经销商。具体做法是在一个销售年度的特定阶段，给予经销商较销售协议议定的奖励方式更为优惠的奖励措施，确保达成阶段性的销售目标。阶段性达成奖的内容可以是多方面的，如销量、促销、细分市场开发等。时间持续的长短通常是厂家按照市场需要制定，目前很多厂家每季度都会选择不同的产品和主题开展工作，引领经销商为企业的目标而安排工作。

8. 终端开发奖

不论是采用经销制还是代理制销售方式的厂家，在如今终端为王的时期，都会把终端作为企业把控的第一要素。经销商是厂家与终端之间的纽带，经销商针对厂家产品进行终端开发的好坏，决定了产品销售的好坏。厂家设定终端开发奖就是为了激励经销商终端开发的积极性，操作中可以采用按终端开发的级别、数量给予相应金额的奖励，对经销商开发终端的业务人员进行专款奖励，对达成终端开发数量给予相应的返利和折让等。

9. 促销奖

促销效果的好坏是经销商市场力强弱、市场表现是否活跃的体现。厂家总是激励经销商进行产品的终端或渠道促销，提供相应的促销礼品、赠品，并对于促销的结果给予相应的奖励，如终端促销会上订货量的奖励、促销活动费用的支持奖励等。

10. 新产品开发奖

新产品的销售难度要远远高于成熟品种，厂家在新产品上市的初期都会对新产品采用专门的奖励方案，旨在激励经销商对新产品的关注。新产品开放奖励可以采用上述的所有激励方法。

11. 经销商评比奖

没有比较就没有差距，没有差距就没有压力和动力。厂家通常会通过年度经销商会议的方式，对上一年度的经销商进行评比，颁发各种奖励，以便让经销商在比较中认清差距，明确努力的目标。经销商评比的奖励设定没有固定的规则，企业可以按照企业的实际情况决定，最常见到的是业绩达成奖、业绩增长奖、终端开拓奖、促销奖等。经销商评比奖可以奖杯、奖牌、牌匾、证书等方式体现。

12. 合作奖励

厂家关注经销商的销售业绩和能力，还关注经销商与厂家的契合度，和谐合作、对企业有一定忠诚度的经销商也是企业进行奖励的主要方面，如精诚合作奖、五年（十年）合作奖、最佳配合奖等。其体现方式同经销商评比奖。

本章小结

本章论述了渠道成员管理的内容、方法，突出了战术层面上渠道经理应该掌握的管理工具。核心内容如下：

1. 在实际工作中区分代理商和经销商，掌握代理制和经销制的特征，不同的方式决定了企业不同的管控方法。

2. 经销商管理要素可以划分为九个方面，其中第一维度的四个要素为业绩、能力、流程和策略，第二维度有市场经验和销售规模、物流信息、财务实力、合规经营、领导团队五个因素。上述要素分别组成了木桶的桶底和桶壁，这就是经销商管理“木桶模型”。该模型可以应用于经销商的选择、调整、考核和动销等方面。

3. 经销商选择要遵循四项原则，即普遍撒网、重点捕捞、全面评估、匹配适合。在经销商的选择中要考虑人财物网四个方面，经销商不是最大的就最好，一定是契合度越高的越好。

4. 经销商通常可以采用四种方法分类，不同的分类方法对应不同的评估和甄选方法。可以对应经销商管理木桶模型，从销售指标达成、物流配送服务、财务实力、市场合作支持、团队管理水平五个要素进行评估和甄选。

5. 在不同合作时段对经销商可采用定性、定量和动态考量的方法，三种考量方法的内容不尽相同，应用的范围也不一样，企业通常会将考核作为日常性工作，三种方法结合使用。

6. 经销商发展的不同阶段，其需求完全不一样，只有把握住经销商需求才可以更好地管理经销商，实际工作中，要多采用人性化的管理办法，既要重利，也要重情，不可死搬硬套。

7. 在大数据时代，企业要系统地构建经销商数据；运用客户关系管理系统可以有效进行经销商数据库管理，实现最大限度的数据共享。

8. “1 +1 =1 模式”是渠道管理中实现企业与经销商共同发展的最佳模式。该模式是企业和经销商通过目标、理念、方法、信任的融合，形成的责任分工明确、协作、顾问、服务型一体化、双赢的新型合作模式，该模式核心内容包括一个中心、两个基本点、三个原则和四个目标。

9. 经销商调整是渠道日常管理中的常规工作，通常要求以对销量有意义为前提，可以采用四个步骤完成调整，即找出原因、确定目标、明确的调整幅度、选择合适调整方式。

10 经销商是选择出来的，更是培训出来的。经销商的培训不同于内部员工培训，要突出实用。经销商的培训实质上可以作为是对企业理念、思路、方案和政策的销售，AIDA 模型为我们揭示了经销商培训的路径，按此模型可以制订企业的培训计划和方法。

11. 经销商培训通常有十种方式，其中协同拜访是培训中的常用方法，要克服其中的认识误区。

12. 按照马斯洛的层次需求理论可以将经销商需求层次划分为五层，不同的层次可以采用不同的激励方法。我们把经销商激励分为物质激励和精神激励，常用的方法有十二种，实际工作中可以采用组合的方法。

4

Chapter

细规则：渠道的运营管理

渠道是动态而非静态的，一个健康的渠道，无时无刻都处于高速运转的状态。渠道的运营管理，就是渠道的日常工作管理，涉及流程、政策、价格、账款、信息、物流、促销等各个环节。而运营管理的最终目标，则是实现渠道的稳定、高效、合理和成长。

第 29 课

渠道管理流程建立和优化 4A 模型

本课核心知识要点：

1. 渠道管理流程的建立和认识误区
2. 流程制定的 SFDA 规则和优化的 4A 模型

马亮一早就开车到了包教授楼下，今天是他们约好到公司上课的时间。

包教授一上车，就认真地对马亮说："今天我将与你们公司的商务人员和公司领导谈谈渠道的运营，运营水平的高低体现了一个公司商务管理的水平。"

"S、M、O、P 相辅相成，其中结构管理 S 和成员管理 M 两部分内容我们已经讲过，还有第四模块的绩效管理，需要管理者更多的关注；而运营管理 O，则需要的是全员关注。"包教授说道，"只有全员有共同的理念和认识，沟通的成本才会降到最低，管理的效率才会提高。"

在公司的会议室举行了简短的欢迎仪式和相互介绍后，包教授以提问的方式开始了讲课："一个公司一定会制定很多管理制度和流程，你们企业也不例外。日常工作中我们常说建立管理流程和进行流程管理；你是否清楚这句话中的管理流程和流程管理有何本质区别?"

课堂鸦雀无声，气氛一下紧张起来。马亮也心跳加快，他担心团队表现不佳会影响企业在包教授心中的形象。

马亮刚想回答，包教授用手示意不用回答，他用目光环视了一下参加培训的20多位经理，补充道："管理流程是企业中一个项目从开始到结束的整个过程，按照工作特性和阶段性可以划分出很多的节点，节点工作执行的好坏直接影响到管理流程的效果。而流程管理是一种以业务流程为中心，以持续提高组织业务绩效为目的的系统化方法，包括流程分析、流程定义与重定义、资源分配、时间安排、流程质量与效率测评、流程优化等。"

"流程管理是一种理念，是一种方法论。流程管理需要管理流程，可只有管理流程不一定就具有流程管理的思想。"包教授像说绕口令一样地说道，"流程是为了客户需求而设计的，流程也会随着内外环境的变化而需要被优化。"

渠道管理流程的建立

任何领域的管理工作都需要一个流程，这在关联成员较多的渠道管理中更加重要。渠道管理流程的建立，需要深入分析考察当前渠道工作的各项环节，与经销商和分销商的业务流程接轨，再据此建立起双方一致认可的商业管理流程，确保双方的利益。

企业通常会在如下（不限于）环节建立业务操作流程，以规范渠道管理，如渠道盘点、渠道优化、合同制定、协议签署、发货退货、信用审批、回款、配送和运输、招投标等。流程的建立是与相应的制度相配套的；流程建立后也不是一成不变的，需要在实践工作中逐渐完善和优化，优化流程可以对制度起到完善的作用。

合同、协议签署流程。现代化的商业活动离不开合同与协议的保障，这对于双方都是一种保护和约束。该流程需要明确企业与经销商在合作过程中的合同及协议的种类、内容、作用、签署条件和方式等。

发货、退换货流程。发货是渠道管理中最频繁的活动，退换货也是双方合作过程中无法避免的现象。明确发货、退换货的流程，能让双方都在相互认可的既定规则下采取相应行动，以免出现无谓的争端，影响渠道的正常活动。

信用、回款管理流程。渠道中的财务管理是双方都关注和争夺的焦点，企业希望能够实现快速回款，而经销商则希望能获得更大比例的赊销。信用、回款管理流程的确立，不仅是对渠道整体稳定性的保证，也是对经销商的一种激励方式。

货物运输流程。货物运输是渠道工作中耗费时间与成本较大的一个环节，建立货物运输流程，既能使渠道的效率提高、成本降低，也便于经销商安排自身工作。

终端配送流程。配送相当于小范围内的短途运输，多发生于直接渠道或是经销商中，是提升渠道效率的一项重要环节，需要标准化的方式。

招投标流程。随着政府采购的增加，各地陆续建立和出台了地方性的政府采购制度和实施办法，企业需要建立对应的管理流程。

终端开发流程。终端开发是增加渠道成员的一项工作，涉及终端网点考察、审批、增加、退出等程序性工作。

以上举例的流程绝不是渠道管理中流程的全部，仅作为思路的启发。由于每个企业的业务性质不同，节点的划分也不一样，因此制度和流程的多少也不一样。流程管理中一定不是流程越多越好。流程的建立是渠道管理中最基础性的工作之一，不断对细分流程进行完善，就能逐渐形成企业自己的渠道管理思想和方法。

流程管理中的认识误区

在渠道管理中，建立各项管理和业务流程是确保工作顺利进行的基础，也是使渠道惯性运行的保障。而在实际工作中，由于企业对流程的认识不足，常常出现的问题是不制定制度流程，或虽然制定了制度流程而实际工作不按照制度执行，其根本原因是在渠道管理中对流程意识的缺失和对制度流程的不尊重。

在渠道管理和业务流程的建立和优化过程中，笔者发现企业认识上存在的最多问题有以下十点。

一是企业之前没有制定流程，工作也照样进行，有没有流程似乎对工作影响不大；

二是流程就是约定俗成，企业与经销商大家都知道怎么做，写出来没有实际意义；

三是流程制定再好，关键在于人的执行，如果人的工作不到位，再好的流程也没有用；

四是领导认为有了流程，就分散了权力，领导的权威与价值就不能体现了；

五是商务工作很复杂，遇到的特殊情况很多，没有办法按照固定的流程进行；

六是好多问题都是老板自己定的，走流程是形式主义，直接找老板最简单，效率最高；

七是公司流程执行了好几年了，没有出现大的问题，不需要优化；

八是企业现行管理流程与实际不相符，且老板改来改去，执行不了；

九是清楚建立和优化渠道流程可提高运行效率和保障执行一致，但不知道从何入手去改；

十是每年都会按照部门的要求进行优化，但是发现效果不明显。

由于存在上述认识问题，医药企业常常在流程的建立上困难重重，建立的流程流于形式。要解决此问题，首先是要认识流程对渠道管理的重要性，不沉淀工作经验，不能传承复制，不制定标准规范管理流程，不能保障实施效果一致；其次不论是领导还是下属都要养成尊重流程的习惯，且不能让权力大于流程，让习惯大于流程，让经验大于流程；最后，要学会优化流程的方法，具备优化流程的能力，不可只见树叶不见森林，固步自封，得过且过，缺乏创新。

流程制定 SFDA 规则

流程是由一个个的工作环节组成，每个工作环节称为一个流程节点，在建立流程时要从环节的划分和节点的关键执行指标、责任人的确定开始。

管理流程是建立在规范的企业管理和健全的制度基础上的，这是建立和优化渠道管理流程的第一个前提条件；第二，每一个节点工作都是建立在上面节点工作完成的基础上，这就要求每个节点的人员都可以按照流程的要求执行，且称职地完成，不能因为人员的能力和素质问题而降低标准；第三，制定的流程是要执行的；第四，要采用专业的工具和方法。

只有具备了上述四个前提条件，企业建立的管理流程才不会流于形式，与企业的目标脱节，流程之间没有关联等。流程的建立可以借鉴成功企业的经验或是企业过往的流程，但绝不能生搬硬套，而是需要根据新需求重新自主制定，确保流程的科学性、实用性（如图 4－1）。

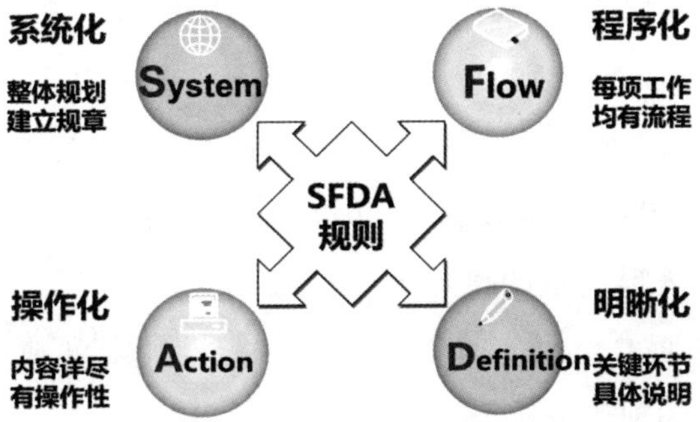

图 4－1　SMOP 工具 30——流程制定的 SFDA 规则

1. 系统化（System）

流程的制定应当坚持整体最优而不是局部最优，当流程中出现冲突内容时，就需要通过整体性评估规划来作出取舍。

2. 程序化（Flow）

渠道整体需要流程，而渠道管理中的每一项环节也都需要相应的流程，流程化的过程也是规则细化的过程。

3. 明晰化（Definition）

渠道管理必然包含着关键环节的工作，对于这些关键环节的流程制定，要格外明晰，不允许出现疏漏和模糊内容。

4. 操作化（Action）

流程的制定要具备可操作性，如果无法得以实现，再好的流程也是一纸空文，这就需要在制定流程时充分考虑渠道成员的实际条件和执行能力。

流程优化 4A 模型

建立起一套清晰可行的渠道管理流程，是渠道运营的开始而不是结束。企业在发展，市场在变化，渠道管理流程也需要适时适当地作出调整，这一过程，就是渠道流程的优化。

渠道流程优化是指在企业渠道管理运营未发生根本要素上的明显改变时（如理念、产品、模式等方面），对现有渠道管理流程进行自发的、持续的自我改造、调整，实现整个渠道管理流程在效率和效能上的改善提高。

流程优化的概念最早源自于美国学者迈克尔·哈默（Michael Hammer）和詹姆斯·钱皮（James Champy）在 20 世纪 90 年代初提出的企业流程再造理论（Business Process Reengineering）。他们提出："企业流程再造是对组织的作业流程进行根本的再思考和彻底的再设计，以求在成本、质量、服务和速度等方面取得显著改善，使企业能最大限度地适应以客户、竞争、变化为特征的现代企业经营环境。"

随着多年来的实践总结，如今已经形成了一套用于企业流程优化的 4A 模型，为企业的流程优化提供了规范化的指导。而该模型，同样可以应用到渠道管理流程优化中（如图 4－2）。

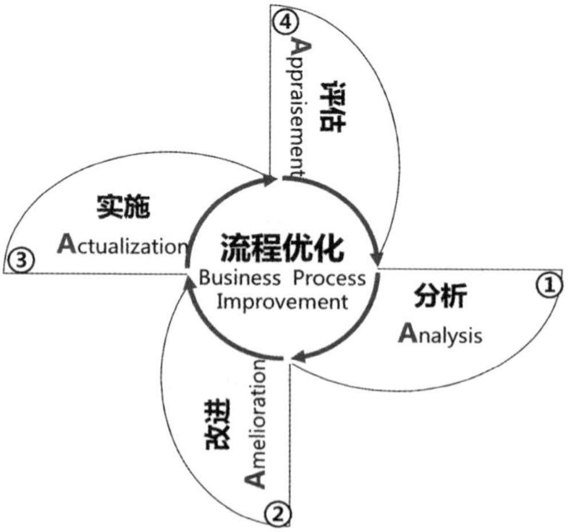

图 4－2 SMOP 工具 31——渠道流程优化 4A 模型

4A 模型按照流程优化的实施步骤分为以下 4 个模块。

1. 分析

此阶段主要是分析现有渠道管理流程中存在的或潜在的问题，以及该问题改善的必要性和突破点，为之后的流程改进行动提供指引。对流程中问题的分析内容则包括以下几点：

（1）性质分析。对问题的影响面和严重程度进行分析，判断其类别和性质。

（2）原因分析。探究分析问题产生的原因及相关因素。

（3）干系分析。分析问题潜在解决方案的具体影响，涉及的关联方，以及对这些关联方的影响程度和其可能采取的配合程度等。

（4）实施分析。分析对问题优化改正的必要性、可能性、时间性、影响性，即回答是否必须改进、是否能够改进、是否立即改进、是否需要关联流程同时改进这几大关键问题。

2. 改进

此阶段主要是在分析的基础上，对现有流程中必须改进的问题展开修改、补充、调整的研究学习工作，制定流程改进方案。常用的研究学习方法包括访谈法、头脑风暴法、德尔菲法和标杆学习法等。

（1）访谈法。该方法是与问题涉及的关联方进行直接的、开放式的当面沟通交流，获取有效的信息和建议。关联方包括供应商、企业内部部门、经销商、终端客户等。

（2）头脑风暴法。召集渠道主要成员或是问题关联方的主要成员展开集中研讨，畅所欲言、集思广益，最大化获取创造性的提案建议。

（3）德尔菲法。又称专家意见法，咨询相关专业人士，并对专家的意见建议进行可行性论证，制定出有效的方案。

（4）标杆学习法。寻找和研究同行业或是跨行业的优秀企业的实践案例，通过分析、比较、判断，制定出企业自身所需的可行性方案。

3. 实施

此阶段主要是在流程改进方案确定之后付诸实施，主要的实施步骤通常分为签署发布、宣传培训、现场指导和检查控制几点。

（1）签署发布。对流程改进方案进行审批确认，并向相关人员或组织公开发布。

（2）宣传培训。将新的流程方案在整个渠道内部进行推广，使相关的渠道成员理解并接受，能按照新流程开展工作。

（3）现场指导。管理者深入渠道内部监督、检查、指导，保障新流程能够正确实施。

（4）检查控制。对新流程的执行状况和实际效果进行实时检查评估，对其中不合理或执行不力的环节予以纠正，及时调整异常，并将正常运行的部分固定化、常态化。

4. 评估

此阶段主要是评估当前渠道管理流程的实施状况，并从中寻找问题和不足。评估的方法通常包括绩效评价、事故检讨、客户反馈、周期检查、学习研究等。

（1）绩效评价。根据整个渠道的绩效完成情况、市场开发数据等信息，分析整个渠道流程的质量和运作状况，这是一种最直接、最精确的评估方式。

（2）事故检讨。将运营与管理中发生的重大事故作为切入点，针对性地分析存在的问题。

（3）客户反馈。通过渠道客户（渠道终端网点、终端消费者）的投诉、抱怨、消极反应等搜集客户的意见，并据此评估当前流程的不足。

（4）周期检查。主动对渠道管理流程中的各个环节进行定期或不定期的检查，这是一种常态化的评估方式。

（5）学习研究。通过学习研究行业领先者的渠道管理流程，对本企业流程进行对比评估，发现问题和不足。

4A 模型是一个流程优化循环，在“分析→改进→实施→评估”的一轮周期结束后，又会进入一个新的周期，借此持续改进、不断优化。没有完美的流程，为了适应新的环境、新的发展，企业需要建立一个持续性的流程优化体系，实现常态化的自我成长与进化，以适应复杂多变的渠道环境，始终保持渠道在市场中的竞争力。

上述流程建立和优化实现路径通常是通过取消（Elimination）、合并（Combination）、重排（Rearrangement）和简化（Simplification），即“取消—合并—重排—简化”形成对现有组织、工作流程、操作规程以及工作方法等方面的持续改进，并结合渠道管理的特点，建立和优化业务流程。

第30课

项目管理理念在渠道运营中的应用

本课核心知识要点：

1. 项目管理在渠道管理中被应用的理由
2. 项目管理在渠道管理中的具体应用

“流程的优化是为了实现阶段性最优，但从长远来看，持续的最优化是不存在的。”包教授总结道，“企业不仅要在环境改变时进行不定期优化，也要按照管理计划进行定期优化。”

包教授深入浅出、绘声绘色的演讲，让全体人员都听得聚精会神。包教授问道：“大家有问题吗？”

这时，马亮第一个举起手，显然是有备而来，热烈的讨论随即开始。

“目前我们企业制定流程，大部分是部门经理制定，领导批准后执行。虽然高效，但我也发现专业性不够，存在很多漏洞。另外流程优化的频率明显太低，常常是被动优化。这些问题通过包教授的讲解我们可以找到答案。”马亮说道，“不过，包教授似乎没提到，为何同样的流程中，一些较复杂的任务通常能够很好地完成，而一些简单的任务反而经常出现滞后或失误，这是什么缘故？”

“这个问题看起来比较复杂，其实很简单。流程的执行靠监督、靠熟练、靠技术，更靠责任心。”包教授答道，“复杂的任务更会被人关注，监督程序较为严密，人的重视度也高，而简单的任务则容易被忽视，缺少警惕性。”

“公司编写了渠道管理流程手册，并且下发给每人人手一册，也发给了经销商，可每每出现问题的时候，问他们为何不按照手册要求进行，解释都是要么还没有看，要么看了没有记住。”马亮又问道。

“渠道管理可以当成是业务管理中的一个项目，需要按照项目管理的思路进行。”包教授没有直接回答，继续说道，“流程不是制定出来就万事大吉，关键在于项目的落实，一会儿我们会讲到项目管理的九连环，一定可以解答你的困惑。”

为什么要学习项目管理

项目管理的概念最早出现于20世纪50年代，起初多应用在科研、航天、建筑等政府公共项目。虽然不同的研究者对于项目管理的解读各不相同，但是随着项目管理在越来越多的领域中取得显著成就，许多行业、企业开始将项目管理引入到管理的全过程中，包括研发、生产、销售等。在渠道管理中，随着渠道管理的多元化、供应链的延伸，项目管理更倾向于细节管理，更注重效果的落实，项目管理的思路和理念也得到了广泛应用。

项目管理是管理学的一个重要分支，通过运用各类技能、方法、工具等，为满足或超越关联方对项目的要求与期望，展开一系列计划、组织、领导、控制等活动。尽管项目管理在各个领域中解读有所差异，但在运用的理念上却基本相同。结合渠道管理的特点，有以下方面值得关注。

（1）服从全局。要顾全大局，实现整体最优化。每一项项目管理工作不仅要考虑到企业自身和利益关系者，考虑到整个行业和市场的特征，还要明确成功与进步的方向。

（2）统筹协调。不仅要协调各方利益，还要充分发挥整体协作能力，如关注各方利益、统筹阶段目标和总目标、兼顾内部管理与外部协作等。

（3）人力资本。不仅要充分重视和发挥人才的作用，还要建立起一支符合资质与要求的执行团队，以确保实施效果。

（4）标准化建设。标准化是项目管理的重要特质，在项目管理中不仅要严格遵循技术标准和规范，还要严格遵守相关执行流程，这是项目管理取得成功的重要保证。

（5）经济效益。项目管理的一个重要评价指标就是经济指标，如果项目本身无法带来任何短期或长期效益，那么就没有任何实施的意义。所以项目管理开展前需要进行严格的成本核算与盈利分析，并据此进行资源配置。

（6）善用咨询。项目涉及的环节是多方面的，执行方可能需要很多外部专业机构的支持，咨询外部专家意见是渠道运营中经常被忽略的部分。

（7）风险管理。项目以获益为目的，但是利益与风险同在，为了能成功获益，就需要对风险进行识别、评估、回避、转移、管理等一系列工作。

（8）透明运作。透明化运作在当前社会中的重要性越来越高，而渠道运营管理由于涉及许多企业外部成员，就更需要企业进行透明运作，以保证公开、公平、公正，让渠道成员信服。

以上八条项目管理理念，是项目管理成功的关键因素，也是其被广泛应用的重要原因。

项目管理在渠道运营中的具体应用

在渠道运营中应用项目管理理念，就是将渠道运营中的各环节工作以项目的形式加以运作，以保证工作的开展是合理的、过程是可控的、结果是成功的。

对于每一次项目管理，大致都要经过“启动→计划→实施→监控→收尾”五个阶段，每一阶段中工作的完善对于整个项目的成功都是不可或缺的（如图4－3）。

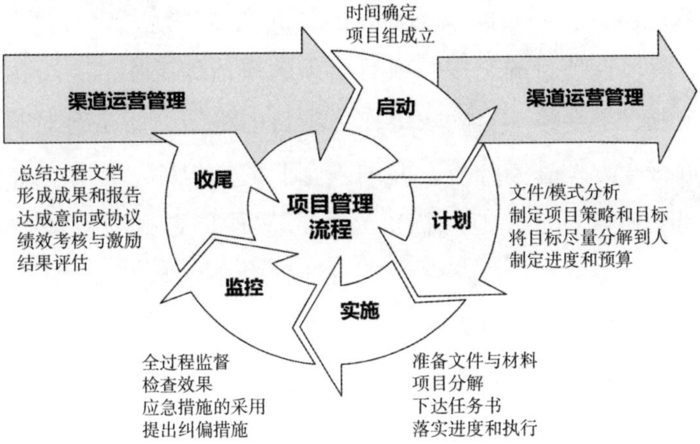

图 4-3　SMOP 工具 32——项目管理的过程步骤

（1）启动阶段。项目刚启动时，首先需要进行项目立项，确定项目的目标和方向，并进行可行性研究，保证项目是可行的、良性的，再进行审批通过。

（2）计划阶段。此阶段主要分两部分进行。第一步是进行项目的初步设计，描绘出项目的大体框架，比如预算、实施进度、合同条款等；第二步是进行项目的详细设计，即对主要框架进行完善和补充，特别是要设计出详细的执行步骤。

（3）实施阶段。项目在正式开始执行前，首先需要根据计划要求组建一支项目团队，团队中不仅要确保执行者的能力，还要明确责任人，负责全局的统筹规划。进行项目分解，分解成一个个有责任人的子项目，制定出任务书并下达。在项目执行中，下级需要对上级负责，上级要对下级指导，而同级间也应相互协调配合。

（4）监控阶段。监控往往是与实施同步进行的，通常项目执行得不好或者不能按进度落实原因均在此步。项目的控制可以专设一名监督人员，也可由项目的最高负责人代理该职责。项目的控制主要包含两方面工作：一方面是把控项目目标进度，保证项目按时按量完成；另一方面是在项目进度落后时寻找原因，发现当前计划的不足，进行改进修正，进行纠偏。

（5）收尾阶段。项目的收尾是在项目的主体目标完成后，进行项目资料的整理、阶段性项目的交接、项目结果的评估等工作。一个优秀的项目管理人或企业，不会将项目的收尾作为项目的终结，而是会对整个项目的执行过程进行全方位总结分析，并纳入企业的知识库。例如，总结项目计划模板，明确项目规范，汇总标准及参考文件，寻找项目最佳实践路径等。这些总结性资料可以在下一轮项目计划中充分地加以利用，以提高项目计划的速度，优化项目计划的质量。

项目管理在渠道运营的各个环节中都能够充分利用，比如合同协议管理、退换货管理、物流管理、信用管理、终端开发管理等，保障执行结果。

【案例分享：渠道运营中药品集中采购的项目管理】

2000 年医药行业启动全国集中采购活动，某企业按照文件要求建立了企业的招投标管理办法，并制定了相对的流程。2009 年启动新一轮招标后，该企业将原有的分散集中采购统一为以省为单位的采购。2015 年再次进行国家政策调整，政府建平台、分类采购，各地采用不同形式的采购方式，降低药品价格。新的一轮采购将要开始。

K 公司是一家专业的医药销售公司，经营的产品包含各类常用药品及医疗器械等。为了提高管理效率，该公司把项目管理引入到集中采购管理中，企业研究讨论确定了以下实施方案（如图 4－4、图 4－5）。

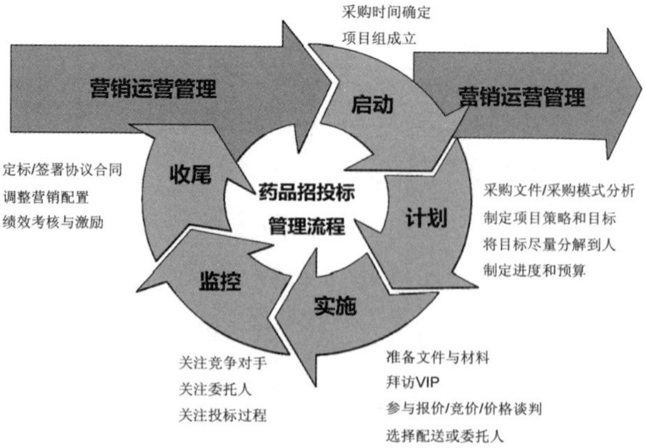

图 4－4　药品集中采购项目管理的流程管理

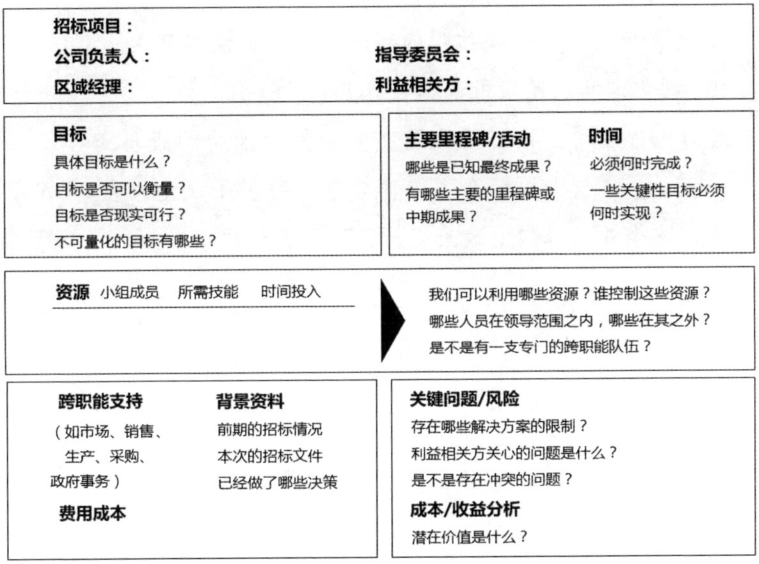

图4-5　药品集中采购项目管理表

1. 根据企业业务特点，进行现状评价，将招投标工作纳入运营管理中，形成闭环管理，将投标项目划分为五个工作环节。

2. 针对五个工作环节进行工作描述：首先，确定药品采购时间并成立专门的项目组；其次，确定招标的策略和目标，制定工作进度和预算，并将任务分解到人；再次，准备相关的文件材料，同投标人进行报价、议价等工作，并全程关注各投标人的动态信息；最后，选择最合适的投标人定标，并签署相关的协议合同等。建立项目管理表。

3. 组织相关人员通过头脑风暴进行专题研讨会，并和责任人交换意见。

4. 分析行业通行规则和竞争者策略。

5. 评估实施效率，在当前、理想和管理导向系统中寻找差距，提出改善方案。

6. 结合企业导向设计“理想的”业务流程，绘制成图，制定和修改相应的管理制度。

7. 深度座谈和广泛交流意见。

8. 制度流程签署发布，付诸实施。

9. 监督执行，反馈实施中的问题，作修正性调整。

10. 固化流程，阶段性总结性分析。

经过上述安排，该公司将最重要的集中采购的投标工作实现了标准化、流程化，不仅大幅提高了工作效率，防止了误差，在 2015 年的招标大年中，该企业从容应对政策变局，取得良好成绩。

第31课

与经销商就企业渠道政策达成一致

本课核心知识要点：

1. 渠道政策的内容和制定要点
2. 厂商消除异议，达成一致的方法
3. 签订协议的原则和内容

课间休息，包教授一边与大家聊天，一边有意发现和收集着他们谈话中的新问题。包教授深深地感受到马亮工作的压力，在这个新的团队，虽然大家有着饱满的热情，但是经验成了最大的短板。他在思考一个问题，如何帮助这个年轻的团队快速成长，成为一支优秀、能打硬仗的商务团队。

“项目管理的应用，能让每一项工作的进度和结果都得到有效控制，从而实现整个渠道运营的优化。”包教授对马亮说道，同时也是讲给大家，“希望你们能够对课堂上大家提出的为何完美的流程手册不能完美地落实这类相似的问题找到答案。”

“我已经找到了答案。”马亮回答说。

“我们都知道了。”大家也由衷地说道。

“包教授，最近拜访了客户，但是很难与他们就销售任务指标达成一致。”

“经销商总说我们的产品价格高于竞争对手，希望我们进行适当让价。”

“经销商总说我们对他支持不够，可我们已经把公司所有政策都给他了。”

……

大家提出的这些问题使包教授意识到，业务人员在实际工作中遇到了很多的实际问题，他语重心长地说："你们这些问题大部分集中在如何和经销商达成一致、和谐共处上。关于这个，一会儿上课我们就先讨论一下。"

"你们一定要记住，从商务工作的角度，渠道经理向经销商出售的首先是公司的政策，其次是你的人品，再次才是你的产品。"包教授说道。

"政策就是利益的再分配方案，你们只有充分地理解和认识了公司的渠道政策，才可以把商务工作做好。"

渠道经理出售的是渠道政策

渠道政策，通常是指上游企业向各个层级的经销商提供的一系列协议、激励项目、支持项目的集合。

"无利不早起"，所有经销商都具有一定的趋利性，好的渠道政策有利于经销商进一步扩大销售规模，提高销售量，增加销售利润；而对于上游企业来说，渠道政策则是管理经销商、激励经销商的最重要途径之一。

不同企业在渠道政策的构成设计和内容设计上都有很大的不同，但基本包括四个构成模块（如图 4 –6）。

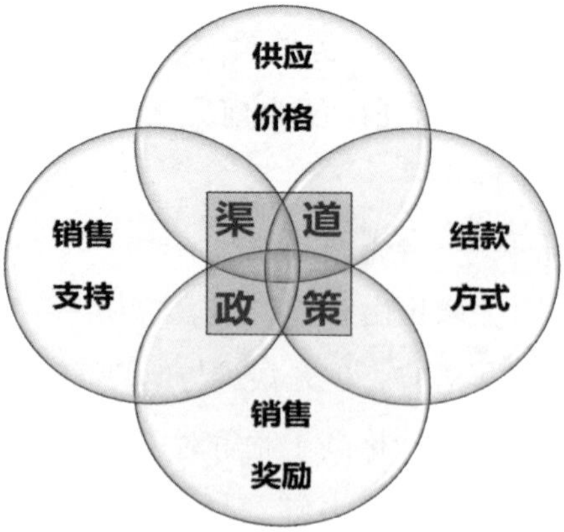

图 4 –6　SMOP 工具 33——渠道政策的构成模块

（1）供应价格。价格通常是渠道政策中双方都关注和争夺的焦点。经销商希望低价拿货以确保利润空间，而企业则希望界定一个销量与价格的平衡点，确保产品既有利润又有销量。

（2）结款方式。企业与经销商之间的结款方式通常有现款现货、售后结款、账期结款等方式。不同的结款方式影响着双方的资金压力，通常呈现此消彼长的关系。所以结款方式也要慎重确定，平衡双方利益。

（3）销售奖励。这是对经销商的一系列奖励政策。虽然销售奖励增加了企业的成本，但有销售额做保障，所以只要设计合理，利润是有保障的。

（4）销售支持。企业为了帮助经销商扩大销售、开发市场所提供的人、财、物、宣传、培训等各方面的支持。

无论渠道政策在内容上如何变动，其基本的目标和原则都不外乎提高商业客户的满意度以及延长渠道产品的生命周期，从而不断提高渠道效率，增强渠道能力。

不同的企业有着不同的渠道政策框架，而即使是同一家企业，对不同的经销商、不同级别的经销商也会制定差异化的政策内容。在上述框架下，渠道政策制定的考虑因素总结归纳如图4－7。

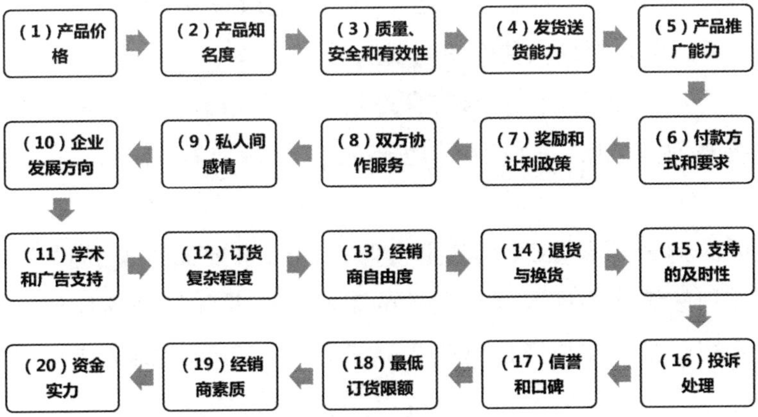

图4－7 制定渠道政策的考虑因素

以上要点都是在制定渠道政策时需要考虑到的因素，具体如何拿捏、如何取舍，则需要企业根据渠道真实状况进行判断。

如何实现政策的达成与调整

渠道政策的制定可由企业独立完成，但是与经销商达成协议以及后期的调整则需要双方共同协调。渠道管理的正常运行，依托厂商和经销商对渠道政策的共识。经销商是否积极进行厂商产品的销售和渠道的维护，在很大程度上取决于其对渠道政策的认可和满意程度。

首先，将各项渠道政策详细写入与经销商签署的年度经销协议、客户合同，以文件和合同的形式明确双方的共同利益和责任。经销商如果对于政策点存有异议，应在正式签署协议与合同前提出，并展开谈判。在协议与合同达成后，不得以任何理由随意违反相关政策规定。

其次，定期通过销售人员或管理人员同经销商进行沟通，了解经销商在执行协议中的意见和建议。协议应当严格遵守，但不代表政策无法变通，对于经销商合理的意见建议，企业应当听取并展开讨论，适时地调整政策或签署全新的协议。

再次，要严密监控经销商的销售记录和流向，及时准确地确认经销商的业绩进度。这些跟踪信息不仅是让企业确定政策支持的内容与方向，也是为奖励政策的执行提供精确的数据依据。

最后，企业和经销商应当共享终端资源和信息资源，精准地分析市场，捕捉商业契机，进而及时地补充或调整协议内容，保障双方的利益。

政策的达成不仅要双方自主自愿，同时也要始终坚持“共赢”观点，不能把政策作为攫取自身利益的工具。企业和经销商任何一方的利益过度受损，都会使渠道运营陷入异常。厂商与经销商达成对渠道政策的一致执行，通常会遵照上下游渠道成员间的商务承诺模型（如图4－8）执行。

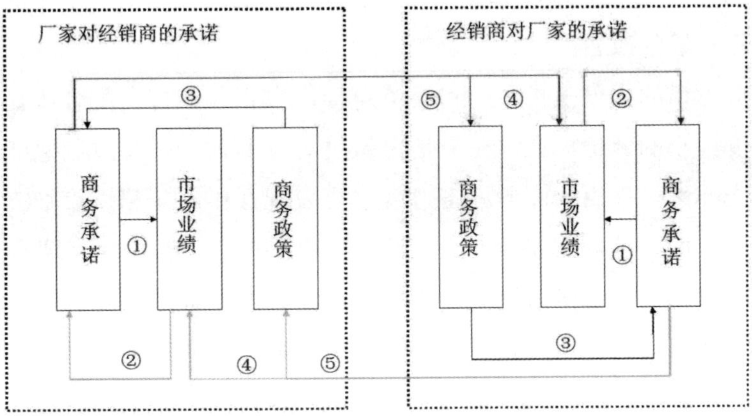

图 4－8　SMOP 工具 34——上下游渠道成员间商务承诺模型

1. 渠道政策、商务承诺和市场业绩是厂商和经销商双方构建商务关系中的共同要素

三个要素不仅在自身体系内相互关联、相互影响，而且对对方的相关要素同样产生关联和影响。

（1）渠道政策是厂商和经销商立足于自身现状，在与对方合作中制定的维护双方商务正常运行的规则和制度，是综合性的服务方案。

（2）商务承诺是渠道政策的实现过程。商务承诺包括态度承诺和政策承诺两部分，态度承诺是指双方商务关系建立中的意愿、合作的积极性、相互的表态等，政策承诺主要指在商务中的实质性协议内容，如价格、回款、市场活动等。

（3）市场业绩这里专指厂商和经销商目前的市场现状和对未来合作中的市场预期。市场业绩是渠道政策和承诺的基础。

2. 渠道政策决定了商务承诺的内容，渠道政策通过商务承诺的方式实现，同时受对方商务承诺的直接影响

商务承诺会包括价格、品牌、产品质量、配送能力和储运条件、市场拓展、货款结算、销售量的要求、分销或终端开发的数量要求、奖励、学术活动或广告的支持等。

3. 市场业绩的表现和预期决定了商务承诺的力度，商务承诺的实现会促进市场业绩的改善

商务承诺的力度是指厂商和经销商合作中相互支持、配合或让利的程度。力度大小的评价标准，在与是否超过对方的预期，超过则意味着力度大，反之亦然。厂商的商务承诺力度主要表现在供货价格、市场支持、销售奖励等方面，这与厂商对未来市场的预期和现行市场的表现有直接关系；经销商的商务承诺力度主要表现在市场开发、量的保障和付款要求的保障等方面，这与经销商和厂家合作的迫切度以及对渠道政策的认可程度有关。

4. 商务承诺直接影响对方的渠道政策和市场业绩表现

商务承诺是一个动态的过程。通常厂商和经销商之间的诸多商务承诺条款是对方遵守的依据，是完善其渠道政策的参考，因此商务承诺不仅涉及单方的事，还会涉及相互的事。这就要求商务承诺一定要建立在相互协商、讨论、共识的基础上，且承诺的内容一定是相互和对等的。

5. 产品不同、渠道的生命周期不同，厂商和经销商商务承诺的主动性不一样

商务承诺的主动性与厂商和经销商合作意愿的强烈程度有直接的相关性，由于产品的不同和渠道生命周期的不同，往往商务承诺中的主动性差异很大。如果一个产品在市场上受欢迎、销量较大、价格空间较大，就会成为经销商的追捧，此时经销商通常会表现得更加主动，率先提出销量和货款的承诺，以获取厂商相对应的承诺；相反，如果一个产品处在市场的进入期，知名度低，就需要厂家更加主动地作出市场支持、货款回收延长、铺货政策等方面的承诺，以便于获取经销商相对应的最大承诺，以保障销售的实现。

6. 商务承诺分书面和非书面两种方式，书面是商务承诺的主要形式

商务承诺通常会以协议、合同或备忘录的方式进行明确，经双方友好协商，最终双方签字，以便于双方的执行。在实际工作中要特别注意非书面的承诺，由于不同的原因，往往会出现更多的问题。

协议的达成和签订

渠道政策的形成建立在商务承诺的基础上，商务承诺的相关内容最后会以书面的方式体现，其具体表现形式就是协议书。可见，协议书是厂商和经销商针对渠道和商务等问题，经过双方友好协商，达成共识后签订的相互遵照执行的工作契约，是渠道政策的集中体现。

签订协议书必须符合国家法律和政策的要求；遵守平等互利、协商一致、等价有偿、诚实信用、双赢的原则。协议签订的好坏，决定着市场绩效的好坏。协议签订的过程包括要约和承诺两个阶段。在实际的操作中，一份协议的订立往往要经历要约、反要约、再反要约这一相互协商讨论、谈判的过程，直到达成承诺。

要约是指当事人一方向另一方提出订立协议的建议和要求；提出要约的一方称为要约人，对方称为受约人。要约人在要约中要向对方表达订立协议的愿望，并明确提出协议的主要条款，以及要求对方作出答复的期限等。要约人在自己规定的期限内，要受到要约的法律约束；如果对方接受要约，就有义务同对方签订协议，不能向第三者发出同样的要约或签订同样内容的协议。否则承担由此给对方造成的损失。

反要约是指受约人对要约人提出的协议内容、条件作了变更或只部分同意要约内容，或附条件地接受要约，而向原要约人提出新的要约。反要约是协议签订过程中常经历的一个过程。如果原要约人对受约人提出的反要约作出新的变更和修改，则称为再反要约；在实际工作中，要约、反要约常常会经过多次反复，这个过程正是协议生成的谈判过程。

承诺是指受约人对要约人提出的建议和要求完全同意或经过谈判后达成一致，并承诺执行，承诺对协议的成立起着决定性作用。承诺的内容必须与要约的内容完全一致，承诺则意味着完全接受要约的全部条款，以双方签订协议书为代表。

协议书在实际工作中通常会以“商务协议”、“销售协议”、“销售合同”、“合作协议”等名称出现，一份完整的协议书通常有四个部分：主件、附件、客户资料卡、委托（授权）书等。

1. 主件

主件是协议的主体部分，包括根据法律规定或协议性质必须具备的条款，如标的、数量和质量、履约期限、违约责任等。标的主要表现为销售的产品、范围；数量和质量是指约定的销售目标，可以是销售额，也可以是销售数量，还可以是网络开发的数量等；履约期限是指协议约定的时间，通常为一年，也可以按照合作情况确定时间；违约责任是在双方不能按照要约承诺执行的处罚性条款。

在实际操作中，买卖双方通行、常规性的约定一般在主件中体现。主件内容对所有经销商基本一样，是共性的约定。多采用制式格式，需要双方修改和填写的内容较少。条款包括：

（1）买方、卖方的名称、注册地址、法人代表、授权签约人、联系方式等，要清晰。

（2）签订协议的地点和日期，要相对明确。

（3）合作意愿、原则和方式。

（4）销售区域和范围。可以地理区划划分，如省、市、县等；也可以终端特点划分，如行业、县级以上、基层医疗机构、OTC 等。

（5）销售的目标。总目标通常会在主件中体现，目标的分解等常在附件中体现；此项也可以不在主件中体现，全部放在附件中。

（6）销售产品。要明确所销售产品的种类、品名、规格等。

（7）供货价格体系。明确产品的供货价格、销售价格等。

（8）权利和义务。对双方合作中应该享受的权利和义务要尽可能地描述详细，如有特殊要求可以放在附件中在进行说明。

（9）质量标准、质量保障。要符合国家药典的标准和生产质量管理规范、药品经营质量规范。

（10）供货要求。对物流的发货、运输、储存等提出要求。

（11）学术和市场支持。对学术和市场方面的支持和配合提出细致的要求。

（12）奖励方法。说明达标的奖励的原则。

（13）市场秩序管理规定。包括价格维护、渠道维护、终端维护的规则和检查方法等。

（14）争议的解决。

（15）协议的修顶协商机制。

2. 附件

附件是就主件条款的补充约定，与主件具有相同的法律效力，通常是买卖双方之间针对每一个市场的特殊性，与经销商进行的个别性约定。附件可以是一个，也可以是几个。附件约定的条款通常包括以下几个方面：

（1）销售目标。包括总目标、按照产品分解的指标、按照时间分解的指标等，由于各个地区所处的销售阶段不一样，面临的问题也不一样，指标的分解往往会因地制宜。

（2）结算方式。由于厂商结算受地域性的医疗机构回款影响较大，往往存在差异性，因此在附件中针对每一个地区要确定不同的结算方式。

（3）折扣约定。这是对经销商的一种激励，激励应该在总的原则下体现一定的灵活性。

（4）促销支持。尽可能将促销计划做到明确、详细，双方各尽所能。

（5）特殊奖励。如果有特殊性的奖励政策，可以在附件中体现。

（6）双方需要特别约定的事项。

3. 客户资料卡

客户资料卡是厂家进行经销商档案建立和动态更新的参考资料，一般包括经销商的基本情况、经营情况、销售和网络情况、双方业务联络部门和人员表等。

4. 委托（授权）书

业务往来过程中的相关人员需要由双方的法人授权，如业务负责人、合同签订人、收货人、付款人等。

第32课

呆坏账是企业渠道运营管理的大忌

本课核心知识要点：

1. 呆坏账对渠道运营的影响
2. 如何防止呆坏账发生

课堂中，公司财务经理举手提问："教授课上谈到的渠道政策，站在我的角度，我只是想提醒各位商务精英们一下，千万不要出现呆账坏账，呆账和坏账会吃掉公司的增长和利润。"

"这个提醒好。呆账和坏账是赊销中的最大风险，渠道政策在制定和实施中，作好财务防范不仅必要而且必须。"包教授补充道，"请问一下，目前公司30天以内和大于90天以上未回款的比例是多少？"

"30天以内应收账款，比例大约60%左右。"财务经理严谨地回答道，"超过90天约占12%，其中超过两年的有近500万元。从财务角度我以为这个比例太高了。但是市场竞争激烈，销售部门在回收货款上确实难度很大。"

"你们采用过哪些措施吗？"包教授问道。

"这个问题我来回答。"销售部经理抢先说道，"前些年我们没有商务部门，主要由销售部门既负责销售，也负责收款，采取了很多方式来清理应收账款，尤其是长期欠款，采用过一次性折让、分期逐步归零、增加提成、以物抵债、法律程序等，费劲了心思，但是还有一部分难以收回。如今竞争激烈，各厂家在新客户开发中竞相提出延长回款时间的政策，为了扩大销量发货，货款风险在增加，如果不发货，不仅会影响当前的销量，更严重的是会丢了市场。两难呀，我们很困惑。”

销售部经理回答了一个问题，又提出了一串问题。

“其实所有企业都会面临同样问题。销售、商务、财务三个模块紧密相连，互为制衡，互为保障，渠道政策就是三者的一个平衡点。在平衡中持续调优，逐步完善。”包教授总结道，“纵观企业发展，成功企业有不同的成功原因，失败企业也有不同的失败理由，有一点是可以肯定的，呆坏账是企业运营中的大忌。财务经理可以给业务人员分享一下呆坏账对企业运营的影响吗?”

财务经理爽快地答道：“没问题。不过我应该向大家检讨，因为早就应该给大家讲一讲。”

他就是这样一个严谨和认真的人。

呆坏账对渠道运营的影响

呆坏账对于任何行业中的企业来说都是不可忽视的问题，呆坏账的产生会给企业造成重大的利益损失，打乱企业正常经营与运作的节奏。呆坏账包含呆账和坏账两个概念。

呆账指企业应收款项因偿付期限已过，却未能及时讨回的债款，也指因对方不还而收不回来的财物；在企业的运行中，通常欠款期限过长（通常在 3 个月以上），无法确定是否能顺利收回的应收账款项目均被列入呆账范围。

坏账则是因欠款过久或其他突发状况而导致的、企业无法收回或收回的可能性极小的应收款项。由于发生坏账而产生的损失，称为坏账损失。坏账损失造成企业资金被占用，增加资金的运用成本，直接冲减企业的盈利，造成企业资产损失，影响企业的信誉。

坏账会给企业造成确定的损失，而呆账则会增加企业的资金压力，而随着呆账的欠款期限延长，发展为坏账的可能性也很高。根据行业特性的不同，企业渠道运营政策的不同，呆坏账所带来的具体影响也会有差异。但无一例外的是，呆坏账必然会给企业带来负面影响。最直接的就是，呆坏账会侵蚀企业的利润，为了保障利润就要大幅增加销售额，这些都会打乱企业的正常经营秩序。

渠道运营中，呆账产生的最大因素就是经销商拖延货款。现金是经营的血液，经销商也明白这个道理，因此就有许多经销商尽可能延长货款支付期限，将资金压力转移。而对于企业而言，呆账自然增加了资金成本，相应的利润就会有所降低。资金成本越高，利润缩水就越严重。而利润率越高，利润减少的绝对值就会越大（如表 4 –1）。

表 4 –1　坏账损失与弥补损失需要企业增加销售额之间的关系

需要增加销售额（单位：万元）		税前销售利润率			
		4%	5%	8%	12%
坏账损失	100	2 500	2 000	1 250	833. 33
	500	12 500	10 000	6 250	4 166. 65
	1 000	25 000	20 000	12 500	8 333. 30
	10 000	250 000	200 000	125 000	83 333. 00
	50 000	1 250 000	1 000 000	625 000	416 665. 00

呆账造成利润缩水，而坏债则会造成实际损失，而且这些损失难以通过正常经营简单地弥补。为了弥补坏债损失，需要企业额外增加远超损失额的销售额，而利润率越低，需额外增加的销售额就越高。

【案例剖析：货款拖延（呆坏账）对公司利润的影响】

5 家公司，采用了 5 种不同的渠道政策，即现款现货、现款现货 + 2% 折让、30 天账期、60 天账期、90 天账期。假定，5 家公司的年销售额均是 12 000 万元，年资金成本均为 12%，每个公司都获得 5% 的利润（按照原有售价而不提供任何销售信用），1 年按照 360 天计算，从利润额和利润率情况，我们就可以清晰地看到不同的渠道政策将有不同的结果，其中账期时间越长，利润损失越大，若按照此案例推演，当呆账出现付款时间达到150天时，企业的净利润将为0；超过150天时，企业将会面临亏损经营（如表4-2）。

表4-2 不同渠道政策对企业利润和利润率的影响

单位（万元）	公司A	公司B	公司C	公司D	公司E	呆账出现	
商务政策	现款现货	现款现货+2%折扣	30天付款	60天付款	90天付款	150天付款	180天付款
年销售额	12 000	12 000	12 000	12 000	12 000	12 000	12 000
净利润（赊销成本前）	600	600	600	600	600	600	600
平均应收账款	0	0	1 000	2 000	3 000	5 000	6 000
赊销成本	0	(240)	(120)	(240)	(360)	(600)	(720)
净利润（实际）	600	360	480	360	240	0	(120)
净利润率	5%	3%	4%	3%	2%	0%	(1%)

如何防止呆坏账发生

防止呆坏账发生，最理想的状态自然是“一手交钱，一手交货”，没有货款的拖延积压，自然也不易产生呆坏账。

但是渠道运营不同于终端销售，很难100%实现现款现货。经销商或多或少都会要求企业在资金上予以支持或是在货款支付上予以宽限，企业如果过于严格地执行现款现货，不仅不利于经销商成长，也会增加双方合作的困难。既然企业在渠道运营中难以完全避免货款拖延的现象发生，那么要防止呆坏账发生便只能另寻途径。

有效进行账款回收需要销售人员具有信用意识，同时要求财务和信用管理人员也要相应地从销售出发思考问题，这样才可以找到最适合的方法（如图4-9）。

1. 认真选择经销商

选择一个优秀的经销商能够大幅降低呆坏账风险。企业一是要寻找有

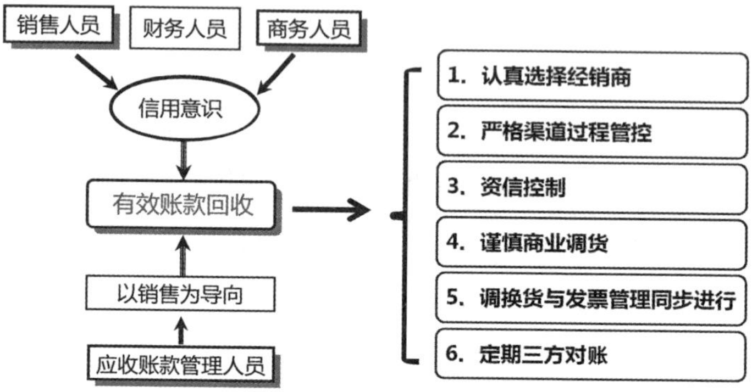

图 4-9 SMOP 工具 35——有效进行账款回收的方法

实力的经销商，这类经销商即便要求垫款也有能力在期限内偿还；二是要寻找信誉好、没有欠款不良记录的经销商，好的经营习惯是重要保障。

2. 严格渠道过程管控

作好通路管理涉及许多内容，包括合同化管理、层级管理、发（销、存）货管理、物流管理、价格管理等。严格通路管理就是要顾全渠道运营的方方面面，合理运作。

3. 资信控制

企业对经销商要严格实施资信管理，根据经销商在货款支付上的不同表现对其进行资信分级，并定期考察、动态调整，时刻把握经销商最新的资信动态并给予其相应的政策支持。

4. 谨慎商业调货

企业自身要对产品的市场容量、渠道销量有清晰的认识和准确的估计，不能经销商要多少就发多少。调货太多导致产品积压滞销，经销商自然不愿也无能力支付货款。

5. 调换货控制与发票管理同步进行

发票是证明商业活动的有力工具，在渠道运营中涉及频繁的货物与金钱交易，发票更是不可或缺。企业必须要在所有的调换货过程中采用发票管理，形成发货开票、不见票不交货的良好机制。

6. 定期三方对账

核对账目不仅能使企业发现现存的财务问题，采取相应措施，同时也是发现潜在问题，防止呆坏账的重要方法。企业应当划定一个周期，每月或每季度联系经销商及合作银行，开展三方对账，确保账目无误。

为了迅速发展渠道而放松对货款的管理，进而导致呆坏账现象发生，是渠道运营中的大忌。对于呆坏账，企业不仅要在思想上予以重视，在方法上严密监督控制，还要善于从经销商的日常信息中进行账款风险的判断，如新成立公司的特大额定单；新更换所有者的现存客户对赊销要求的非正常增加；客户最近付款明显比三个月前缓慢；客户答应付款但连续两次毁约；客户负责人长时间联系不上、且几次不回复留言电话，发出的催款函长期没有任何回复；客户股东和重要领导人突然发生改变；合伙人或股东之间有极大的争议；客户突然搬迁但没有通知；客户自己产品的销售价格比以前大幅下降；客户突然下了比以前大得多的订单；客户的支票被银行以存款不足为由拒付；客户最近经常更换银行账户；客户被其他供应商以拖期账款为由进行起诉；客户的重要客户破产；客户发展过快且客户所在行业内竞争加剧；买方所在地区发生天灾等。同时，内部信息也可以帮助我们进行判断，如员工离职且业务信息散失和公司没有备份、对客户承诺和服务随意及客户抱怨无人理会、虚报折扣员工携款出走等。

第33课

用 DSO 压力线监控企业的回款质量

本课核心知识要点：

1. DSO 压力线模型
2. 回款统计和管理

呆坏账的讨论异常热烈。

包教授发自内心地佩服，从马亮这伙人身上，他看到的是希望和成功。

“人是管理中最重要的环节。因此，作好应收账款的回收，请大家要记住四句话‘动之以情、晓之以理、导之以利、诉诸于法’，要遵循 TSP 原则——T（time 时间），S（skill 技巧），P（press 过程）；要尽可能早地回收货款。”包教授总结道。

包教授一边说着一边打开投影，继续说道：“这是一份国外杂志上的数据。请看，超过 24 个月的货款回收成功的机率只有 13.6%。虽然我国和国外情况不尽相同，各个行业也各有特点，但是这张图（如图 4－10）揭示了一个真理，那就是时间越长，货款回收的成功率越低，风险越高。”

“包教授，请问有没有一个好的方法或工具可以用于日常经销商的回款监控，对商务人员回收货款起到预警的作用？”有人问道。

“当然有。用 DSO 压力线是最直观的方式。”

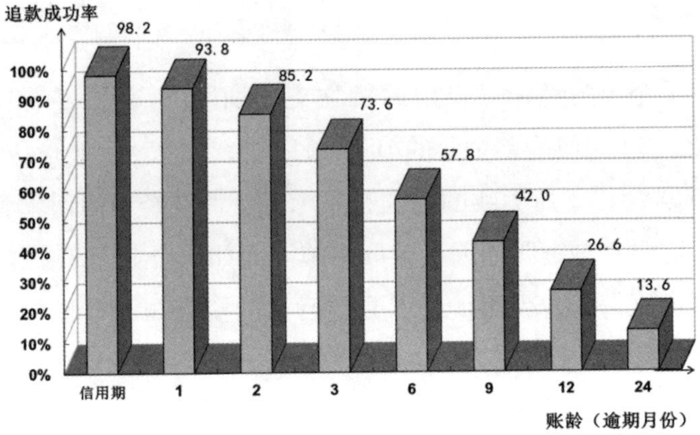

图 4－10　逾期账款时间与回收成功率的关系

“DSO 压力线?” 这个名词显然对大家来说有点陌生。

包教授转过身在白板上画了起来。

DSO 压力线模型

DSO（Days Sales Outstanding）是指企业把账目变成现金的平均时间，是回款行为分析中的一项关键指标，也称为销售变现天数，主要用于考核信用销售情况。

DSO 表示应收账款的平均回收天数，从侧面反映出企业对应收账款管理效率的高低。计算方法有三种：

第一种：期间平均法。时间可以自己选择，三个月、半年或者一年均可。公式为：

销售变现天数 DSO = 期末应收账款余额/本期内销售额 × 销售的天数

第二种：倒推法。以最近的一个月为开始，用总的应收账款依次减去各月数量，推算出需要的天数，即为 DSO。

第三种：账龄分析法。综合考虑赊销和账龄的关系，确定 DSO。

在实际的运用中，DSO 通常是按每月平均计算，然后每半年或一年进行一次汇总分析，以图形的方式加以表现，并根据事先设定好的回款最长周期（即压力线）评估企业的 DSO 表现，这一工具管理法被称为 DSO 压力线模型。

例如，某企业为经销商设定的货款支付期限为 30 天，最长不得超过 45 天。那么，30 天便是该企业的 DSO 最适线，而 45 天则是 DSO 压力线。如果 DSO 区域超出了压力线的范围，预示着企业在经销商回款管理上存在严重问题，需要立刻查明原因、采取措施。而如果企业 DSO 区域长期超过最适线，接近压力线，表明企业承受着巨大的资金压力，也要引起足够的重视（如图 4－11）。

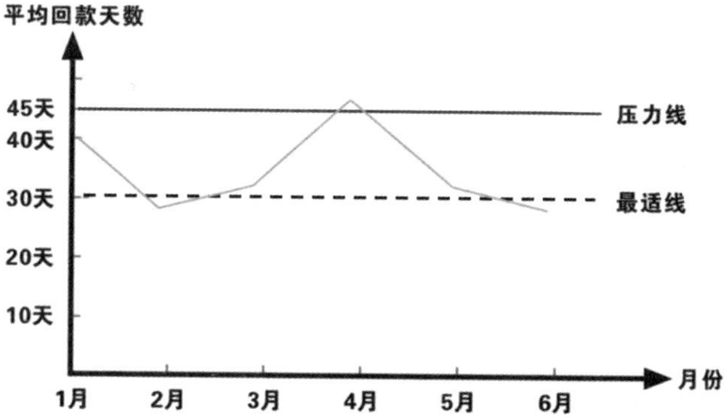

图 4－11　SMOP 工具 36——DSO 压力线模型

DSO 压力线是一种预警模型，能够辅助渠道管理人员及时察觉危险信号，采取措施追索货款，减少企业资金压力，防止呆坏账发生。

回款统计和管理

经销商拖延货款，是让上游企业头疼的问题，但又是在渠道中普遍存在的现象。拖延货款的经销商不外乎抱着以下几种想法：对方是大公司，不会在乎这些小钱，不用着急；拖延货款等于是获取无息贷款，能拖则拖；可以用这笔货款去进其他货，扩大销售；延迟付款能降低成本，对方肯定不会为了一笔货款就和我断绝合作……

所以，企业作为债权人，必须要拿出足够强硬的态度，不能为了维系双方的关系就对欠款的经销商一味忍让。企业可在同经销商合作之初起，就在合同上规定货款支付的缓冲期，给予对方足够的空间，但如若逾期则应按规定严格处理。此外，企业还可以设立专门的收款部门，以完成相关的监督催收工作。

不同企业对资金压力的承受力不同，对应收账款的管理控制也有区别。但是作为渠道经理，必须清楚企业对应收账款的承受极限，并依此确定账款期及其比例，按标准严格控制应收账款（如表4－3）。

表4－3　不同账期应收账款的控制比例

账款期	占比控制
30天及以下	50%
(30，60]	25%
(60，90]	15%
(90，120]	7%
120天以上	3%

期限在30天以内的应收账款通常称为新账，对企业影响较小，相对较安全，所以要保证此部分有充分的占比。随着期限的增加，资金压力和风险也随之增加，占比就要相应地下降。对于超过120天的应收账款，则要保证占比极小，最好为零。

企业可对每一笔应收账款进行详细记录，包括经销商名称、授权额度、期限内金额以及不同周期的逾期金额等，确保对应收账款的管理不出现遗漏和差错。对于一些频繁找借口不愿及时支付货款的经销商，可按照合同及协议规定，通过法律程序追索货款。

一次性激励回款方式是常被使用的一种办法，即通过回款奖励制度刺激经销商快速回款。只要经销商在规定期限内支付货款，即可享受到不同程度的货款优惠，最大程度减小应收账款的比例。

一般情况下，大部分企业采用回款奖励制度用折扣的形式来进行，比如5/10表示10天内付款可享受5%的货款优惠，3/20表示20天内付款可享受3%的货款优惠，N/30表示超过30天支付货款无优惠（如表4－4）。

表4－4　应收账款统计分析表

责任中心项目	本月份	上月份	增（减）
平均放账天数			
坏账金额			

____年____月____日

单位：人民币千元

客户名称	授权额度	放账期限	截至本月底止应收账款总额	期度内金额	逾期账款金额					检讨后采取的催收对策
					1－30天	31－60天	61－90天	91－120天	121天后	
合计	金额									
	%	100								

企业在运用回款奖励制度时，最好能够细化折扣奖励，或是与其他激励方式配合。因为传统的回款奖励制度是按照优惠期进行的，比如10天内付款优惠5%，经销商在第1天和第10天付款所享受的优惠幅度是一样的，这就不利于提高经销商快速回款的积极性。

监控经销商的回款行为，直接关系着企业现金流的充裕程度和活跃程度，而现金流正是企业运营的关键要素。对回款的管理失当，不仅会破坏渠道运营秩序，甚至会影响企业存亡。

第34课

信用管理是渠道管理的最高层境界

本课核心知识要点：

1. 渠道信用管理模型
2. 信用等级划分和信用额度的制定

“包教授，是不是 DSO 压力线和最适合线数值定的越低对企业越有利？”马亮的同事问道。

“现款现货或者说先款后货，确实是个好政策，起码对厂家来说是如此，这是从资金层面看的结果。”包教授答道，“但是在渠道运营中由于涉及市场开发、库存、资金运输等一系列问题，就使得账期最短未必能实现利益最大。”

“现款现货是完全站在厂家立场上的政策，给经销商一定账期是完全站在经销商角度的政策。我们需要找到一个中间的政策，这就是信用管理。只有把信用管理好的企业，才是优秀的企业，才是渠道管理的最高境界。”

“企业允许经销商先提货后付款，我们通常称之为赊销。由于担心货款回收问题，许多企业都为是否要赊销纠结不已。我的建议是，渠道运营中应该有一定限度的赊销，用信用管理模型加以监控。”

渠道信用管理模型

赊销确实为企业带来了资金压力和呆坏账风险，但在渠道运营中，赊销也有许多优点，比如减少库存，增加出货，减少仓储成本；提高经销商销售占比，减少企业销售成本；防止季节性产品的滞销风险；提高产品的市场占有速度和占有率；展现对经销商的信任和尊重，利于双方合作；展现企业实力，提振经销商的销售信心；增加经销商的忠诚度，等等。盲目地否定赊销，未必就有利于渠道健康发展和企业销售业绩的提升。

企业在进行赊销中，要加强管理，以控制其风险。在现代化市场大环境下，企业可以采用“预防 + 补救”的渠道信用管理模式，控制企业和经销商交易过程的各个环节，从交易前、交易中、交易后三个基本环节上进行管理。

建立起一套完善的渠道信用管理体系，有效的渠道信用管理可以使资金的使用、账期的设定、额度的规定等更符合企业的全局利益，实现最低赊销成本与最高销售成长之间的系统平衡。

企业可以借助于信用管理模型，从责任部门、管理制度、控制方法、赊销管理、销售过程等几个方面明确和开展工作（如图 4 - 12）。

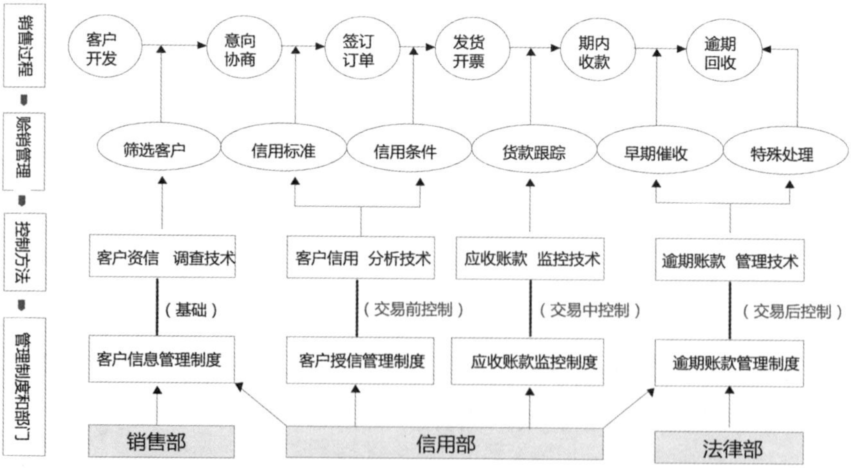

图 4 - 12 SMOP 工具 37——渠道信用管理模型

（1）整个销售过程，可以划分为客户（经销商）开发、意向协议、签订订单、发货开票、期内收款、逾期回收等几个节点。企业也可以根据实际情况增减相应的节点，如没有签约新经销商，则可以将客户开发和意向协议的节点去除。

（2）对应于赊销管理，将会针对每一个销售过程进行管理，如制定客户筛选的标准，确定各级的信用标准和条件，实施货款跟进，进行催收提醒，采取特殊方法等。

（3）根据节点在交易过程中所处的阶段不同，可以划分为交易前、交易中和交易后，企业也要制定相应的管理制度和控制方法，保证信用管理的各个环节都有明确的应对方案和执行计划，比如客户信息管理（基础控制）、客户授信管理（交易前控制）、应收账款监控（交易中控制）、逾期账款管理（交易后控制）等。

（4）信用管理的责任部门通常有销售部、信用部、法律部。销售部主要是进行交易前控制，进行经销商交易的筛选、评估、谈判等工作；信用部的工作则贯穿交易的始终，无论是资信调查、信用分析、账款监控、逾期预警等，都由信用部负责；法律部则主要进行交易后控制，对于逾期账款进行分类并给出相应的处理意见。

信用等级划分

作为渠道信用管理的执行依据，对渠道经销商进行信用等级划分是不可或缺的。具体的划分方式可以参照企业信用等级标准，划分为A、B、C三等，每一等再划分为三级。共计九个信用等级（如表4－5）。

表4－5　经销商信用等级划分和特点

AAA	最佳信用等级，回款能力极强
AA	回款能力很强
A	回款能力强，但会受到不利的经济状况或市场大环境影响
BBB	有充分的回款能力，但更易受不利的经济状况或市场大环境影响

续表

BB	回款能力不强，且容易受不利的经济状况或市场大环境影响
B	回款能力差，但尚有能力偿债
CCC	有较大的风险和不稳定性
CC	高风险、高投机性
C	无力进行完全的回款

对于经销商的信用评级，企业可以通过经销商资信调查、经销商财务分析、经销商偿债记录等方式予以事前评估。而在展开合作后，也要加强监管，进行更为细化精准的调查评估，随时进行动态调整。

信用额度多少合适

企业可根据自身的资金状况和经销商发展需求赋予不同信用等级的经销商相应的信用额度。信用额度即经销商在一定期限内可循环使用的金额，通常按经销商年度销售额的百分比进行划分，一般授予的最高限额可达15%。对于信用等级极高，表现良好的经销商，也可上调至20%。

不过对于BB级以下的经销商，最好不提供其信用额度。BB级以上的经销商，则根据最高信用额度自上而下依次下调，如AAA级20%、AA级15%、A级10%等。

同时，所有的信用额度都应以60天内回款作为一个基准点。

对于信用度的评估管理，不能仅考虑经销商，还要对企业自身财务状况有一个清晰的认识和良好的把控。通常，企业资产与债务的比例至少要控制在1.75：1以上，而现金和应收账款与债务的比例则至少要控制在1：1以上。

对于一些信用等级良好、回款状况良好的经销商，企业也不能放松警惕。由于信用评级有一定的滞后性，所以企业在渠道运营中要经常留意一些经销商发出的危险信号。例如，经销商流动资金严重不足，经销商两次以上推翻付款承诺，对某单一产品突然发出大订单，在多次小订单之后突然发出大订单等等。当经销商出现以上状况时，企业就要加紧对其经营、财务状况进行专门调查，重新界定其信用等级。

企业要将信用管理模型中的理念和方法应用到渠道管理流程中，强化流程控制，保证企业的赊销和应收账款始终在控制范围内，实现渠道在稳定化和快速化上的双向成长。

【案例分析：武汉电信以信用管理实现零坏账目标】

武汉电信通过创新形成了一套比较完整、实用的信用收账解决方案，实现零坏账目标。

几年前，武汉电信用户欠费问题较为突出，与欧美实施信用管理的一流公司差距较大。以坏账率为例，欧美信用管理一流的公司坏账率一般在0.25%~0.5%，而武汉电信2001年和2002年的数据分别为1.6%和1.25%。

分析原因，欧美公司采用的信用管理模式为“3+1”，即前期、中期、后期信用管理加组织管理；而武汉电信采用的则只有前期信用管理。进一步分析，他们还发现，用户坏账类型中属于信用管理中期失控的占22.7%，后期失控的占68.2%，中、后期失控占90.9%。也就是说，坏账完全属于管理失控（如图4-13）。

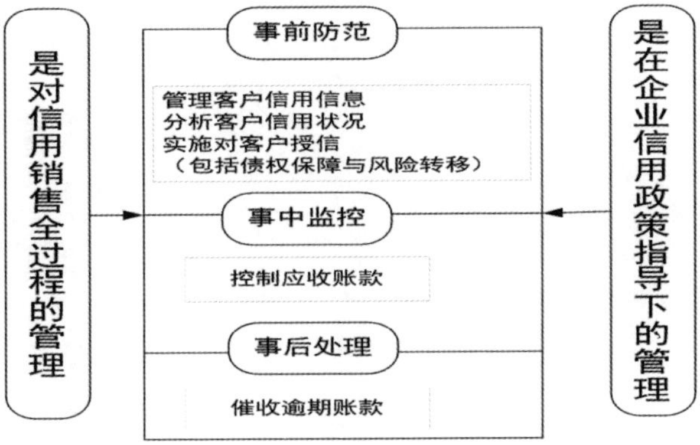

图4-13　信用管理的3+1模型

武信首先从企业的经营管理体制入手，组成由领导、部室主任和员工组成的项目组，以项目管理方式开始建立信用信息、信用管理和商账管理三大管理体系。在组织架构上，专设了信用及收账管理部，下设信用管理组、信用期收账组、逾期收账组、危机处理组。借鉴国外的先进管理经验，制定了三个方面的信用管理制度。

交易前控制——客户资信管理制度。推行资金回收预算报告、信用调查、信用申报、债务确认、月欠费报告、资金回收分析报告等措施，建立目标客户资料库，动态更新。

交易中控制——收账业务管理制度。制定电话提醒流程、电话催欠流程、市话与数据非话的欠费管理规定、大客户服务及历史欠费管理模式等。

交易后控制——建立风险报告和主管、经理诊断制度；建立实时的催欠效果评价和危机控制制度。制定客户信用风险申报及诊断处理流程，收账管理小组对高风险和疑难欠费实施三级管理；采取风险预警和时时、层层上报，主管、经理参与分析，及时对下属指导和协助。

两年来，武汉电信月均欠费由10万元下降至0.86万元，月均资金回收率达99.97%，将近10万用户的坏账率降至0.03%，累计减少欠费780万元，远远低于世界一流信用管理公司0.5%的坏账率。

第㉟课

价格是维系渠道运营的最重要要素

本课核心知识要点：

1. 价格对渠道运营的影响
2. 实施差异化价格体系

“我们企业在过去处理赊销问题时，基本上只看人情不看信用，合作时间长、关系好的经销商就给予其较宽松的赊销条件。现在看来，这种方法过于粗犷，存在着巨大隐患。”财务经理听完包老师讲解后说道。

“公司没有信用部，都是销售部和财务部进行管理，销售部容易从业务角度考虑问题，财务部容易从风险角度考虑问题，两个部门很对立，工作开展并不顺利。”财务经理继续说道，“是否需要成立一个独立的信用部进行管理呢?”

“您说的是大部分企业都会存在的问题，对于规模大的企业建议成立信用部管理，信用管理有其独立的管理和运作体系，分开设置更能发挥作用；而对于中小型企业，建议在销售或财务部门设立信用管理职能即可。”包教授回答道。

“中国人讲‘面子’，这也是中国文化的最大特征。”销售经理说道：“每每遇到赊销政策的难题，总会有经销商打电话，似乎只有这样他们才可以得到最好的政策。这么多年已经形成了习惯，我觉得公司需要在信用体系的透明度上下功夫。”

“改变自己容易，改变经销商就难了。”销售经理继续说道，“如经销商窜货，就是最不信用的表现。我们知道，窜货严重根源都在价格，可由于历史原因，各地价格差异难以一下子调整过来，经销商就是钻了这个空子。包教授可不可以给我们讲讲，价格管理有什么好的方法？如何进行价格调整？怎么避免出现价格不一致，做到全国一盘棋？新产品上市如何定价？”

“还有其他问题吗？”包教授问道。

包教授细细地听着每一个人讲，做着记录，思考着从哪里开始对价格的讲解。

价格是影响渠道运营最大的要素

价格体系是厂商向不同区域、不同级别提供或设定的产品价格的系统性集合，其对渠道运营的影响是决定性的。合理的价格体系能促成一个稳定发展的渠道形成，而价格体系的混乱则可能沦为“渠道杀手”，为企业带来灾难。价格混乱对渠道运营的危害如下：

1. 导致窜货横行

价格体系的不合理导致经销商利益不均，这是恶性窜货发生的重要因素之一，而窜货的横行会进一步加剧混乱，最终造成价格体系崩溃。

2. 招致消费者抵制

价格体系混乱使产品单价频繁变动，如果某产品这周价格是 100 元，下周又变成了 80 元，消费者就会感到被愚弄或欺骗，最终拒绝消费。

3. 渠道成员利益受损

价格体系混乱造成的最直接影响就是经销商利益受损，无论是全体受损还是部分受损，都会产生一系列不良的连锁反应。

4. 库存积压，呆坏账产生

产品价格的频繁变动会使一些经销商为保证利润进行压货，在较好的价格出售，由于销售额降低经销商便开始压货款，为企业带来呆坏账隐患。

5. 品牌沦陷

一个稳健的品牌必然有着稳定的价格体系，频繁变动、差距过大的产品价格，很容易给客户留下山寨品、价不符实的印象。

产品定价需要考虑的因素

产品价格不是拍脑门定出来的，需要与以下要素结合，才可以制定出符合实际的价格。

1. 企业的营销目标

不同的目标决定了不同的定价策略和定价技巧，如利润最大化、市场最大化的目标，其定价策略完全不同，通常前者采用高价策略，后者则采用低价策略。

2. 生产和经营成本

成本是产品价格的最低限度，价格必须能够补偿产品生产、促销和分销的所有支出，并补偿公司为产品承担风险所付出的代价。

3. 企业的营销组合

营销学中讲究4Ps组合，其中的价格策略要与其他因素相匹配。

4. 市场需求

需求的大小和需求是否旺盛都直接影响到产品的定价，市场需求决定了产品的最高价格。

5. 顾客的考虑

产品定价时必须了解顾客购买产品的理由，并按照顾客对该产品价值的认知作为定价的重要参考因素。

6. 竞争因素

应参照竞争对手的产品价格，以保证产品的销售。许多企业在渠道运营中，特别是产品在进入期时，动辄便采取“超低空”，以低价轰炸市场。他们认为只要价格比竞争对手低，就一定能卖得火，而现实情况却未必如此。

7. 合理的价差

没有考虑到渠道价差的价格，无疑会让各级经销商无利可图，经销商不把你的产品摆在柜台上，不为你用力吆喝，产品又怎么能卖得火呢？低价在产品进入市场初期是一个很有效的手段，但在运用上必须结合渠道价差体系，保障各级经销商的应得利益，否则就会转变为一瓶“毒药”。

【案例分享：娃哈哈的渠道价差体系】

价差体系指的是产品从厂家到终端消费者手中所经过的所有批零价格通路，一般在渠道中包含三到四个环节的利益分配。

娃哈哈集团在长期的经营过程中，无论是推出一款新产品，还是提出一项新政策，首先考虑的便是设计一套层次分明、分配合理的价差体系，保证各级经销商都有利可图。即便要进行渠道促销，娃哈哈也不像其他企业一样直接针对终端消费者，而是从经销商的角度出发，确保整个渠道价格体系不受扰乱。

娃哈哈的董事长兼总经理宗庆后认为，新产品推广中，要迅速促成渠道中的价差体系形成，让经销商把市场冲开，最后再将管理重心放在零售终端上。

渠道价差体系，不仅使娃哈哈建立和维持了一套稳定与活力并存的渠道，有效控制了恶性窜货现象的发生。同时，面对竞争对手的渠道低价攻势，娃哈哈也往往是避其锋芒，优先维护自身的渠道价差体系。最终，竞争对手在花费巨大代价将市场轰开后，往往会自乱阵脚、后继乏力，导致溃败。

价格调整的策略

企业要保证渠道运营的稳健与活力，就要维护好各个渠道的价格平衡。

价格体系不仅要顾及当前的平衡，还要考虑到未来一段时间的平衡。对不同的渠道可以推出不同品种、不同版本的产品，避免不合理的价格竞争。进行价格调整时，要维护整个价格体系的稳定，兼顾力度和形象。

价格调整一般情况包括提价和降价。

在成本提高时，企业利润减少；在需求增加时，企业供不应求，一般企业会选择提价；有时因渠道管理不善，引起产品价格下降；市场混乱时，企业也会选择提高价格。

提价前尽量使其库存量较小，使提价具有逼迫感；提价必须一步到位，保证整个区域的统一；提价后可采取一定的促销活动，同时加强渠道的助销工作。当市场供大于求、市场竞争激烈、成本降低时，产品的价格可相应下调。

价格调整的策略主要有四种：折扣、心理定价、地区定价、差别定价（如表4－6）。

表4－6　经销商信用等级划分和特点

调整策略	主要形式	相关说明
折扣	数量折扣	主要指刺激客户大量购买而给予的一定折扣；数量折扣可按每次购买量计算，也可按一定时间内的累计购买量计算
	贸易折扣	企业给中间商的折扣。不同分销渠道所提供的服务不同，给予的折扣也不同
	折让	折扣的另一种类型，如旧货折价减让
	现金折扣	在赊销的情况下，企业为鼓励买方提前付款，按原价给予一定折扣
	季节折扣	企业为均衡生产、节省费用和加速资金周转，鼓励客户错季购买，按原价给以一定折扣
心理定价	参照定价	利用顾客心目中的参照价格定价
	奇数定价	尾数用奇数3、5、7、9定价，特别是9，可产生廉价感
	声誉定价	把价格定成整数或高价，以提高声誉
	促销定价	利用客户心理，把某几种商品定为低价，或利用节假日和换季时机，把部分商品按原价打折出售，促进销售

续表

调整策略	主要形式	相关说明
地区性定价	区域定价	不同区域采取不同价格
	FOB原产地定价	由企业负责将产品装运到原产地的某种运输工具上交货，并承担此前的一切风险和费用，交货后的一切费用和风险包括运费均由买方承担
	基点定价	由公司指定一些城市为基点，按基点到顾客所在地的距离收取运费，而不管货物实际的起运地点
	统一定价	对不同地区的顾客实行统一价格加运费
差别定价	根据实际情况确定	1. 不同时间；2. 不同花色、式样；3. 不同顾客群体；4. 不同区域

价格制定和调整的流程

价格的制定和调整通常会由市场中心组织，销售中心、财务部、运营中心等部门参加，会同公司高层最终确定产品价格（如图4－14、图4－15）。

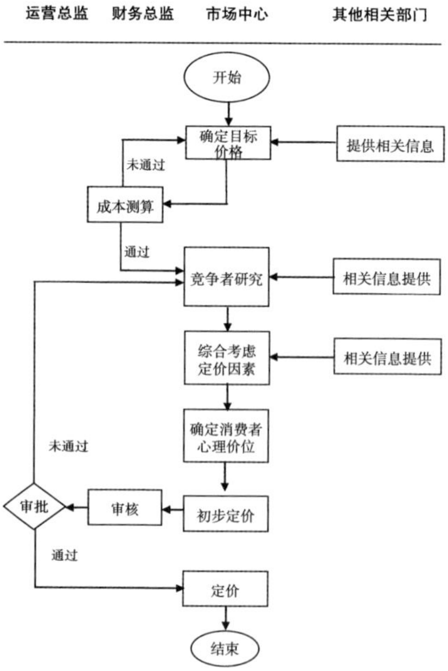

图4－14　产品价格制定流程

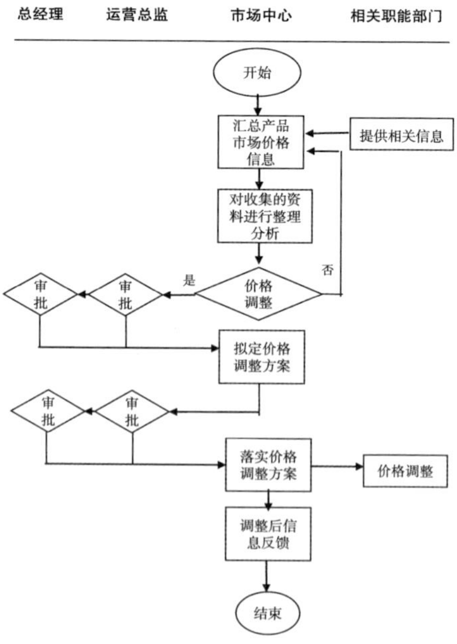

图4－15　产品价格调整流程

财务部会同市场中心、运营中心、营销中心及其相关部门人员收集成本费用数据，计算产品生产的各种成本和费用，包括生产总成本、平均成本、边际成本等。市场中心对市场上的同类产品进行价格调研分析，主要包括生产厂家、产品型号、市场价格、销售情况、顾客心理价位等方面，尤其是本公司竞争对手的情况。市场中心会同营销中心对新产品的销量进行分析预测，综合考虑各种定价因素，并结合公司的实际情况和营销组合策略，提出新产品的几种定价方案。最终由公司高层进行价格确定。

第36课

适度的渠道冲突可以激发管理创新

本课核心知识要点：

1. 渠道冲突的类型
2. 渠道冲突的鲶鱼效应
3. 渠道冲突的柔性管理

“人与人之间不可避免地会出现冲突，渠道成员之间也是如此。利益纠缠、地位争夺，都会带来一系列冲突。管理这些冲突，是渠道运营中重要且困难的一个环节。”包教授一开课就开门见山。

包教授每每提出的问题都是企业渠道管理的痛点，同时包教授给出的工具和解决方法，又都切中要害、实用落地。

渠道冲突的类型

渠道冲突是指渠道供应链成员之间由于利益、目标等认知差异，在实际工作中产生的对渠道具有破坏性的行为。渠道冲突是渠道管理的重要内容，也是难点。

渠道管理与渠道冲突如影随行，没有冲突的渠道是不活跃的渠道，冲突太多的渠道则蕴藏着巨大风险。因此在进行商务管理中，重点不是如何避免冲突的产生，而是如何有效进行冲突管理。

通过分析渠道的结构和特点，日常工作中常见冲突主要包括以下三种类型。

1. 渠道同级成员之间的冲突

渠道同级成员之间的冲突也有专家将其称为“水平渠道冲突”，指的是同一渠道模式中，同一层级中间商之间的冲突。

造成此类型冲突的原因通常为：一是厂商区域的划分不明确，有重叠或盲区，导致经销商的销售行为出现矛盾；二是经销商的经营目标和价值观不一样，导致对厂商政策的理解和执行有差异；三是经销商不遵守厂商的区域约定，跨区域销售和调拨；四是经销商疏于对下游分销经销商的管理，导致产品价格混乱和窜货；五是经销商的占位心态，宁可自己不做，也不让别人做。

针对上述冲突，厂商要进行积极的梳理和引导：

（1）从源头上避免冲突的出现，区域的划分一定明确，不可出现交叉区域，同时也可以按照终端进行划分，避免出现经销商之间恶意竞争导致的市场混乱。

（2）在经销商的选择上严格把关，对于经营理念和价值观不一致的经销商，尽可能不纳入到渠道系统，经销商不会因为一个厂商而改变自己的经营理念，当这个理念与厂商的商务策略相矛盾时，渠道冲突是一定会发生的。

（3）跨区域销售和调拨的原因很复杂，有自然的窜货，根源是价格的差距。“水往低处流，货向高处走。”也有恶意的窜货，如经销商出于不满意厂商政策、迫于销售任务指标压力、市场的报复性行为等故意为之，还有厂家业务人员与经销商联合窜货。这种窜货的危害更大，这就要求厂商严格渠道政策，作好价格平衡，对经销商进行流向管理，慎重采用区域性、阶段性的促销，避免促销采用价格让利，防止厂商销售人员与经销商的恶意串通，同时要进行市场稽查，加大处罚力度。

（4）协助经销商进行二级、三级分销商的管控，厂商的渠道管理要下沉，要把握二级、三级调拨的流向，避免冲突出现时分销商成为经销商的借口。

（5）区域开发要有时间约定，不能让经销商抢占地盘而又无所作为。

2. 渠道上下游成员之间的冲突

渠道上下游成员之间的冲突指在同一渠道中不同层级之间的冲突，也称为“垂直渠道冲突”，这种冲突较水平渠道冲突更常见。

这种冲突常常表现为上游直销和分销相结合的策略导致上下游争夺终端客户资源；上游给予下游的价格总是不能达到下游的心理期望；上游提供给下游的物流、配送、促销等服务下游不满意；下游的销量总是难以达到上游的要求；下游总是不能按照上游的要求和约定进行销售；下游的回款时间不能保障，上游不发货或停货、退货等。

渠道上下游成员之间的冲突具有动态性，要避免少出现此类的冲突，需要做到“三化”：

首先，约束合同化，即对于双方业务衔接中的可以预知的各种情况尽可能达成详细的约定，签订销售协议、分销协议等，使冲突出现后有法可依。

其次，监管制度化，即对于约定的工作进行定期的检查，随时发现问题，及时有效地改进。

最后，沟通常态化。上下游之间的冲突很多是因为沟通不足而导致的误解，定时、专人的沟通很有必要，企业领导层之间的必要沟通更是解决冲突的必要措施。

3. 多渠道的冲突

多渠道冲突是指由于企业建立了两条或两条以上的渠道向同一市场分销产品而产生的冲突，由于市场的特点和主力渠道商不同，厂商随着市场的细分会使用多种分销渠道，这就不可避免地发生几种分销渠道将产品销售给同一客户群的情况。

多渠道的冲突，需要厂商作好各个渠道的规划，保持各个渠道之间的合理价格，要兼顾各渠道产品的价格平衡和产品差异化。避免不合理的渠道价格，以及不同渠道中规格、包装不同等现象的发生。

渠道冲突的鲶鱼效应

对渠道具有破坏性、消极作用的渠道冲突，我们常常称其为“破坏性冲突”或“功能失调的冲突”；对渠道具有促进性、积极的冲突，我们称其为“建设性冲突”或“功能正常的冲突”。前者需要管理和避免，而后者需要引导和鼓励。

渠道冲突对渠道的管理和正常运行具有强烈的冲击，每一次冲突对渠道的结构、流程、管理等都会提出新的挑战，甚至严重的冲突会彻底摧毁企业的渠道模式和结构。因此企业往往会在渠道管理中，尽可能地防微杜渐，避免冲突的发生。

那是否没有冲突的渠道就是最理想的渠道？显然也不是如此。在渠道管理中保持适度的冲突，可以使渠道更有活力，是渠道创新的动力源泉。

管理学中“鲶鱼效应”讲的是由于鲶鱼的存在，使得沙丁鱼的生命力、活力增加，死亡率降低，从而获取整体的最大效益，渠道冲突中的建设性冲突就犹如鲶鱼一样，可以发挥出此种效应，即在渠道管理过程中，通过正确引导当前的冲突或采取一些手段创造建设性冲突，从而刺激经销商活跃起来，积极地投入到市场中，积极参与竞争，从而激活其他经销商。

如渠道管理中的窜货，就是一种最常见的渠道冲突。生产企业对窜货深恶痛绝，都制定了严格的处罚条款；经营企业对窜货更是恨之入骨，认为是对自己利益、主权的侵犯。然而，适当的窜货可以刺激被窜货区域经销商对市场的重视，提醒经销商在客户关系、产品价格、售后服务等方面存在的问题，使其投入更大的人力、物力、精力，加强对市场的推广和控制；同时窜货也为生产企业了解市场的特点、盲点，进行渠道政策的调整提供了依据。

又如销售区域的划分，企业为了避免冲突往往会明确进行区域的划分，对每一家经销商提出区域的待开发终端客户，然而由于经销商在工作中有基于投入产出的取舍选择、对每一个终端客户的关系不一样、投入的精力也不同等原因，常出现经销商占着一定的区域而难以达到生产企业对终端开发要求的现象发生，生产企业对此种状况往往束手无策。此时，适当地引入新的经销商不仅可以达到终端开发的目的，还可以刺激现有经销商，使其加强对空白区域的开发力度。

渠道冲突的存在是不以人的意志为转移的，不论水平冲突、垂直冲突，还是不同渠道间的冲突，只是冲突的程度、性质不同而已。在渠道管理中，企业需要提高对冲突的认知，通常不同的人员、不同的组织对冲突的认知也会有较大的差异，因此针对冲突采用的措施和方法不尽相同。简单断言“哪些渠道冲突好、哪些渠道冲突坏”，没有多少实际意义，渠道冲突常常会因事、因时、因境、因缘、因法不同，在一定条件下相互转换。

因此，企业要针对冲突情况，具体问题具体分析，方为正道。这就需要我们既要全面学习积累渠道冲突管理的科学理论与知识，又要认真实践和提高处理渠道冲突的技能与艺术。

渠道冲突的柔性管理

渠道对于企业来说，应该保持相对的稳定性，但也要保持一定的动态性。企业通常每半年或者一年要对渠道进行一次盘点，对渠道进行有效的变革。而渠道冲突往往是渠道变革的动力，避免了冲突也就阻碍了变革。

美国学者布朗（L. Brown）在对冲突与组织绩效之间关系的研究中发现冲突水平与组织效率之间存在着联系，两者之间的关系主要表现为：当冲突水平过高时，组织会陷入混乱、对抗，甚至分裂、瓦解状态，破坏绩效，危及组织正常运转乃至生存；当冲突水平过低时，组织缺乏生机和活力，会进入变革困难，组织发展停滞不前，难以适应环境的低绩效状况。

渠道管理亦如此。渠道功能与渠道冲突的关系，提醒企业不仅要重视对冲突的引导和管理，更要防止无冲突或低冲突暗藏的危机，还要对高冲突适时发现，降低冲突对渠道的破坏（如图 4 – 16）。

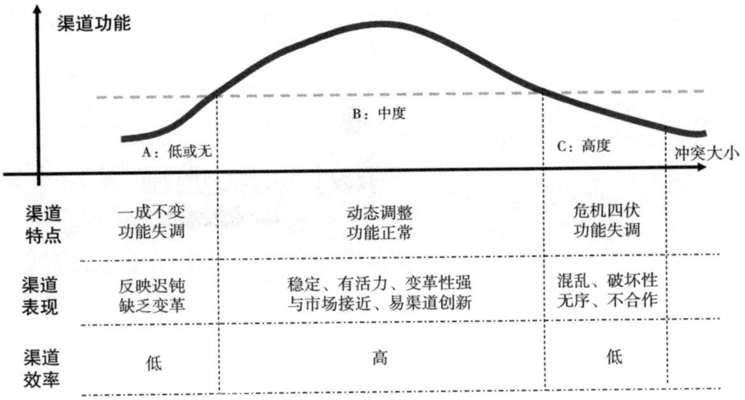

图 4－16　SMOP 工具 38——渠道功能与冲突曲线

用柔性原则恰当地管理冲突能够增加渠道的凝聚力。所谓柔性管理，是以“人性化”为标志，强调跳跃和变化、速度和反应、灵敏与弹性；它注重平等和尊重、创造和直觉、主动和企业精神、远见和价值控制；它依据信息共享、虚拟整合、竞争性合作、差异性互补、虚拟实践社团等，实现管理和运营由隐性到显性的转化，从而创造竞争优势。

柔性管理是相对于“刚性”而言的。市场变化莫测，企业的政策也随之改变，刚性原则的强制性不利于按照市场的变化而改变，常常会造成新的冲突。因此，柔性原则是企业需要具备的、重要的渠道冲突管理的理念之一。

渠道冲突柔性管理，一是要使渠道管理体系能够适应外部市场的变化，可以解决和解说经销商在市场中遇到的各种新的问题；二是能够适应内部管理不断提升的要求，对渠道管理和渠道政策的调整留有相应的接口；三是设计渠道结构时不仅要考虑销售量、市场定位、目标定位、人员定位的要求，更要结合各级经销商目标市场的覆盖度、终端需求的满足度、营销理念的匹配度、目标区域市场渠道的竞争度、投入产出度、人力资源的可得度、管理复制的延展度等柔性指标，减少结构中的破坏性冲突；四是通过冲突“激发—解决”的过程，检验并加强渠道系统的变革。

控制而非逃避风险是为了更好的收益，如同风险与收益的关系一样，驾驭渠道冲突也是为了最大化其良性作用，降低或消除恶性作用的影响。

第37课

有效控制渠道窜货的十种方法

本课核心知识要点：

1. 窜货的定义和分类
2. 有效进行窜货控制的方法

“听您的口气，是并不需要有此类担心？”马亮问道。

“也不能完全这么说。只是，渠道冲突的产生原因是多样化的，也并非只有坏处。特别是对于冲突中的窜货现象，与其竭力消灭，不如有效控制。”

窜货的定义和分类

窜货是渠道冲突中最常见的现象，也是困扰医药企业渠道管理的顽疾。所谓窜货，是指同一厂家的产品，在各方不同利益的驱使下，发生的有意识的跨区域、跨市场、跨渠道层级产品流向错乱的行为。窜货通常均属于恶性竞争和市场报复行为，危害巨大，会对渠道结构、价格体系、市场形象带来巨大的影响。

目前业界通常将窜货从性质上划分为恶性窜货、自然窜货和良性窜货三种。自然窜货是在销售区域边界处或在物流过程中产生的，非经销商本意所产生的窜货现象；良性窜货是由于经销商的高流通性或是在企业刻意引导下发生的窜货现象；恶性窜货则是经销商为了牟取非正常利润，蓄意向其销售区域外倾销货物的行为，也是企业需要打击的重点。

我们认为良性窜货的概念应予以取消，原因有三：一是按照上述定义凡窜货都属于非正常的产品流向错乱，虽然有些窜货对销量、区域覆盖等有利或无影响，但是却正是渠道管理的缺陷；二是通常窜货的发生是有意识的或有意识不去控制的，这种非正常的产品流动不是渠道管理的规范要求，不存在良性；三是良性窜货常常在实践中难以界定，会成为窜货的理由和借口，增加渠道管理的复杂性。

每一个企业窜货的表现不同，但是根源基本一致，一是供货价格和奖励政策的差异，二是对经销商的失察或失控。从厂家和供应商角度表现为给予经销商不同的供货价格、给予经销商不同的渠道政策（返利、阶段性促销等）、给予经销商过高的任务指标、不及时处理市场上的窜货问题、对经销商的经营行为与网络把握不准等；从经销商角度表现为为了获取更高的销量或返利，为了实现销售目标，销售受阻厂家不予退货，对其他经销商窜货行为或厂家和供应商无效管理的报复等。

有效防止窜货的十种方法

企业想要100%杜绝窜货现象几乎是不可能的，但是通过有效的控制，可以最大程度地降低恶性窜货现象。此外，企业也要学会通过引导良性窜货来管理经销商，提高渠道活力。在引导良性窜货时，要注意在时机上适时、在规模上适度、在方法上适当，以免适得其反。结合目前渠道管理实践，厂家和供应商应该从以下方面预防和治理窜货现象（如图4－17）。

1. 价格体系合理

价格体系是厂家和供应商与经销商博弈的主要方面，科学的价格体系可以体现出厂家和供应商渠道管理的智慧。厂家和供应商在设计供货价格体系时，最主要的是要合理地设计各级经销商的价差，过高的价差是导致窜货的根源。

通常遵循的原则有以下几点：

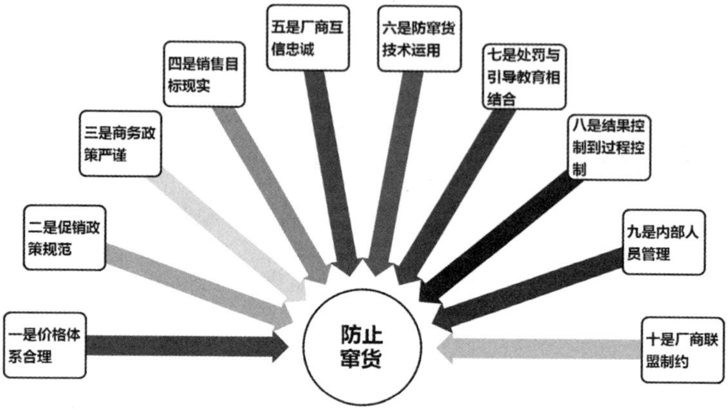

图 4-17 SMOP 工具 39——防止渠道窜货的十种方法

（1）渠道层级从上到下，依照层级递增价差递增，即越是接近终端的经销商对差价的要求越高。

（2）每一层级的价差要符合行业和客户的通行标准，虽各地、不同级别的经销商对毛利点的要求不甚一致，且随着近些年商业竞争的加剧，有逐年下降的趋势，但是综合分析全国的情况，还是可以找寻到其中的规律。如一级分销通常有 5% ~8% 的毛利点，二级分销通常有 8% ~10% 的毛利点等。

（3）批量差价和回款时间不同，之间的差价不易过高。很多企业为了促进订货和快速回款，都会制定差异的价格政策，批量政策需要考虑经销商的历史销量和市场规模，需慎用；回款时间的差价可以参照略高于银行利息制定。

（4）医院产品、非处方产品的特点不同，价格体系要分别制定；通常非处方产品的层级要多于医院产品的层级。

（5）产品属性和生命周期不同，产品的价差不一样。

2. 促销政策规范

供应商在面临销量的压力时，为了促进产品的上量，常会采用全年性、阶段性的促销政策，有直接价格让利、赠品、返利、提供市场促销费用等多种形式。良好的促销政策对促进经销商的积极性和销量的提升作用巨大，但是在实际工作中，很多企业在实施促销政策时由于考虑不周全，常常使这一活动演变为只顾眼前、不顾长远、杀鸡取卵的行为，这样的促销是极其有害的，也是窜货的主要原因。

因此在促销中需要防范以下几点：

（1）价格直接让利过大，区域价格的不平衡导致经销商向外埠供货。

（2）一级经销商将价格直接放给二级经销商，对其只销售不管理，二级经销商不专心于直销而转向货物调拨。

（3）赠品过多导致库存增大，经销商折成价格进行甩货。

（4）经销商将返利折成进货价格，调低二级商的分销价格。

（5）市场促销费不用于市场活动，而是折成价格促销。

另外，促销政策与企业的渠道政策是紧密关联的，没有严谨、合理、科学的渠道政策，促销政策的实施难以保障。

3. 渠道政策严谨

渠道政策既是经销商的利益体现，更是经销商的行为规则。厂家或供应商与经销商常通过年度销售协议和购货合同约定销售行为，说明产品的购销价格、销售范围、窜货处罚等。

为了防止窜货，厂家或供应商必须与经销商约定如下条款：

（1）分销的价格。要求经销商不得随意更改分销价格或采用其他的方式降低价格。

（2）分销的返利和方式。宜采用年终返利的方式，而不是一次性返利；宜采用赠品、其他物品等方式，而不是价格直接让利的方式。

（3）明确对分销商窜货的处罚，一级商需要负连带责任。

（4）促销按照供应商的要求进行，不得私自变通方式。

（5）一级商提供真实产品的流向，二级商产品流向清晰。

（6）签订供应商、一级、二级的三方协议，明确供应商与经销商在窜货上的管理责任。

（7）二级分销商的促销政策最好由厂家或供应商直接进行实施，而不是通过一级商。

（8）终端定期巡查制度建立。

（9）窜货的认定机制，窜货的明确处罚。

（10）合理的退货机制。厂家和供应商不能只是发货，而不解决退货的问题。

4. 销售目标现实

厂家和供应商在制定年终目标和渠道政策时，通常会按照任务目标的高低制定阶梯式返利政策，完成得越好，返利越高；当销售指标过高，经销商难以达到，或市场情况发生变化，经销商难以实现目标时，经销商通常不会享受到良好的返利，而此返利通常都会被经销商计算到运营成本中，为了获取高额返利而向厂家和供应商证明自己的销售实力，驱使经销商不择手段通过窜货的方式来达到目标，这是实际业务中十分常见的现象。销售目标要体现市场现实，厂家和供应商总是希望经销商完成的指标越高越好，认为签订了高的任务指标就会有更多的销量保证日后谈判的主动性，同时，经销商为了争取厂家和供应商产品的代理和销售权，也常会夸大自己的市场能力和市场预期，这正是厂家和供应商想达到的目标，因此顺水推舟。

厂家和供应商制定偏高的任务指标，有时不仅不能激励经销商，相反会带来很多市场副作用，这就要求注意以下几个方面：

（1）厂家和供应商都要立足于市场现实，制定实事求是、可以实现的目标；

（2）厂家要对市场有充分的了解，不能只听经销商一面之言；

（3）厂家在制定指标时不能冒进，强压给经销商任务指标，经销商在不完成指标和不签订协议之间通常都会选择前者；

（4）指标制定后不代表能够完成，厂家或供应商不能签订协议后就万事大吉，不重视经销商指标的实现过程；

（5）厂家和供应商可以年中对经销商的销售指标进行一次分析，重新修订。

5. 厂商互信忠诚

没有不信奉供销双方应该诚信、忠诚的，这是建立和谐的供销关系的基础。但是出于利益的博弈和人的本性，我们往往不能给予对方十足的信任和忠诚，窜货行为就是对厂商互信忠诚和谐关系的践踏，尤其是恶意报复市场的窜货行为。恶意报复市场的窜货对市场的破坏力比正常窜货更大。这种现象的发生，有时是厂家或供应商的原因，如对市场中存在的窜货行为不能及时控制、在处理中不能公平公正、对被窜货的举报置之不理或处理缓慢、对被窜货方的市场损失估计不足等，这些都会导致经销商产生报复行为；有时是经销商的原因，如经销商不相信厂家和供应商可以处理好窜货现象以恶治恶、经销商之间的矛盾或恶意市场破坏、经销商趋利性太强、经销商没有维护厂家和供应商品牌和产品形象的责任心等。

为避免此类事件的发生，厂家和供应商需要做到以下几点：

（1）树立诚信和忠诚的理念，对所有经销商一视同仁；

（2）作好经销商调查，注重经销商的口碑，在选择经销商时作为一项重要的考核标准；

（3）认真对待承诺、及时处理合作中的问题，即使对待问题无能为力时也要通报给对方，从而争取对方的理解；

（4）互信和忠诚是在日常中建立的，以小见大，从细节做起。

6. 防窜货技术运用

之前企业曾经通过批号、防伪码、暗标、颜色、专供字样等手段进行窜货的核查，随着电子和通讯技术的进步，互联网、条码等为窜货的预防和发现提供更有效的手段，目前防窜货可以做到：每一盒/件产品都有单一身份码，当企业向经销商发货时，利用条码机扫描出库产品包装箱上的条码并自动记录其销往的地区，当商品在市场销售进行商品身份查询时，系统会根据产品大小包装上不同标识间的关联关系和消费者查询电话信息，自动记录相关信息，获得产品出货、流通和最终消费者各个环节信息。此技术为厂商和供应商提供了窜货管理的有效工具，提高了窜货管理的效率。

7. 处罚与引导教育相结合

厂商和供应商针对窜货常会制定很多严厉的处罚措施，处罚可以起到抑制窜货的目的，但是在实施中碍于与经销商的合作、情面、难以认定等情况，又会面临很多问题。

在窜货管理中只是应用处罚是不够的，一定要有正确的引导和教育。

（1）将渠道政策和打击窜货的宣传作为日常工作；

（2）设立维护市场秩序奖，对严格按照要求销售的经销商给予适当的物资和精神奖励；

（3）在年终返利中针对窜货单独设立返利，如没有窜货返利增加1%等；

（4）及时处理窜货事件，并通报处理结果；

（5）先作好内部人员的教育，通过内部人员培训经销商。

8. 结果控制到过程控制

窜货现象是一种结果，出现这一结果是因为商务管理过程出现了漏洞，加强过程的控制是防范窜货的有效手段。

厂商和供应商可以采用的过程控制如下：

（1）产品流向的管理。第一，要确保流向是真实的，建立流向的核查机制，避免业务人员或经销商提供假流向；第二，不仅要对一级经销商流向进行管理，最好做到对二级经销商的流向也可以进行管理；第三，产品流向以机打为准，加盖经销商公章，能够提供电子流向的最好采用电子流向。

（2）发货和库存的管理。第一，实施门对门的发货服务，铁路、轮船、飞机等实行送货到站（门），汽运实行送货到仓库，避免票货不同行；第二，加强对经销商库存的管理，监督经销商实行先进先出，及时帮助经销商处理近郊期货物，对于大库存要警戒，对于产品滞销要警戒；第三，对于调货量大的二级经销商的库存需要关注，对于突然性的大量采购需要关注；第四，对于有窜货先例的经销商要适当控制货物的发送。

（3）窜货的核查机制。业务人员和经销商反映的窜货，往往比实际情况要严重，企业不能听之任之，要建立独立的核查机制。第一，成立相关的部门专门负责；第二，建立核查的标准；第三，规范核查的流程；第四，核查结果的认定和通报。

9. 内部人员管理

窜货表现的是经销商行为，实际工作中很多窜货都是内部人员推波助澜、放任自流、同流合污的结果。堡垒最容易在内部被攻破。加强企业内部管理比对经销商的管理更重要：①建立内部处罚机制；②建立内部举报机制；③销售、商务分离，相互合作和监督。

10. 厂商联盟制约

厂商和供应商可以按照经销商的状况，建立厂商和供应商牵头的经销商反窜货联盟。在联盟的章程中明确窜货的管理机制、处罚方法等，以便大家共同遵守执行；联盟机制需要厂商和供应商明确划分销售范围，不能有重叠；以大经销商为主体；也可以成立联盟委员会，对窜货的行为进行认定，使同行之间不相互损害利益。

【案例分享：华帝集团的窜货管理】

华帝集团是我国知名的燃具、厨房用具生产销售商。在华帝公司成立之时，国内燃气具企业多采用区域多家代理制，部分厂家甚至公然支持窜货，以追求短期销售利益。

认识到该模式的弊端，华帝公司在成立之初便果断采用总代理制度，一个区域只设一个销售总代理，积极建立一个具有较高忠诚度的销售网络。此外，为防止恶性窜货现象，华帝公司还制定了一系列保障方案。

华帝每年都会与区域经销商签订《防倾销市场保护协议》，并从每批货中扣除3%作为市场保护基金。每批产品在包装上均贴有“发往某区域”的标签，而且采用产品代码制，所有代码都录入电脑存档，任何一件华帝的商品，只要输入代码即可查出货源、出厂日、区域及负责人。

华帝还特别重视经销商的利益和情感。公司制定了明确合理的价格体系，保证各级经销商有10%的毛利润。而经销商到华帝总部，会得到贵宾式待遇，不仅吃住费用全免，其要求也会最大程度地得到满足。因此华帝的经销商普遍有着高满意度和强烈的归属感。

华帝集团对于渠道潜在的窜货现象，从制度、技术、利益、情感等多个方面进行了综合管理，最大程度上降低了窜货现象发生的概率，这不仅保障了公司自身的根本利益，也有利于整个渠道的健康发展。

第38课

渠道信息化和渠道物流管理最适化

本课核心知识要点：

1. 渠道信息化的要求和实施
2. 渠道7R物流管理和12项关键活动

"只靠传统的渠道管理知识和经验很难改善当前的渠道问题，与其被惯性思维所束缚，不如多思考、多尝试，才能为渠道带来更好的刺激。"包教授说道。

"随着互联网时代的到来，信息化和物流成为渠道运营的保障，我希望企业可以在这个方面与时俱进，更上一层楼。"包教授继续着。

渠道信息化如何构建

传统的渠道管理模式确实使许多企业得以存续和发展，但随着科技和市场的进步，特别是网络时代的到来，渠道竞争开始呈现出许多全新特点，也必将日益激烈。通过传统渠道管理模式的优化很难快速有效地适应新的发展，而采用全新的渠道管理技术和工具则往往有更大的改善空间。信息化管理就是一项重要选择。

信息化管理就是对渠道中设计的各项信息流进行统一的搜集、传递和利用，包括产品信息、物流配送信息、经销商信息、市场信息、营销信息等，从而帮助企业了解和优化渠道运营中的各个节点。

首先，信息化管理是供应链管理的要求。

未来的渠道建设与优化必将是以供应链思想为核心，未来的渠道竞争也将是供应链之间的竞争。而建立一个统一、集成、协同的信息平台，正是供应链管理的重要环节之一。通过信息化管理，能让所有供应链环节都根据平台上的流动信息及时响应市场变化，不断促成供应链优化，而企业也可以及时了解产品销售状况，对渠道成员进行业务上的有效指导。

其次，信息化管理是建设新型渠道关系的要求。

与经销商建立牢固的合作关系，是提高渠道效率、增强渠道忠诚度的重要方式。但目前有许多经销商与企业相互不信任，不愿共享商业信息，只盲目追求个体利益，甚至还出现了经销商联合与企业对抗的现象。而企业通过渠道信息化建设，主动帮助经销商提高管理和经营水平，则能有效解决这些矛盾冲突，从而构建新型的渠道关系，真正实现互利共赢的渠道商业目标。

最后，信息化管理是信息流不断优化的要求。

信息流在渠道诞生之初就是其不可或缺的一部分，但是在传统渠道中的信息流，通常一个月才汇总一次，信息严重滞后，根本无法满足企业对市场作出快速反应的需求。同时，传统渠道信息主要建立在纸面单据和手工报表上，准确性和可用性较差。而在渠道传递过程中，又需要经过多个环节，信息容易丢失和失真。

因此，进行信息化管理，就是借助新型的信息管理工具和系统，改善传统信息流的弊端，实现信息价值最大化。

不同的企业都有着相应的渠道信息管理解决方案，所使用的工具和流程也会有很大的不同。构建企业渠道信息管理系统通常都会包含5个环节（如图4-18）。

（1）数据发送。信息管理必然包含着频繁的信息传递，在过去，大多信息通过纸质形式进行传递。而随着信息传递技术的发展，通过电子形式进行网络传递成为了主流。而在一些大企业、国际贸易中，还会使用电子

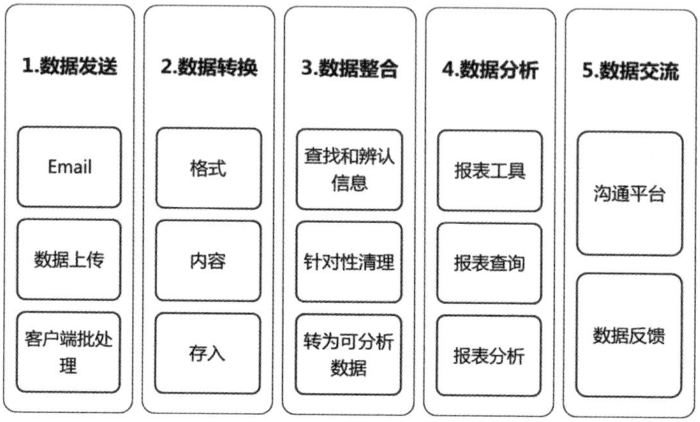

图 4－18　SMOP 工具 40——渠道信息化管理系统的结构

数据交换这一更安全、更统一的方式进行报表、单据传送。

（2）数据转换。从不同渠道和对象搜集的信息，在形式和内容表现上会有较大的差异，数据转换就是对信息形式进行统一，便于分类和分析。

（3）数据整合。对搜集的信息进行针对性处理，过滤掉无用、冗余信息，保留可分析信息。

（4）数据存储分析。将搜集的信息统一输入至报表工具系统，便于随时调出、查询。同时，根据需求进行数据分析，或是定期进行分析。

（5）数据交流。通过分析，要对当前渠道工作制定出指导性意见，并通过沟通平台或信息反馈系统与渠道成员进行信息交流。

【案例分享：西安杨森渠道信息管理系统】

西安杨森制药有限公司是知名的中外合资现代化制药企业，在多年来不断发展壮大的同时，市场的扩张、医药行业的竞争加剧都给杨森在渠道管理方面提出了更高的要求。在这一环境下，杨森方面决定建立信息化管理系统来处理和分析大量的渠道数据。

杨森的渠道信息管理系统主要由三个部分组成：一是前台模块，包括邮件系统、门户、移动设备、工作流系统等；二是中间处理层，包括经销商渠道管理、零售商协同管理、终端管理、费用管理、市场促销管理、服务管理等；三是后台控制，主要借助 ERP 系统来实现。

西安杨森通过信息化系统的建设和实施，加强了企业内部控制和人员安排，减少了不必要的支出；加强了对经销商的规范和数据交流，保护了企业利益；通过对数据的收集分析，选择合适的产品组合及时替代，提高了市场竞争力。

西安杨森通过信息系统的建设和应用，有效解决了由于渠道规模扩张而产生的一系列问题。特别是通过此项目，促成了渠道体系中多方紧密合作模式的形成，并最终实现互利共赢。

互联网时代是信息的时代，在未来商业中，信息的地位和价值仍将不断提升。进行渠道运营管理，不仅要重视信息，还要借助先进有效的系统快速全面地汇总、分析、传递信息。

渠道 7R 物流管理

物流活动的产生可谓由来已久，而将物流作为一门科学和行业加以研究的历史却并不长。只要有商品交易存在，物流基本都是必不可少，而在渠道运作中，物流活动更加频繁。所以，作好渠道物流管理，是渠道运营管理的基础性工作之一。

随着物流行业的发展，管理理论日益完善成熟。渠道物流管理的 7R 是物流目标管理的基础理念，值得企业关注。

“R”是英文“Right”的缩写，7R 即通过 7 个环节的最适化改造达成整个物流系统的最适化（如图 4－19）。

（1）数量（Right Quantity）。产品的数量要和合同约定的相吻合，因数量不足而造成重复物流，会造成时间、成本等多方面损失。

（2）产品（Right Product）。产品的种类要正确，送错货的物流是无效物流。

（3）时间（Right Time）。准时交割是交易的基本要求，物流只能提前不得延后。

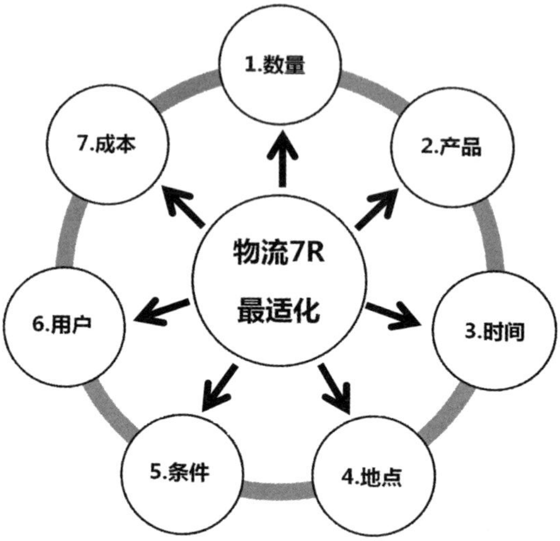

图 4－19 SMOP 工具 41——渠道 7R 物流管理

（4）地点（Right Place）。产品必须送到指定的正确地点。

（5）条件（Right Condition）。客户对物流有何附加条件和要求，协商一致的必须予以满足。

（6）用户（Right Customer）。产品必须送到指定客户手中，由客户方负责人亲自监督签收。

（7）成本（Right Cost）。渠道物流必须在保证质量的前提下不断压缩成本，这样才能促成物流优化、渠道优化。

渠道物流的 12 项关键活动

物流是一项系统性的工作，包含了许多环节。而在整个物流运作中，可分解为 12 项关键活动，这是进行物流管理的方向和重点。

（1）运输方式。物流最基本的活动，包括运输的方法、运输路线、承运人的选择等。

（2）需求预测。需求预测包括两个方向，一是进行企业本身的需求预测，从而确定原料采购量；二是进行市场的需求预测，从而确定产品的输出量。

（3）库存管理。库存水平与资金占用、各类存储费用、过期库存损失等有着密切关系，这直接影响着企业物流成本。

（4）物流沟通。物流部门需要经常同企业内外部成员进行交流，包括企业内部相关部门之间、物流活动环节之间、供应链成员之间。

（5）物料处理。主要指物料或产品在搬运和装卸等环节的处理，其基本的目标就是尽可能减少操作成本。

（6）订单处理。物流活动中必然伴随着订单的处理，包括接收订单、订单交货及追踪等，通常采用互联网、EDI、EFT 等方式进行处理。

（7）产品包装。物流中的包装既要符合产品在仓储和运输中的特定需求，又要在满足需求的条件下追求成本最低。

（8）服务支持。指提供产品的售后服务，包括产品调试、回收缺陷品、提供产品维修等。

（9）采购供应。采购环节发生在原料供应商与企业间，供应环节则发生在企业与经销商间。

（10）退换货处理。将经销商提出退换货申请的产品进行集中并统一回收。

（11）仓储。包括仓库的设计建设、外部仓库的租借决策、库存物资的管理等。

（12）回收物流。主要指在物流过程中各类废弃物的回收和处理。

以上 12 项物流活动基本涵盖了渠道物流的整个流程，对这些物流活动严格把控、不断优化，才能使整个物流体系达成快速、安全、成本最优的管理目标。

第39课

活泼生动的渠道促销是这样炼成的

本课核心知识要点：

1. 渠道促销的目的
2. 渠道促销的设计

“渠道运营是一项复杂的活动，而且具有动态性。因此要结合企业实际，加强对每一个环节的管理，保证整体运作的顺畅。”包教授总结后，接着说，“经过今天课程的学习和大家的讨论，我们基本已经把渠道运营的各个环节都梳理了一番，希望大家可以在今后的实践中，逐渐地应用和提高。也希望这种学习的方式你们可以保持下去，我将不遗余力地支持你们。”

马亮、财务经理和销售经理们给予了热烈的掌声。

“在营销学中有4P组合，还有一个P我们没有讲到，这也是我们今天的最后一课。”包教授开始了下一课程的讲授。

渠道促销的目的

有销售就必然会伴随着促销，对于以产品销售为最终目的的渠道运营来说也是如此。与产品促销不同，渠道促销的作用分为两个方面。

首先，同产品促销一样，渠道促销也是为快速铺货、增加销量，从而获得利润、市场份额、品牌影响力等方面的提升；其次，渠道促销对经销商是一种激励策略，通过政策的支持和销量的提升来增强经销商的满意度和忠诚度。

渠道促销首先要明确促销目的，促销目的不同，促销政策也不相同。只有在明确促销目的前提下来制定相应的促销政策、拟定促销方案，才能成功地实现既定目标。各个行业，渠道促销目的大凡如此。

1. 实现铺货率目标

通过促销策略，能让更多的经销商接收企业产品并大力宣传，从而为产品的市场占有率和品牌建设打下基础。

2. 扩大产品的销量

促销的最直接目的和效果就是扩大销量，从而完成总利润的增长或是市场消化的目的。

3. 新旧产品的更替

在新产品上市时，通过促销能增加新产品的辨识度和接受度，影响客户往后的购买决策。

4. 处理剩余的库存

当产品出现大面积积压滞销时，开展促销是弥补损失的一种直接有效的方式。

5. 反季节政策调整

季节性产品销售周期间隔较长，出现滞销时要尽快处理，行动越慢销售越困难，还会增加库存成本。

6. 应对对手的竞争

当市场中出现强力的渠道竞争者，通过促销来应对是常用的方式之一。

7. 增加渠道的利润

促销活动通常会降低产品的单品利润，但通过销量的扩大和市场占有率的提高，往往能提高渠道的总利润和未来利润。

打造活泼的渠道促销

先造声势后造市，声势决定市场；重销售更重传播，声音决定销量。渠道促销，绝不是简单地通过降价销售来处理货物。无论是产品滞销还是畅销时，都需要采取渠道促销策略。在渠道促销的设计上，要充分考虑到各个环节的需求和利益分配，设计出可行、有效、活泼的促销方案，并对各个渠道成员作出指示。原则如图 4－20。

图 4－20　渠道促销的原则

渠道促销可以按照以下路径来实现，如图 4－21。

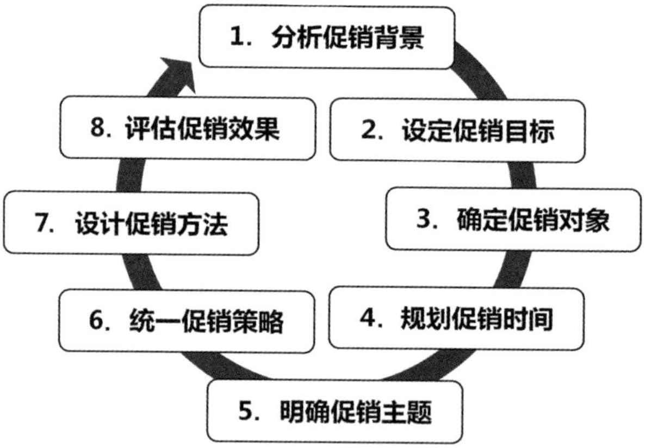

图 4－21　SMOP 工具 42——渠道活泼促销的实现路径

1. 分析促销背景

企业从市场层面、客户层面、产品层面、渠道层面、竞争对手层面等多角度进行分析，做到深入全面、知己知彼。

2. 设定促销目标

清晰地设计出促销目标，是为了铺货率，还是为了新产品的上市，还是为了处理库存，还是为了鼓励经销商等。通常情况下，会设计1～2个具体明确容易衡量的目标。

3. 确定促销对象

区分消费者、终端、二级和三级经销商、个体代理商等不同的促销对象，不同对象所选用的方法完全不一样。

4. 规划促销时间

在最恰当的时间进行促销才可以收到效果，产品不同、上市时间不同、渠道性质不同，促销时段选择的也不同。渠道促销要有时效性，在阶段内起到作用，如果长期性促销会带来较大的负面影响。

5. 明确促销主题

简单、明了、直指人心是对促销主题的基本要求，促销主题围绕目标设定，要做到主题突出。

6. 统一促销策略

渠道促销相对比较简单，就是通过利润和利益来刺激经销商的提货量和推广积极性，讲究的是直接、准确和吸引力，不需要太多的花式。

7. 设计促销方法

一定要采用非常方法，才可以收到更好的效果。有三种设计思路：一是在价格基础上增加价值，如打折与降价、折价券、返还现金（如累计进货返利）、改善付款条件等；二是在产品基础上增加价值，如赠送样品、多样化组合和多样化购买（如产品组合套餐优惠订货）、增加产品的数量等；三是有形的附加价值促销，如奖赏（如开箱有奖）、赠券等。创造性地使用最适合的方式、在细节上动脑筋是不落俗套和活跃促销的关键。

8. 评估促销效果

渠道促销效果的评估不仅能明确本次活动的得失，对以后的促销也能提供经验和借鉴。一般可通过产品销量反映渠道促销效果：一是依据每周的数据进行分析，识别在销量上的效果；二是比较实施促销的地域的销量与未实施促销的地域的销量；三是用以前的销售数据作趋势预测，与促销后的实际情况进行比较。当然，企业也可以针对自己的促销目标列出自己的非销量考核指标，例如成交率、新客户成交数目、铺货率提升等。

【案例解析：打折不如让经销商占便宜】

A 企业是一家从事钻石镶嵌产品制造和销售的公司，2008 年 9 月 10 日，A 品牌提前三周启动国庆节渠道促销方案，推广新产品，并为经销商预留充足的时间。活动主题：我最闪耀。活动细则：①仅限于新产品，不适用于全部产品；②活动期内，备货 20 万元以上经销商，按进货额给予 15% 铺货，铺货时间 3 个月；③新品按照正常经销折扣再打 9 折；④活动宣传 DM 和 X 展架由企业统一制作配发。

活动发布到各地经销商之后，反应寥寥，促销基本失败。

A 企业发现，打折，让经销商买“便宜”似乎行不通，因此改变思路设计了新一期活动。活动主题：买小钻，送大钻。活动细则：①赠品全部定价，1 终端销售价 6 000 元商品的赠品定价 1 500 元，终端售价 15 000 元商品的赠品定价 3 000 元；②活动时间 1 个月，赠品数量有限，订完为止；③各地经销商所需赠品品种及数量报公司备案，同时要求经销商按照相应供货价格预付赠品货款的 50% 作为质保款；④活动终止后，凭商场销售小票和赠品回单核销，未使用的赠品可作返厂处理，预付赠品金额可作冲抵货款；⑤活动宣传 DM 和 X 展架由 A 企业统一制作配发。

活动内容发布后，经销商蜂拥而至，数千件赠品一扫而空。

本章小结

本章对渠道管理的运营进行了论述，突出强调了规则的重要性。核心内容如下：

1. 流程管理不仅是理念，更是方法。渠道管理流程的建立是为了提高渠道的管理效率，在流程的制定中需要遵循 SFDA 原则，摒弃对流程认识的误区，科学合理地按照分析、改进、实施和评估的 4A 模型进行优化。切记，流程不是越多越好，也不是越细越好。

2. 要运用项目管理理念实现有力的渠道管理。通常一个项目包括启动、计划、实施、监控、收尾五个阶段，在渠道管理中，应该按照此步骤，明确每一个步骤的关键控制指标。

3. 渠道经理制定渠道政策并达成协议是工作的基本要求，渠道政策包括供应价格、结款方式、奖励政策和销售支持四个部分，在与经销商达成一致时需要遵循商务承诺模型。

4. 协议书的主要要件包括主件、附件、客户资料卡、委托（授权）书等。

5. 要防止呆坏账的出现，需要认真选择经销商，严格过程管控，严格资信管理，谨慎商业调货，票货同行和定期三方对账。

6. 运用 DSO 压力线和信用管理模型进行回款控制。DSO 压力线是一种预警系统，可以帮助企业进行回款质量的评价和预测，信用管理模型则从销售过程、赊销管理、控制方法、管理制度和部门四个方面论述了渠道信用管理的流程。

7. 信用等级可以划分为 ABC 三等，每等三级，代表了经销商的信用情况。信用额度可以按照信誉等级的高低来确定，信用等级高，信用额度相对较大。

8. 产品定价、价格调整、建立稳定合理的渠道价格体系等都是渠道管理中最为敏感的内容，价格调整的策略通常包括折扣、心理定价、地区定价、差别定价四种，遵循相应的流程进行，做到价格的平衡。

9. 渠道冲突是渠道管理中的正常现象，不同类型的冲突解决方法也不一样。适度的冲突是保持渠道活力的重要因素。要用柔性管理的方式解决复杂冲突。

10. 窜货是渠道冲突中最为常见的现象。没有窜货的销售是不红火的销售，窜货严重的销售是危险的销售。有效控制窜货有十种方法，在实际工作中需要组合应用。

11. 渠道的信息化是现代物流发展的要求。现代物流讲究7R，即正确的数量、产品、时间、地点、条件、用户、成本。关注渠道物流的关键活动。

12. 渠道促销是为了实现铺货目标、扩大销量、消化库存、应对竞争、增加利润等，活泼的促销模式需要企业在实践中逐渐发展和应用。

5 Chapter
求精进：渠道的绩效管理

企业的运营管理状况如何，离不开各项绩效考核的评估和保障，渠道管理同样如此。渠道的绩效管理，既包括业绩、财务等具体量化的指标，也包括许多难以准确量化的潜在指标。唯有对渠道进行系统性、全面化的绩效管理，才能更准确地评价渠道状态，从而总结历史工作，规划未来任务。

第40课

渠道绩效评估的流程、内容和方法

本课核心知识要点：

1. 渠道绩效评估的基本流程
2. 渠道整体绩效评估内容和方法

经过一个阶段的业务调整，马亮公司的渠道工作基本走上了正轨，销售业绩也完成得出奇好，这是马亮没有想到的。下一步的重点就是进一步完善。

在包教授来公司培训以后，公司上下、部门之间、员工之间以前很多对渠道问题不一致的认识统一了，争论减少了，沟通效率有了明显提高。而且培训后渠道部形成了尊重知识、热爱学习、相互讨论的良好工作氛围，这种氛围将为今后部门发展奠定一个非常好的基础。

今天，马亮带着公司财务经理和自己部门的两名渠道主管一同兴致勃勃地来到包教授家里。一是财务经理经过上次的培训觉得包教授传授的不仅是知识更是管理的方法，他一直想拜包教授为师。二是大半年时间里，包教授传道授业，答疑解惑，一直在引领着自己的成长和进步，在经销商的赞美和同事的佩服声中，自己俨然已经成为一名成熟、优秀的渠道经理，他想让包教授好好地分享一下他的喜悦。

包教授与马亮几位进行了简单寒暄，包教授在财务经理的真诚要求下，也收下了这个学生。

“渠道微积分四大模块，我们已经学习了结构管理、成员管理、运营管理三部分，今天就来学习第四部分——渠道绩效管理。”包教授说道。

“我们正在做企业的渠道绩效评估和考核方案，这部分内容正是雪中送炭。”马亮和财务经理同时说道。

渠道绩效评估流程

渠道绩效评估是绩效管理的核心内容，是指企业通过系统化的手段或措施对渠道系统的效率和效果进行客观考核和评价的活动过程。检查渠道策略的执行结果，据以奖优罚劣；发现运行中存在的问题，为整合渠道、调整渠道结构和增减渠道成员提供依据。

渠道绩效评估既可以针对渠道系统中某一层级的渠道成员，也可以针对整个渠道系统。在营销实践中，企业很多时候都是同时对渠道成员及整个渠道系统进行评估。

在全渠道销售的发展趋势下，企业不仅关注传统渠道，而且关注线上渠道，对渠道进行系统性的评价有利于做好渠道的整合和规划；在渠道扁平化的发展趋势下，企业更多地关注渠道系统中具体渠道成员的绩效，以便于厂商决定是否对某些层级的渠道成员进行扁平。

企业渠道绩效评估通常会按照以下步骤进行：一是绩效评估的流程；二是评估方法的流程；三是渠道绩效评价指标的流程（如图5-1）。

第一步，确定评估对象。

渠道的评估对象可以是渠道中的某一个个体成员，也可以是某一个层级甚至整个渠道。对不同的评估对象所要开展的活动规模和适用方法都不同，所以需要提前明确。

第二步，选择评估内容。

渠道绩效评估涉及多方面的内容，企业需要事先选择某一点评估内容或是某一类评估内容组合，以此来界定评估工作的目的和主要方式。

第三步，应用评估方法。

不同的评估内容需要不同的方法来进行考察分析，而同样的评估内容往往也存在多种评估方法供企业选择，需要企业进行规划设计。

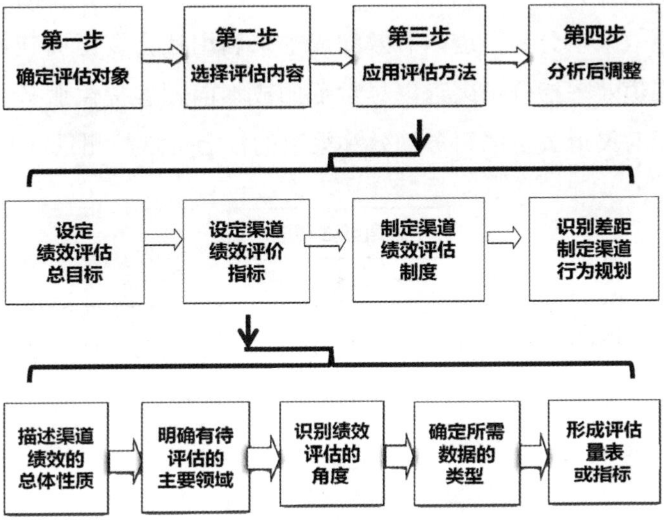

图 5－1　SMOP 工具 43——渠道绩效评估的流程

在评估方法的确定环节，企业首先需要确定整体的经营目标并分解成系列的销售目标，才可以设定评价指标，根据评估目标选择最有效、最实用、成本最低廉的评估方法，确定评价规则，进行差别判断，明确改善的方向。

第四步，评估分析后调整。

进行渠道绩效评估，不只是为了掌握现状，更重要的是为渠道优化改善提供依据和方法。所以，在每一次评估活动结束后，都需要对考察内容进行集中汇总分析，发现问题或不足后及时予以调整。关键是要制定出具体的措施，并进行落实。

渠道整体绩效评估

渠道整体绩效评估内容和方法选择是评估工作开展的核心。通常可以从社会和企业两个角度进行评估。

路易斯 · W. 斯特恩等提出了评估营销渠道整体绩效的多维结构“3E 模型”，是从公平、效率和效果三个方面进行评估。其中，渠道公平指每一个渠道成员都有能力并且有同样的机会进入社会中已存在的营销渠道的程度，渠道效果指分销渠道以有效的成本来利用社会资源而获得特定成果的能力，渠道效率指分销渠道以尽量低的成本向顾客提供服务的能力。这一模型包括对渠道成员的财务绩效和渠道的社会贡献的测量（如图 5－2）。

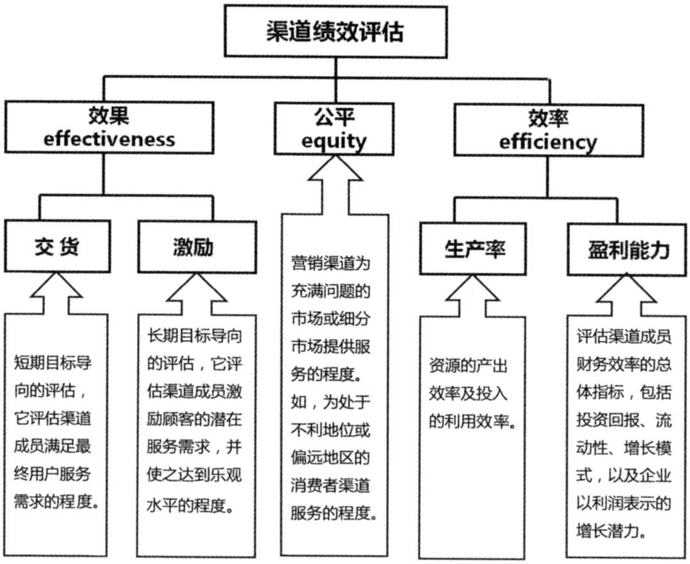

图 5－2　SMOP 工具 44——渠道整体绩效评估的 3E 模型

从企业角度进行渠道的整体评估，是对渠道健康程度的评价，可以从渠道管理组织、渠道的运行状况、渠道的服务质量和渠道的经济效果四方面进行；前三者主要是定性分析，后者是从财务角度定量分析（如图 5－3）。

1. 渠道管理组织评估

首先，对渠道管理组织评估要考察渠道系统中渠道经理的素质和能力，如渠道经理的学历情况、从业时间、各类型人员比例等。学历高、比例大、从业时间长表明管理组织的素质和能力就越强。其次，考察分支机构对终端的控制能力，如企业分支机构是否有自控的零售终端，自控零售终端的销售额比例是多少等。

2. 渠道运行状况评估

以渠道建设目标和分销计划为依据，考察任务的分配是否合理、渠道成员的合作意愿与努力程度、渠道冲突的性质与程度、销售是否达到既定目标等。

3. 服务质量评估

对服务质量评估可以考核信息沟通、促销效率和顾客抱怨与处理等方面。

4. 经济效果评估

对渠道经济效果评估，一是评估产出，二是评估投入。除此之外，通过一些财务比率如盈利能力和资产管理效率的计算和比较，分析较深层次的原因。

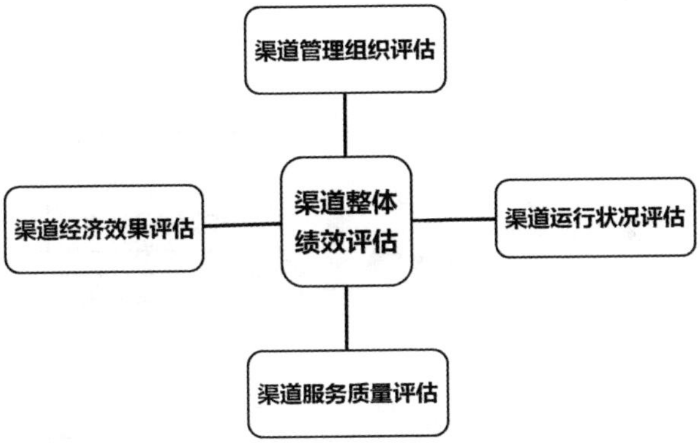

图 5－3　SMOP 工具 45——渠道整体绩效评估的企业模型

渠道绩效评估的方法

企业应定期对渠道系统或渠道系统中的渠道成员进行绩效评估，以确保整个渠道系统或渠道系统中的渠道成员能够按照厂商制定的相关管理措施高效运转。

从评价标准的设计方式上划分，渠道绩效评估有以下三种方法。

（1）独立绩效评价法。独立绩效评价法是指通过一项或多项指标独立对渠道成员的绩效进行评价。优点就是使企业对渠道成员的考核变得相对简单、及时、快捷，更有条理。不足是对渠道成员的综合性评价有所下降，不能很好地提供综合绩效的深入分析，特别当渠道成员在各项指标评价方面表现不平衡时更为突出。

（2）非正式的多重标准评价法。非正式的多重标准评价法是指将各类指标结合起来，由渠道管理者根据自己的渠道管理经验，在对各类指标作权重分析的基础上，对渠道成员的绩效进行综合评价。优点就是简单、灵活，缺点是渠道管理者对渠道成员的评分有时会出现较大的主观性和随意性，仍然不能提供反映综合绩效的定量指标。

（3）正式的多重标准评价法。正式的多重标准评价法是对每个渠道成员的各项绩效进行打分，并加权计算，然后根据绩效最后得分客观评价渠道成员的绩效。

从评估的内容上划分，渠道绩效评估还可划分为以下六种方法（如图5－4）。

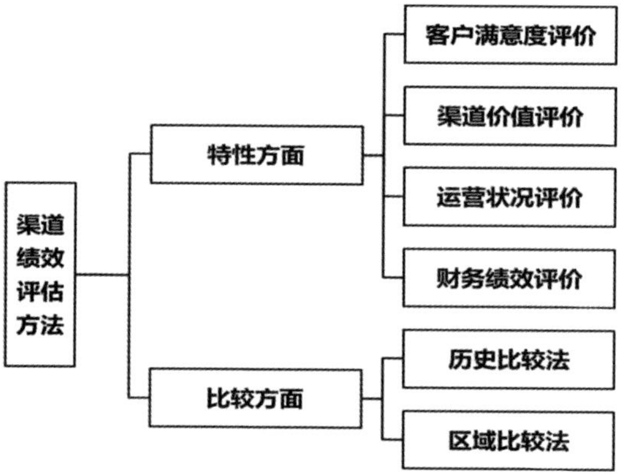

图5－4　渠道绩效评估的常用方法

（1）客户满意度评价法。不断提高客户满意度是渠道优化的基本目标之一，因此对于客户满意度的调查评价不可怠慢。对于客户满意度的评价方法，包括对客户的有形利益、信赖感、责任感、安全感、与企业的情感交流等方面进行考察。

（2）渠道价值评价法。渠道价值评价是对渠道当前收益和未来潜力的一种综合性评价，既可以对某一个渠道成员的价值进行单独评价，也可以对整个渠道价值进行评价。渠道价值评价的方法，最常采用的便是收益现值法和重置成本法。

（3）运营状况评价法。渠道运营状况决定着渠道健康程度，一个好的渠道不能只看收益，稳健的运营能使其更加长久地发展。运营状况的评价方法，主要是对渠道的畅通性、覆盖率和流通力以及利用率、渠道的冲突等进行考察。

（4）财务绩效评价法。财务指标是否健康，是企业和经销商都十分关心的。财务状况健康与否是渠道状态的最直观体现。财务绩效的评价方法，包括销售数据分析、占有率分析、费用分析、盈利分析、资产管理效率分析等。

（5）历史比较法。历史比较法，就是将渠道系统或渠道成员的当期销量与上期销量相比较，得出上升或下降的比值，然后再与整体市场的升降百分比进行比较，对高于整体市场平均水平的渠道系统或渠道成员予以奖励，对低于整体市场平均水平的渠道系统或渠道成员，则要作进一步具体分析，找到准确原因并帮助改进。该法的难点在于需要准确把握整体市场的平均水平。

（6）区域比较法。区域比较法，就是将各渠道成员的绩效与该区域销售潜量分析所得出的数值进行比较。将某区域内各渠道成员在某一时段的实际销售量与通过分析得出的该区域销售潜量进行比较并排序，然后通过测算相关指标，以确定这些渠道成员在这一时段是否达到某一标准。该法的难点在于需要客观把握该区域内的销售潜量。

作好渠道绩效评估工作，必须熟练掌握以上方法，并且要事先明确评估标准，仔细分析对比。不能让评估结果只存在于文件或数据库中，更重要的是要将其反映到具体的渠道工作实践中。

第41课

客户满意度评价在绩效评估中的应用

本课核心知识要点：

1. 渠道客户满意度指数模型
2. 渠道客户满意度评价应用

“我们企业对渠道绩效的考核评估一直以来没有怠慢，但是主要的评估目标都是销售额、覆盖率、利润等，我以为财务统计好数据就行了，目前看来渠道绩效评估还包含这么多需要注意的要素，必须是多部门结合才可以做得更好。”马亮说道。

“关注渠道的经济价值自然是需要的，但是只关注‘钱’这一要素显然不够。将渠道绩效评估等同于渠道销售业绩评估，是许多企业的通病。”包教授进一步阐述道。

“包教授，您上述所讲的渠道绩效评估方法，像历史比较和区域比较，这些都很好理解，也很好应用。可我对于其他的方法还是有点摸不清，你能就如何和企业情况结合进一步地解释一下吗？”财务经理不解地问道。

“别着急，接下来我会一一地给你们说明。”包教授说道，“应用性是渠道微积分的最大特点，学习的目的就是为了应用。”

“包教授，马亮正在安排我做一个经销商的满意度调查，我还没有思路，您是否可以先给我们讲讲客户满意度评价。”马亮同来的伙伴也问道。

包教授笑着说：“我们就从你关心的客户满意度评价开始。”

渠道客户满意度指数模型

渠道总体的客户满意度调查包括终端客户和渠道客户两个方面。终端客户即终端消费者，他们对产品和服务满意与否直接关系到销量和市场。渠道客户即与企业合作的各级经销商，他们对渠道现状满意与否关系到渠道运营的顺畅度和整体质量。

当企业提供的产品和渠道服务等于或高于渠道成员的预期时，渠道成员就会感到满意，相反，则会感到不满意，这对渠道的存在和发展有十分重要的意义。实践证明，企业的服务水平是经销商愿意同其合作和共同发展的关键。

企业的服务水平主要体现在：①产品供应能力，即顾客需要产品时，企业正常提供产品的能力；②变化适应能力，指企业在物流等方面灵活地满足客户特殊要求的能力以及避开错误及危险的能力；③信息处理能力，指准确、及时地提供、汇总、分析客户及其订单信息的能力；④市场支持能力，即在一个产品生命周期内，物流、销售、财务等系统对产品的支持能力，包括技术支持、设备安装、售后维修、财务等。

长期以来，研究客户满意度的理论数不胜数。在这里，着重介绍一种新近提出的客户满意度指数模型，即 ACSI 模型（如图 5－5）。

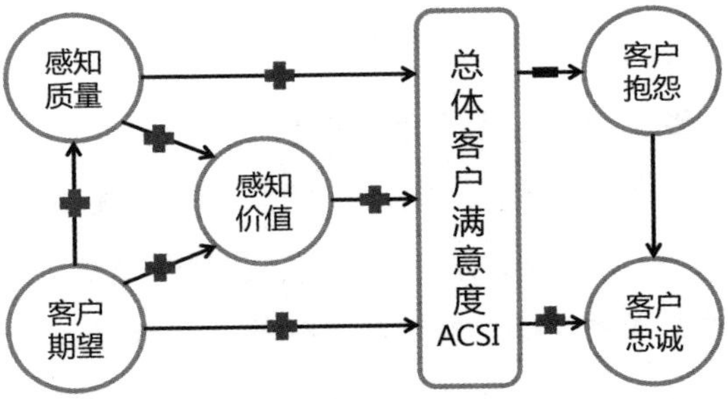

图 5－5　SMOP 工具 46——客户满意度指数模型（ACSI 模型）

ACSI 模型由六个要素构成，分别是客户期望、感知质量、感知价值、总体客户满意度、客户抱怨、客户忠诚。ACSI 模型不仅仅是客户满意度的考察模型，同时也是一套客户满意度的改善模型。

（1）客户的满意度并非是一种单一的感受，而是受到客户期望、感知质量和感知价值的共同影响。

（2）客户期望、感知质量和感知价值都会对客户的最终满意度产生不同程度的影响。客户在接触到产品或服务之前，必然会对其有一个主观的期望，在接触到产品或服务之后，则又会形成一个客观的感知；主观设想与客观感知之间的差异化会进一步影响客户对产品或服务的价值判断。

（3）在对满意度进行评估时，不能仅仅去表面化地考察客户满意与否，而是要了解客户的期望，了解客户对哪些方面满意，对哪些方面不满，并作出针对性调整。这样才是一套完整的客户满意度评估体系。

（4）根据客户满意度高低的不同，客户会产生两种心态，一种是低满意度下产生的抱怨，另一种是高满意度下产生的忠诚。在渠道运营的过程中，客户的抱怨在所难免，但在了解了客户的抱怨点之后，应当迅速排查原因，提出适当的方案并实施，通过解决抱怨来引导客户忠诚。

渠道客户满意度评价应用

渠道客户满意度评价，是企业外部对渠道现状认知评价的综合性信息，不仅能帮助企业了解客户的心理状态，更重要的是，企业通过对客户满意度的详细分析，对渠道作出正面的调整。

【案例分享：华为的渠道满意度调查】

华为作为一家高速成长的企业，渠道的成熟是其成功的重要因素之一。从2011年到2015年，华为的渠道伙伴增长了数十倍。

华为一直以来都奉行“客户的成功才是华为的成功”这一理念，企业有80%的业务收入来自其合作伙伴，所以华为对服务渠道、提升渠道满意度始终不敢怠慢。

华为的渠道满意度调查，通常是借助专业第三方来定期进行。随着几年间的不断实施，如今的调查形式大幅更新，调查的渠道范围也不断加大，从总经销调查一直向下扩展到一级、二级甚至终端网点。通过搜集合作伙伴和客户的心声，华为得以朝着正确的方向去改进和发展，而渠道成员也越来越乐意将真实情况及时反馈。

作为华为早期合作伙伴之一的神州数码，曾反馈过华为的货物名称标签标准有问题，严重影响了货物的二次分销和终端客户对货物的确认。华为在收到该意见后，迅速反应，联合相关企业成立项目组，迅速解决了这一问题。

华为对渠道客户满意度的深入调查和快速反应，不仅为华为解决了一个个渠道中存在的问题，也让各级渠道成员确信了华为“以客户为中心”的理念并非虚言，忠诚度大幅提高。

对客户满意度进行应用，首先就要搜集客户的满意度信息。在具体方法上，可以调取同客户的日常沟通记录，搜集客户的投诉、抱怨信息等。也可以通过直接走访，或是用电话、邮件、QQ、微信等通讯手段主动同客户接触。另外，设计不同的调查问卷用以搜集不同的客户满意度信息，也是许多企业常用的方式。

在搜集完相关的客户满意度信息后，需要建立一个评估信息库进行统一汇总，这样才能更好地进行整合、分析，得出全面准确的评估结论。

在应用评估结论的过程中，企业首先需要做重要度排序。对亟待解决的疑难问题，集中力量迅速解决、重点改进，这样才能避免更多的负面影响。

第42课

经销商的渠道价值评价及细化指标

本课核心知识要点：

1. 渠道价值评价模型
2. 经销商的渠道价值评价指标体系

“我们企业当前对客户满意度管理的原则是保证客户不投诉，因此很多工作都是对不满意事件的被动性处理。这样做效率低，还不出成绩。”马亮说道。

“客户不投诉，虽然表面上看起来是真理，但我发现这一原则存在很多问题，客户不投诉并不代表客户满意，还有一种状态是‘客户没有不满意’，而我们目前大部分的客户都属于这一类。”马亮继续说道。

“非常正确。在渠道客户满意度的管理中，客户绝不是非不满意就是满意，这为我们提供了新的研究思路和方法。按照此逻辑，我们可以把客户分成三类：一是客户满意；二是客户没有不满意，也没有满意；三是客户不满意。”包教授继续讲道。

马亮转向他的几位同事，说：“许多企业在进行渠道管理时，都会把‘以客户为中心’、‘提高客户满意度’等等作为宗旨，但很多企业只是宣传，并没有理解对客户满意度的提高过程，实质上就是对渠道针对性改善和提高的过程。”

包教授总结说：“渠道改善和客户满意度提高相辅相成。这要求企业不仅要有客户满意度的理念，更要建立起来一套发现不满意、及时反馈、适时调整、完善提高的机制。”

“我们从头一直都在说渠道，谁能够告诉我，渠道价值具体表现是什么？”包教授问道。

“发货、回款……”

“销售、网络、通路……”

“利润……”

“和企业理念一致……”

大家一下子七嘴八舌地议论起来。

渠道价值评价模型

渠道价值评价是一项复杂的工作，许多企业在渠道绩效评估中，将渠道价值等同于渠道的销售业绩和利润，这种思想是不可取的。销售业绩和利润，只是渠道价值的组成要素之一，是渠道表面价值的一部分。渠道的综合价值可以用图5－6来展示。

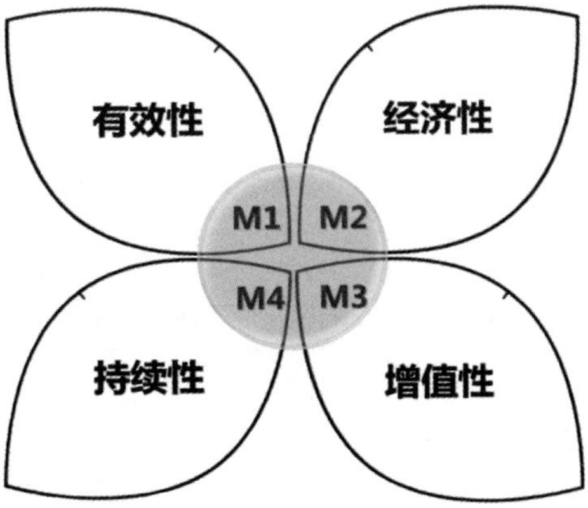

图5－6 SMOP 工具47——渠道的综合价值评估模型

1. 有效性是渠道价值的基础性层次

在不同的渠道时期，经销商都要同企业统一目标、统一战线，保持渠道通透、流畅和协同，这是渠道价值得以实现的首要前提。

2. 经济性是渠道价值的重要体现

这不仅要求各经销商能带来足额业绩，还要将成本控制在合理范围内。同时，渠道经济性不是只看个体经销商的经济贡献，还要考虑到对整个渠道价值链的影响。

3. 增值性是对品牌价值的增值能力（价格张力）和对客户的服务能力

渠道经销商必须具备良好的服务意识与能力，才能有效地深化渠道品牌价值，这是实现渠道增值的基本方针。

4. 持续性决定着渠道价值的高度和速度

渠道经销商要具备同企业共同发展的理念，要具备和企业同步成长和兼容的能力，这样才能形成具备高度价值潜力的渠道。

经销商价值评价指标体系

渠道价值评价模型是对渠道整体价值的评估方式，而涉及每一个个体经销商的价值，企业需要运用更为具体、细化的指标进行考察评价。

具体示例参照表 5 - 1。

表 5 - 1　经销商渠道价值评价指标体系

<table>
<tr><td rowspan="5">经销商价值评价指标</td><td>一级指标</td><td>二级指标</td><td colspan="6">三级指标</td></tr>
<tr><td rowspan="2">当前价值</td><td>贡献度</td><td>1. 毛利润</td><td>2. 采购量</td><td>3. 采购额</td><td colspan="3">4. 不同价位产品采购比例</td></tr>
<tr><td>重要度</td><td>1. 经营环境</td><td>2. 经营业态</td><td>3. 展示能力</td><td>4. 展示形式</td><td>5. 便利性</td><td>6. 形象</td></tr>
<tr><td rowspan="2">潜在价值</td><td>信任度</td><td>1. 采购稳定性</td><td>2. 规范经营</td><td>3. 配合性</td><td>4. 产品接受能力</td><td colspan="2">5. 销售种类分布</td></tr>
<tr><td>信用度</td><td>1. 消费者投诉</td><td>2. 明码标价</td><td>3. 结算状况</td><td colspan="3">4. 退换货次数</td></tr>
</table>

企业对经销商的价值调研，可以划分为三个级别的指标。

一级指标为经销商当前价值和潜在价值。当前价值可分为贡献度和重要度两个二级指标，潜在价值可分为信任度和信用度两个二级指标。

每一个二级指标细化出的三级指标，就是企业需要实际调研考察的项目。

贡献度所包含的指标，是经销商带来的直接经济效益，包括利润、采购量、采购额、采购价值分布等项目。

重要度所包含的指标，是经销商对终端客户的影响程度，包括经营环境、经营方式、服务的便利性和经销商的整体形象等。

信任度所包含的指标，主要用于衡量经销商同企业的关系和配合程度，包括采购稳定性、是否合规经营、对不同产品的接受能力和销售能力、工作的配合程度等。

信用度所包含的指标，主要用于预测经销商的经营风险和交易风险，包括终端客户投诉的数量和程度、是否按规定价格销售、账款是否按时足额结算、退换货的频度等。

表5－1中所包含的指标，仅仅是一些基础性、泛用性的指标，不同企业可以根据渠道的具体状况和特点，对经销商价值评价指标进行调整或细化，以更全面、更准确地评价经销商的渠道价值。

渠道价值的评价方法

根据我国资产评估管理要求和国际资产评估惯例，资产评估中的资产评估准则有重置成本、现行市价、收益现值和清算价格四种，其中前三种方法可以运用于对渠道价值的评价。

1. 重置成本法

重置成本法是指在现时条件下，按功能重置资产，并使资产处于在用状态所耗费的成本，即被评估资产全新状态的重置成本减去该项资产的实体性贬值、功能性贬值和经济性贬值，估算资产价值的方法，具体为：

被评估资产价值＝重置成本－实体性贬值－功能性贬值－经济性贬值

被评估资产价值＝重置成本×成新率

2. 现行市价法

现行市价法是指无形资产评估在公开市场上的价格。现行市价应是在有充分的市场竞争，交易双方都没有垄断及强制，而且双方都有足够时间和能力了解实情，具有独立的判断和理智选择的条件下进行。一般来讲，资产价格高低取决于其成本的高低；资产现时功能状况、质量因素、技术参数及损耗状况，在一般情况下优质就会优价；市场供需情况，一般情况一项资产供大于求，其价格会下降；如果求大于供，价格就会上。此法价格标准难以制定，故资产评估有一定难度。

3. 收益现值法

收益现值法是将评估对象的预期收益，用适当的折现率折现，得出评估的现值，以此估算价值的方法。收益现值法通常用于有收益企业的整体评估及无形资产评估等。此方法在国外用的最普遍，在国内也是技术型资产评估的主要方法。以收益现值作为资产的价格标准，意味着资产所有者流动的不是一般的商品买卖，而是将资产作为收益能力来买卖。无形资产评估在预期收益比较稳定的情况下：

资产现值 = 收益现值 = 预期收益/适用资产收益率

以上三种方法，各有优势，也都有相应的局限性，需要企业在实践中逐渐地探索和完善，提高评估的质量，也便于实际操作。

第43课

渠道运营状况和生命力的评价标准

本课核心知识要点：

1. 渠道运营状况的评价方法
2. 渠道运营生命力的评价指标

“包教授，记得在学习渠道成员管理时，我们也探讨过经销商考核评价的问题。为何在此重新进行论述呢?”马亮提出疑问。

“问得好，看来你对之前的课程还有很清晰的记忆。”包教授满意地点点头，“在渠道成员管理中讨论的经销商评估，研究对象是经销商个体，针对的是具体的方法；而在这部分我们论述的渠道绩效评估，则是将整个渠道作为研究对象，针对的是方法论的建立，解决的是为什么和怎么样的问题。”

“我明白了，学习了这部分的内容，我们就能够更清晰地知道为什么选择这些指标作为依据，而且可以区分出来之前经销商评价中哪些指标评估的渠道价值、哪些指标评估的是渠道状况、客户价值等。”马亮提出自己的见解。

“对，你理解得很正确。”包教授再次对马亮进行了表扬。

渠道运营状况的评价

渠道运营状况评估，是以渠道运营目标和计划为依据，全方位考察渠道是否科学合理、渠道成员合作意愿与热情、渠道冲突的数量及性质、渠道业绩是否达标等。影响渠道运营目标的要素包含许多层面（如图5－7）。

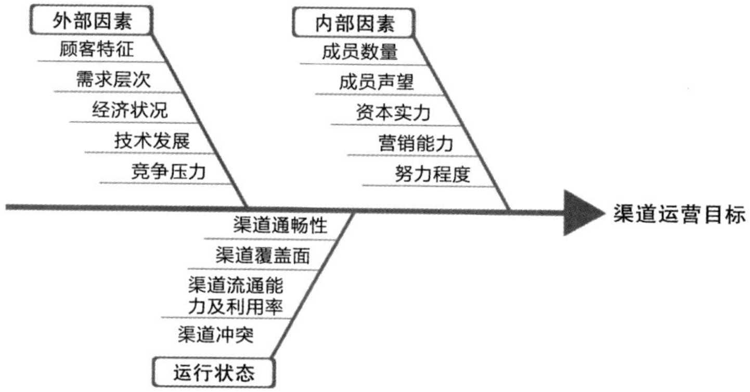

图5－7　SMOP工具48——渠道运营目标鱼骨图

影响渠道运营目标的因素主要由三个部分构成。

1. 外部因素

外部因素主要包括顾客特征、需求层次、整体经济状况和技术发展层次、渠道所面临的竞争环境等。这些要素几乎或完全不在企业的控制范围内，是企业进行渠道运营状况评估时需要考虑和适应的因素。

2. 内部因素

内部因素主要包括渠道成员数量、成员个体或平均声望、成员资本能力分布、成员营销能力分布、成员的努力程度等。这些要素主要是对渠道经销商的即时状态进行的考察评判，是对渠道运营细节的评估。可以从以下角度考察渠道成员的产出：

（1）销售贡献。是否高于平均水平，与处于同一渠道层级的其他分销商相比情况。

（2）利润贡献。经销商贡献的销售额与企业所提供的支持服务的成本费用进行比较。

（3）经销商能力。是否具备经营产品要求的技能，对竞争对手的产品与服务了解程度。

（4）契合度。经销商是否遵守企业的政策与程序，有无低价销售或跨区销售行为等。

（5）增长贡献。经销商所获得的业务量或市场份额能否稳定增长，占据总额的比例。

（6）消费者满意。提供售中和售后支持并使客户满意，是否经常被顾客投诉等。

3. 运行状态

运行状态主要包括渠道流畅性、渠道覆盖面、渠道流通能力三个方面。这些要素主要是对渠道整体状态进行把握，涉及不同个体经销商、不同级别经销商之间的相互协调与博弈；另外还需要关注渠道冲突的记录等（如图 5－8）。

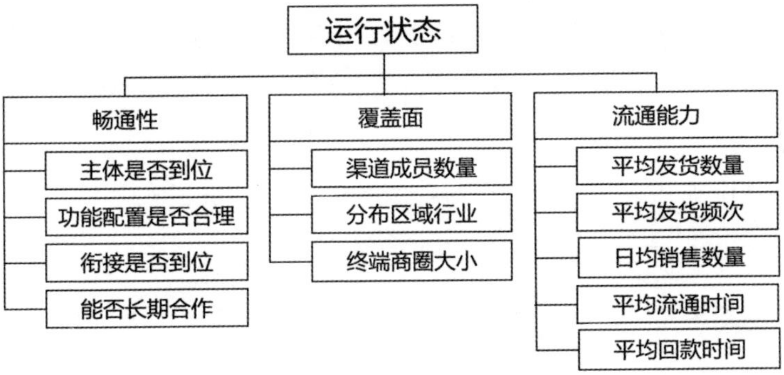

图 5－8　渠道运行状况评价指标

结合上述渠道的状态，可以制定出渠道运营的 KPI 指标，即关键绩效指标。KPI 指标可以作为企业对渠道运营状况评价的依据。每一个企业都可以根据自身的渠道业务设定不同的运营 KPI 指标，并对每一项指标不断进行细分，直至其具备代表性、可操作性。对于不同类型的 KPI 指标，都要分别制定考核表或数据库，用以对信息的搜集、分析和存储。

要实施 KPI 绩效评价，通常可按照如图 5－9 所示的步骤进行。

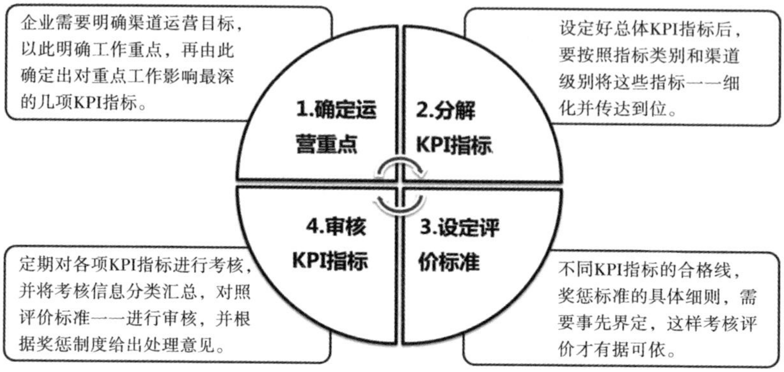

图 5－9　SMOP 工具 49——渠道运营状况 KPI 评价的方法

KPI 指标的设定可以参照：

（1）渠道畅通性可以用商品的周转速度和销售增长率来评价。

商品周转速度是指商品从入库到售出所经过的时间和效率。衡量商品周转水平的最主要指标是商品周转次数和商品周转天数。商品周转次数指一定时期内，库存商品（配送中心和店铺）能够周转多少次。其计算公式为：

商品的周转次数＝商品销售收入/平均库存余额

平均库存余额＝（期初库存＋期末库存）/2

商品周转天数表示一定时期内，库存商品周转一次所需的天数。其计算公式为：

商品周转天数＝360/商品周转次数

销售增长率是指某一渠道成员本年销售增长额与上年销售额之间的比率。

（2）渠道覆盖面可以市场覆盖面、市场覆盖率、渠道覆盖率、商圈等来评价。

市场覆盖面是指一个品牌商品的营销渠道中，所有零售商的商圈不重复的部分之和。其计算公式为：

市场覆盖面＝各个分销网络终端商圈面积之和－重叠的商圈面积之和

市场覆盖率是指某个特定市场范围内，企业的营销渠道所形成的市场覆盖面的相对大小。其计算公式是：

市场覆盖率（%）=某产品的市场覆盖面/该市场的全部面积

渠道覆盖率是指产品进入渠道总网点数的比例。其计算公式是：渠道覆盖率（%）=产品网点数量/渠道网点数量。

商圈，也叫商势圈，指零售商销售的辐射范围。每个商业网点吸引顾客的地理区域，以商店为核心，向四周扩散，构成一定的辐射范围，从而形成商圈。零售商圈大小直接意味着市场覆盖面的大小。商圈的大小可以用雷利法则和赫夫法则计算。

（3）流通能力可以用流通能力和货款支付率来评价。

流通能力是指在单位时间内经由某一渠道从生产者转移到目标顾客的平均产品数量。其计算公式为：

流通能力=实际流通量/渠道的实际流通能力

货款支付率是指一个渠道成员的应付款与平均采购额之比。此指标用来评价渠道成员能否快速支付货款。其计算公式为：

货款支付率=应付货款/平均采购额

企业在进行渠道运营状况评估时，必须综合考虑三类影响要素，这样才能保证评价结果符合实际。

渠道运营生命力的评价指标

从渠道运营是否健康的角度，可以从五个方面、十个指标进行渠道生命力的评估和判断。

1. 有效的组织管理

有两个因素决定，即人员素质和能力，可控渠道销售情况。

指标：①业务熟练人员和高学历者的比例。如从事渠道工作×年以上且学历为本科以上人员比例，比例越高表明组织的人员素质和能力越强。②可控渠道销售额占总销售总额的比例。如对大众消费品市场来讲，终端零售商是最重要的销售网络资源，比例越高，表明渠道销售能力越强。

2. 完善的客户档案

客户档案包括最终用户、终端、各级经销商三类档案。

指标：③客户档案数量占同类客户总量的比例。比例越高，表明市场开发深度越深。④用户档案数量占用户总量的比例。比例越高，表明工作越细。

3. 有序的铺货管理

为了降低铺货风险，根据客户档案对客户进行信用等级评估，根据评估的不同信用等级，决定是否铺货以及铺货数量。客户信用等级参照前述级别划分。

指标：⑤综合评估 AAA 级客户占全部客户的比例。该指标反映了客户质量。

4. 直接的沟通管理

渠道业绩一是取决于政策，二是取决于培训和沟通。

指标：⑥参加培训的客户数量占客户总数的比例。⑦接受公司 VI 的客户数量占客户总数的比例。⑧参加公司活动的客户数量占客户总数的比例。

5. 持续的促销活动

通过采取有效的促销活动，极大地促进客户销售。促销拉动效果越好，越有利于销售网络的健康发展。

指标：⑨促销活动持续天数占全年 365 天的比例。⑩万元促销费用实现的销售额。

第44课

渠道绩效的财务评估及可量化指标

本课核心知识要点：

1. 渠道绩效的财务评价
2. 渠道评价常用的财务指标

“对渠道进行绩效的评估，就犹如中医给患者看病，通过‘望闻问切’对渠道的运营状态作出判断，辨证施治，对症下药。”包教授讲道，“渠道不是一成不变的，是动态发展的过程。这就要求我们必须设定预警机制，作好日常管理监控，这样才可以让渠道健康成长和发展。”

马亮说：“我们企业目前为了日常监控渠道状况，采取了几个措施，一是建立了渠道信息系统，全部信息上网，并开发了手机客户端，可以实时对接；二是渠道成员开通了会员服务，可以通过网络进行互动，定期向渠道成员征询意见，观察渠道成员有没有什么意见、新看法、抱怨等信息；三是每月对渠道状况和重要指标进行数据通报，业务人员与经销商的互动情况统计通报，对问题进行督导落实。”

“越来越专业了。”包教授肯定地说，“移动互联网使人与人、群等之间的信息交流更扁平、更直接，提高了企业与客户沟通的效率。如今信息爆炸时代不同于以前，我们不再为找不到信息发愁，而是为漏掉重要信息、信息的真假难甄别发愁。因此建议你们设定‘渠道预警信号’，按照企业的特点，将影响渠道运营重大问题作为预警内容。”

“都有哪些可以作为预警信号？”大家问。

包教授答道："如国家或地方政策的重大调整和改变、客户的不满意投诉、渠道成员变动、渠道成员股东或管理层变动、恶意窜货、渠道成员信用恶化、业务人员离职、销售额突增突减、行业重大事件、财务指标的不合理变动等。"

财务经理说道："财务数据虽然置后，但是可以最准确地反映出渠道运行是否正常，今后我将会最快地向你们渠道部门通报财务数据。"

"可你提供的数据我们根本看不懂。"财务经理的话音还没落，渠道部的人员就提出了他们的问题。

包教授示意大家不要争论，说道："今天我们就来看看企业在渠道绩效评价中有哪些财务指标，怎样才能让大家看懂。"

渠道绩效的财务评价

财务状况是渠道健康与否的重要评价指标之一，也关系到渠道的未来发展态势。渠道是否实现了盈利，盈利幅度如何，盈利模式是否健康等一系列问题，都需要结合具体的财务状况来作出判断评价。

渠道的财务状况分析，主要分为三个层面：一是企业自身财务状况；二是经销商的财务状况；三是渠道整体财务状况。特别是经销商的财务状况，是渠道财务分析的重点和难点。

渠道绩效的财务评价方式有五种（如图 5－10）。

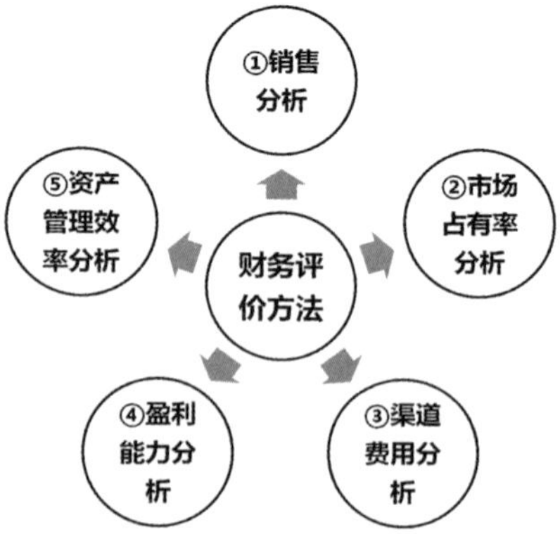

图 5－10　SMOP 工具 50——渠道绩效评估的财务评价方法

1. 销售分析

主要评价渠道销售计划与目标的实现情况。一般通过计划目标与实际销售水平进行比较来分析，包括：①微观销售分析，主要分析特定产品、特定市场的销售额与计划目标的差异，判断产品或地区销售完成情况；②销售差异分析。

2. 市场占有率分析

衡量市场占有率的方法一般有三个，包括：①全部市场占有率指企业的市场销售额占行业销售额的百分比，通过市场占有率评价，一般可把企业分为领导者、挑战者、追随者和利基者四类；②目标市场占有率指企业目标市场的销售额占企业目标市场总销售额的百分比；③相对市场占有率指企业的市场占有率与主要竞争者市场占有率之间的比率。

3. 渠道费用分析

渠道费用一般包括仓储费（租金、维护费、折旧、存货成本等）、运输费、包装费、人工费（直销员、流通企业的服务人员、销售服务人员等的工资、奖金、差旅费、培训费等）、促销费（广告费、营业推广费、营销策划费等）、其他费用等。可以通过渠道销售费用率、渠道费用升降程度或速度、渠道费用节约或超支额来分析。

4. 盈利能力分析

可以通过销售利润率、费用利润率、资产利润率来分析。其中销售利润率指税后利润与商品销售收入的对比；费用利润率指当期利润总额与当期渠道费用的比较。销售费用率、销售利润率与费用利润率之间存在如下关系：销售利润率 = 费用利润率 × 销售费用率。资产利润率指企业实现的总利润占全部资产的比例，它反映投资者的效益评价观。

5. 资产管理效率分析

资产管理效率一般用资金周转率评价。资金周转率也叫资金周转速度，指产品销售收入与资产占用总额的比较。

对于各项财务状况的评价，不能只关注绝对值，因为渠道在发展，环境在变化，结合相对比较法往往能更加客观地反应渠道的现状。

最常用的比较法有历史比较、区域比较、竞争比较，实践中应用最多的有：①前同比，当期绩效与历史同期绩效相比；②环比，当月、季度绩效与上月、季绩效比较；③趋势图，当期绩效与之前绩效的比较，以折线图、曲线图、直方图表现会更直观；④均值比，当期绩效与均值的比较。

渠道评价常用财务指标

渠道财务评价自然涉及财务指标，销售额、成本只是最表面化、最初级的财务指标，想要正确评价渠道财务状况，企业还需要关注一些高级指标（如图 5－11）。

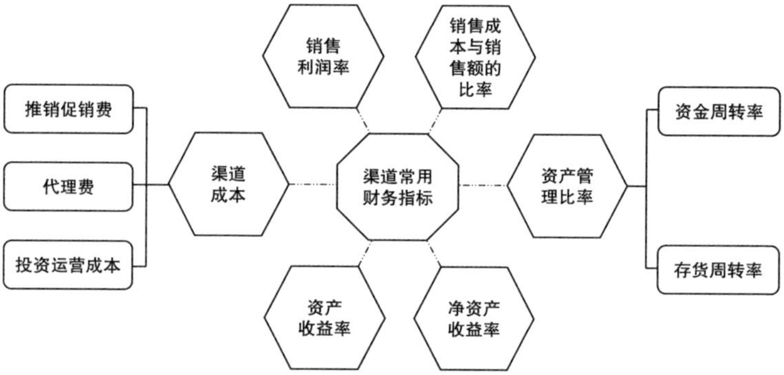

图 5－11　SMOP 工具 51——渠道绩效评估常用的财务指标

1. 渠道成本＝推销费＋促销费＋代理费＋投资运营成本

渠道成本是渠道利润的直接影响因素之一。投资运营成本属于固定成本，一般只根据渠道规模变动；代理费是支付给代理商的固定比例佣金，采用代理制的渠道会涉及该成本；推销促销费是可变成本，根据销售目标和经销商销售能力的不同会有较大幅度的变动。

2. 销售利润率＝当期利润÷当期销售收入×100%

销售利润率体现着渠道的盈利能力。对于渠道成员来说，销售利润率的高低影响着他们的积极性；而对于企业来说，销售利润率的高低则影响着再生产和持续发展能力。

3. 资产收益率 = 税后息前利润 ÷ 资产平均总额 ×100%

资产收益率是指企业所收获的渠道总利润与企业自身全部资产的比值，资产收益率越高，代表企业的资产利用率和转化能力越高。

4. 净资产收益率 = 税后利润 ÷ 净资产平均余额 ×100%

净资产是企业总资产减去总负债后的净值，对于一些资金、资源密集型企业，净资产收益率更能真实地反映其资产转化能力。

5. 资产管理比率

资产管理比率主要包含两项内容，资金周转率和存货周转率。

资金周转率 = 产品销售收入净额 ÷ 资产平均占用额 ×100%

资金周转率主要用于衡量企业的投资利用率，资金周转率越高，说明企业的渠道投资效率越高。

存货周转率 = 产品销售成本 ÷ 存货平均余额 ×100%

存货周转率代表着固定时期内存货的周转次数，体现了存货流动性的高低。存货周转率越高，代表库存水准越低，库存成本越低。

6. 销售成本与销售额比率 = 当期渠道成本 ÷ 当期销售总额 ×100%

该指标主要是用于衡量企业的渠道运作效率。指标比率越高，表明渠道运作的成本依赖性越大，效率越低；该指标比率越低，表明渠道运作的成本依赖性越小，效率越高。

以上六项指标，是渠道评估工作中最为常用的财务指标，每个企业及其渠道经理，都应当理解这些指标的内涵、计算方式及其对渠道评估的作用。

本章小结

本章论述了渠道绩效管理的内容、方法，渠道价值评估以及评价的指标等。突出了精选的方法和指标。核心内容包括以下：

1. 渠道绩效评估遵循严格的流程，要确定评估对象、选择评估内容、应用评估方法、分析后进行调整；在整体的绩效评估中要求讲求3E原则，即效果、公平和效率；对管理组织、运营状况、服务质量、经济效果进行评估；不同情况采用不同的评估办法。

2. 客户满意度评价指数模型从客户期望、感知质量、感知价值、总体客户满意度、客户抱怨、客户忠诚六个方面进行描述，该模型可以考察客户满意度，同时可以针对客户满意度提出改善措施。

3. 渠道的价值不能等同于渠道销售业绩和利润，应该从有效性、经济性、持续性、增值性四个方面进行评价，评价经销商的指标可以分为三级，每一个指标代表了一个价值，渠道价值评价的方法有三种方法，即重置成本法、现行市价法、收益现值法。

4. 渠道运营状况指标包括三个方面十二个指标，通过四个步骤实现KPI评价。渠道运营生命力可以从五个方面十个指标进行评价。

5. 渠道绩效评估的财务评价方法包括销售分析、市场占有率分析、渠道费用分析、盈利能力分析、资产管理效率分析等，常见的财务指标有销售利润率、销售成本与销售额比例、资产管理比例、资产收益率、净资产收益率、渠道成本等。

6 Chapter

志卓远：做最好的渠道经理

一位卓越的渠道经理，既要胸怀大志，又要有雄才大略，这样才能在未来的渠道竞争中立足。渠道经理能力提升的前提是作好规划，需要从哪些层面提高，需要怎样提高，这是每一位志向远大的渠道经理都必须了解和掌握的知识。

第45课

渠道经理自身素质要求和能力模型

本课核心知识要点：

1. 渠道经理的素质能力要求
2. 渠道经理能力发展的三个台阶

"怎样才可以成为最优秀的渠道经理?"马亮再次造访包教授家后问道。

"为什么问这个问题?"包教授反问道。

"要做，就做最好，一直是我对自己的要求。"马亮端正了一下坐姿，郑重地说："非常感谢您的指导，您为我点亮职场发展道路上的一盏明灯。通过这个阶段的学习，我已经初步掌握了渠道管理的知识，而且灵活地运用到实际工作中，在一边学习一边应用的过程中，我受到了公司内外前所未有的好评；渠道部门也从光杆司令发展到现在有几十人的渠道队伍。"

"然而，面对工作中不断出现的新挑战和日益庞大的渠道队伍，我倍感压力，只有做最好的渠道经理，才能与未来的工作和团队的要求相匹配。"马亮双手一抱拳，开玩笑地说道，"请包教授指点迷津!"

包教授没有直接回答马亮的问题，而是问道："我早晨在朋友圈里分享的两则文章你看了吗?"

"学习了。"马亮回答，"一则讲的是企业中有几种人不能用：一是道德品质存在缺陷之人不能用，二是不懂得感恩之人不能用，三是固步自封之人不能用，四是接受和领悟能力差的人不能用，五是没有忠诚度的人不能用。另一则是巴菲特的观点，永远与最靠谱的人并肩合作，一个靠谱的人，往往更容易得到信赖和尊重。”

“这两则文章是从正反两个方向论述了同一个问题，即什么样的人能够成为最好的企业员工。”包教授娓娓道来，“诚信、感恩、忠诚、靠谱……，指的都是一个人的基础素质修养和基本能力。”

“渠道经理是一个专业性极强的职位，从职业规划中需要专门的能力和素质。你可以按照标准对照着不断完善，不断提高，不用扬鞭自奋蹄，只要坚持加努力，你一定会成为最好的渠道经理。”包教授一字一字地说。

马亮再一次被包教授的话震撼了，他深知，这是一种营养的输入，一种信念的传递，不怕做不到，就怕想不到。“坚持 + 努力，做最做好的渠道经理。”

渠道经理的素质能力要求

从合格到优秀，从优秀到卓越，渠道经理都会经过这样的一个历练过程。在此过程中，具备良好的综合素质和能力是基础，全面发展注定了渠道经理的成功。

从职业规划的角度，可以从两个角度来对渠道经理的素质能力进行判断，即基础胜任能力和专业胜任能力（如图 6 - 1）。

图 6 - 1　SMOP 工具 52——渠道经理素质能力模型

1. 基础胜任能力

基础胜任能力是指基本工作素养，泛指一些普遍性的性格、思考方式、行为习惯等。立足于渠道经理的工作特征，需要具备以下三种基础能力（如表6－1）。

表6－1 渠道经理基础胜任能力的具体表现

沟通表达能力	逻辑分析能力	协调推进能力
1. 喜欢与他人沟通，即使面对不熟悉的场合或相当多的听众时，仍不畏惧当众沟通的场面，并表现出足够的自信。 2. 耐心倾听他人/客户的需求，积极了解其他部门/客户公司业务流程的操作以及操作过程中的问题。 3. 记录、复述并确认自己与他人/客户沟通的重要信息。 4. 善于运用书面表达方式，为他人/客户提供观点明确、思路清晰、简捷的呈现材料，如产品/方案介绍材料和专业文件等。 5. 作为公司代表，能够用口头陈述和肢体语言准确地向他人/客户传递自己的意向及意向产生的背景和原因。 6. 在双方意见不统一时，虚心听取他人的观点及其产生的原因，积极寻求达成一致。 7. 耐心听取代理商的质询和投诉，并及时作出判断，给出反馈意见和处理方案。 8. 在回答他人/客户提出的问题时能够明确说明前后的因果关系。	1. 从客户支离、零散的信息中总结整理出客户真正和可能的潜在需求。 2. 从多角度思考问题，能在不同事件中找到相关的联系或是确定没有关联性。 3. 能够将现行的业务步骤流程化，发现问题时，能快速找到关键节点和突破口。 4. 学会“用数据说话”，善于用与本岗位相关的关键绩效指标（如销量、销售额、回款率等）解释问题，并注意以文档形式进行历史数据积累。 5. 遇到问题，不是一味蛮干，而是独立或与其他成员仔细寻找问题的根源，再解决问题。 6. 在遇到问题时，能参考（自己的或他人的）以前的工作经验，加以分析后应用。	1. 根据本部门/本人业绩目标，制订日、周、月工作计划来实施具体的工作目标。 2. 在处理多重任务时，能分清主次，有效利用自己和他人的时间。 3. 对已明确承诺的内、外部客户需求和工作目标能积极寻找、协调内、外部资源予以落实，并将落实结果及时向相关客户通报。 4. 对于已达成一致的沟通或协议，列出时间推进表，有计划地监控客户方或公司内部协同部门落实，并对未达成一致的沟通结果，按“公司沟通四步骤”及时反馈公司内相关部门/人员协商解决办法，同时将结果再次与客户通报。 5. 作工作规划时，考虑一种（以上）备用方案。 6. 根据已找到的关键绩效指标（KPI 指标）制订出相应的实施推进计划和提高完善措施。

（1）沟通表达能力。作为一个管理者，进行高效沟通是工作成果的重要保障。渠道经理面临的沟通环境更加复杂，不仅要进行企业内部团队沟通，还要同外部的经销商或代理商，甚至是终端客户进行沟通。而这些不同类型的沟通对象在产品知识、关注点等层面都有很大的不同，这就更加大了沟通的难度。

渠道经理不仅要善于沟通，还要乐于沟通，无论身处何种场合，面临何种环境，都不能怯场，要时刻表现出足够的自信。相比内部沟通，渠道经理对外部沟通更要有足够的重视，要耐心听取外部成员及客户的意见建议。

丰富沟通形式，口头沟通与书面沟通相结合，正式沟通与非正式沟通相结合。意见不统一时要寻找利益切合点，推进谈话进行。

（2）逻辑分析能力。渠道管理中涉及了大量的信息数据，包括市场信息、企业内部信息、经销商信息、客户信息等。渠道经理需要对信息进行整合分析，寻找关联性，从而对管理工作作出指导。

渠道经理不能只把自己投入到支离破碎的“数据海洋”中，而是要学会多角度看待、思考问题。学会“用数据说话”，能迅速评估各项数据是否正常，以及其对渠道整体的影响。遇到问题不要一味蛮干，立足全局看问题，借助过往经验解决问题，往往能够避免许多冲突和无用功。

（3）协调推进能力。渠道成员之间，既有利益的统一，也有利益的对立，如何化解渠道成员间的利益冲突，引导全体成员向着全局目标前进，是渠道经理工作落实的一项重要素质。

渠道经理在安排日常工作时，要做到既有计划又有变化。根据业绩要求和成员能力派发任务的同时，对于一些突发的紧急任务也要有余力地快速响应。对于客户的承诺必须要优先落实，如有必要可充分利用企业内外部资源。要能够根据关键绩效指标制定相应的推进计划，并不断完善措施。

2. 专业胜任能力

专业胜任能力是指特定岗位必须具备的专业知识及技能，对于渠道经理这一职位来说，必须熟练掌握以下五种专业能力。

（1）市场信息分析。市场信息是渠道管理的大环境，包括区域内的竞争对手、市场容量、当前市场格局、消费水平、当地政策等，这些都需要渠道经理进行调查了解。研究市场的历史信息及其变动情况，以此来分析产品成长规律。在新产品投入市场或是渠道优化之后，也要动态考察市场信息变动，以评估渠道运作成果。

（2）产品技术知识。对产品和技术掌握的多少，决定了渠道运营的深度和广度。不懂产品和技术只凭人脉做渠道的时代已经过去。渠道经理要对企业的产品和技术状况，如特性、功能、优势、劣势、用户定位、竞争比较、国内外的趋势、最新的进展等有充分了解，才可以不断地丰富渠道营销。另外，渠道经理还需要对企业产品线有清晰的认识，判断企业的产品延伸潜力。

（3）渠道规划建设。渠道经理需要了解企业的渠道运作模式，理解企业的渠道建设和发展要求，从而对渠道建设作出整体规划。要掌握不同产品、不同阶段和不同环境下的渠道运作模式优劣，从而根据实际状况调整渠道。对渠道状况要了如指掌，随时发现问题，及时予以优化。

（4）渠道管理支持。渠道经理要熟悉企业规章和业务流程，熟知企业渠道政策以及行业内的主流政策，能够进行渠道政策的谈判协调工作。要了解主要经销商或代理商的运作目标和业务流程，给予其相应的支持，帮助其快速成长。

（5）营销策划实施。渠道促销是扩大渠道销量，提振渠道成员积极性的重要方法。渠道经理要了解区域内渠道竞争状况，判断是否要进行营销；要了解区域内营销资源，判断用何种方式营销；要对营销活动全程追踪，在执行中指导并在结束后总结反馈。

渠道经理能力发展的三个台阶

根据渠道经理综合素质能力的表现，可以将渠道经理能力发展由低到高划分为三个台阶（如图6－2）。

第一台阶：能够快速获得渠道经理工作所需的基本知识技能，具备最基本的胜任力，愿意积极学习专业知识及经验，与经销商沟通效果良好。

第二台阶：具备独立完成渠道经理工作所需的知识技能，能够为各级客户提供专业支持，为内部团队提供有效的支持指导，为经销商提供增长和发展的机会。主动跟踪本行业的发展动态，熟练掌握相关知识，能够独立或与经销商共同完成合作项目。

第三台阶：具备深度与广度相结合的专业知识技能，具备创新思想及方法，作为资源为客户经理提供有效的指导，为经销商提供业务增长的机会；且能够从战略层面制定渠道管理方案，推动渠道覆盖区域的专业水平发展，渠道整体专业水准为同行所认可。

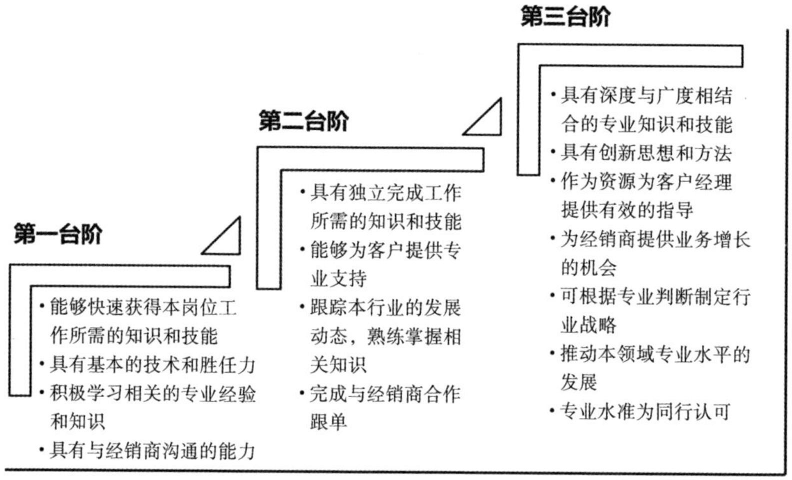

图6－2 SMOP 工具53——渠道经理能力发展的三个台阶

企业应当根据三个台阶的要求制定出渠道经理的素质能力评级指标，把每一个专业能力都划分为三级，以便于指导渠道经理工作实际。渠道经理也可以定期对照标准进行自我审视，找准自己的当前位置，再根据级别要求进行针对性的学习提高，以成为更出色的渠道经理（如表6－2、表6－3、表6－4、表6－5、表6－6）。

表 6－2　渠道经理专业胜任能力的分级——市场信息分析

能力	1 级	2 级	3 级
市场信息分析	1. 了解进行市场分析所需信息的种类和来源/获取途径（如渠道代理、终端用户、竞争对手等） 2. 利用有效资源掌握相关产品区域特点（如竞争对手、市场容量、市场占有率、消费水平、当地行业政策等） 3. 对相关产品的销售数据（如销量，代理库存等）进行收集、分类和跟踪 4. 了解终端用户的完整信息 5. 积极主动将获取的市场信息进行整合和初步分析后汇报给上级和相关部门	1. 研究相关历史数据，分析相关产品成长规律（如产品销售、市场份额、患者等变化） 2. 跟踪了解辖区内所负责产品的市场趋势和动态，对其进行清楚、准确的记录、归档 3. 利用收集到的信息，预测市场的近期前景，作好渠道调整准备 4. 了解竞争对手的状况 5. 多种途径了解本辖区内的其他品牌或相关产品的代理渠道的情况，包括渠道类型、特点、分布及合作稳定性 6. 积极参与行业交流活动，及时掌握最新的行业动态 7. 对辖区内异常现象（如渠道忠诚度）和市场秩序等方面的问题能及时判断，采取行动，减少可能损失	1. 充分掌握辖区内渠道、产品、市场等信息资源，了解相关产品的历史和现行市场情况，有意识建立所辖区域的情报信息体系 2. 利用相关数据，分析产品的市场发展趋势，不仅发现渠道当前存在的问题，还能够预见潜在的危机 3. 能够对代理和终端用户作进一步的市场细分，分析不同用户的具体需求 4. 通过获得的竞争对手情况，分析其市场策略对产品的影响，区分公司与竞争对手的差别，提出短期应对策略的建议，及时沟通 5. 总结辖区市场问题，协同相关部门制定或修改规划或政策 6. 将市场分析方面的经验主动总结/传授给其他同事

表6－3 渠道经理专业胜任能力的分级——产品技术知识

能力	1级	2级	3级
产品技术知识	1. 熟悉公司所销售产品的专业知识，并能向渠道代理和终端用户进行讲解和呈现 2. 熟悉掌握公司相关产品的状况，包括疗效、用法用量、价格，目标医生、目标医院、中标情况 3. 能清楚、如实地回答所负责的产品使用方面的基本问题 4. 熟悉渠道管理的基本知识，掌握回款、流向管理、统计分析等手段和方法	1. 熟悉公司所有产品线情况，并能够探询客户需求，采用易于接受的方式进行推介 2. 了解竞争对手同类产品的特点，针对性地向客户进行比较性的介绍 3. 了解公司的商务政策，善于激励经销商工作 4. 能够帮助经销商解决销售过程中的问题 5. 能够针对代理商的销售人员组织开展产品技术培训	1. 了解新产品的进入，关注新产品应用趋势，将其很好地应用到渠道销售业务中 2. 除了本公司的产品外，同类产品的渠道情况 3. 能够与公司内部生产/研发/渠道代理/终端客户进行技术沟通 4. 能够在渠道销售过程中发现公司产品在功能上和客户需求定位等方面的问题，并及时向相关部门反映 5. 能够对渠道代理提出多线产品的代理组合建议 6. 能够对公司产品规划和定位等决策提出有效的建议

表 6－4　渠道经理专业胜任能力的分级——渠道规划建设

能力	1 级	2 级	3 级
渠道规划建设	1. 了解公司代理分销运作模式总体情况（如历史、发展阶段、现状和未来） 2. 理解公司不同产品整体渠道建设发展的指导思想和在辖区内渠道的整体规划和各自销售指标（如销量、销售额等） 3. 了解代理识别、选择、评估标准，如资金信誉情况，经营水平，市场经验等 4. 了解经销商优势/不足以及对产品业绩的期望 5. 拜访新的代理渠道，获得业务开拓的准备 6. 了解产品对代理商的经营效益产生的影响	1. 对不同产品、不同阶段和不同市场环境下，分销和直销运作模式能进行优劣比较 2. 积极研究已建立的和新接触的代理渠道的资信及经营信息，特别注重数据分析，从而对选择良好的代理渠道提出建议，且建议经常被采纳 3. 通过各种方式（客户拜访、市场调研、销售数据和客户需求分析等）寻求潜在业务机会 4. 积极与销售、市场部门沟通，共同分析相关数据，以保证产品销售预测的准确性 5. 评估渠道代理结构的有效性及发展潜力 6. 清楚知道竞争对手的代理 7. 对渠道规划建设的 KPI 考核指标，提出建议	1. 对渠道状况了如指掌，选择明确的目标渠道进行业务拓展 2. 对建立良好代理渠道结构（地域、多线产品组合等）有鲜明见解和良好预测 3. 能够针对既定的年度目标及发展方向，制定辖区渠道拓展的整体规划，合理渠道布局 4. 制定可行渠道代理年度发展计划和实施推进时间表 5. 对目标医院和终端的特点、发展和变化很了解，参与年度销售预测的决策，并能够将辖区总体销售指标进行分解 6. 全面渠道代理的经营状况及其他市场动态信息，提前发出预警帮助联想规避经营风险 7. 总结渠道规划经验，以培训、讲座等形式作知识转移，协助其他员工的发展

表6－5 渠道经理专业胜任能力的分级——渠道管理支持

能力	1级	2级	3级
渠道管理支持	1. 熟悉公司商务流程，管理规章和相关业务流程 2. 了解现行商务政策，包括价格、回款、奖励政策等 3. 及时与代理渠道沟通统计好的数据和报表，得到代理的确认 4. 向新老代理渠道沟通公司销售流程，尤其在流程内容有所变化时 5. 熟练掌握代理协议，熟知其中的计算方法 6. 了解代理渠道的资料 7. 能按时、按质完成销售数据的收集和统计，并按时、按质整理和更新代理商档案信息 8. 收集分销体系常见问题并将其整理、分类后反馈给相关人员 9. 主动向代理商介绍、解释代理政策，以避免被动质询，积极介绍新产品或相关的政策	1. 熟悉代理商公司内部的运作和经营特点，分析其潜在的、发展的需求 2. 通过各种方法，帮助辖区内的代理商提高销售业绩，实现其业务发展 3. 与渠道代理共同合作，获取更多终端用户信息 4. 在不影响公司利益的前提下，有效平衡同辖区内不同代理商之间的利益，维持区域内良好的市场秩序 5. 熟悉政策和商务流程，并能有效地运用不同方式（销售数据，市场反馈，产品/服务竞争性等）向终端客户/代理商提供产品推广和促销的的增值点 6. 严格遵守公司的销售政策、价格政策等，对待任何代理商都以公司的政策为指导原则	1. 利用、整合内外资源、协助代理商进行销售 2. 制定/调整业务流程监控代理商的业绩表现，并及时调整相应的销售计划 3. 掌握渠道中组织、人事、策略、经济状况等变更信息，提出应对策略，预防并规避变化对目标的影响 4. 总结、分析终端用户/竞争对手数据信息，提出销售和市场推广模式的建议 5. 对代理商的业务运作目标和面临的挑战深刻了解，帮助代理商找出业务流程的瓶颈 6. 根据市场状况，帮助代理商分析和预测市场前景，共同制定合理的市场应对策略和辖区营销计划

表 6－6　渠道经理专业胜任能力的分级——营销策划实施

能力	1 级	2 级	3 级
营销策划实施	1. 了解辖区内相关产品的客户行为、竞争情况等市场信息，并进行持续的销售数据跟踪 2. 了解公司/辖区内所具有的市场营销资源，如大型产品/市场推广活动、渠道代理奖励、终端用户促销、媒体广告等 3. 根据公司/辖区内的当期市场营销活动方案和详细实施计划安排，组织协调渠道代理的参与和呼应配合 4. 能够结合辖区特点，提出辖区内营销计划建议	1. 能够结合辖区内相关产品的竞争情况和销售等市场信息，写出辖区内市场分析报告 2. 了解公司整体市场推广在辖区内的当期计划和投入，从而协助代理商作好渠道准备 3. 能够写出辖区内渠道营销策划案，包括目的、达成目标、采取何种手段、费用预算等 4. 组织区域内的各类商业会议，促进销售 5. 通过销售数据跟踪、地理上反馈等市场信息，分析辖区内的市场营销活动的效果是否有效达成目标	1. 结合辖区的渠道结构和市场竞争等情况，提出渠道改进措施和方法 2. 积极与相关部门沟通，积极争取协调各方资源，组织实施组合营销策略 3. 对当期组合营销方案实施效果进行分析评估，并能够明确指出哪一种营销手段/活动效果更好 4. 学习市场营销方面知识，并与自身的销售管理经验相结合，提高自身的综合管理经验 5. 建立良好的政府关系体系和关系网络，各个政府事物项目落实到位

第46课

持续提升拜访质量和商务谈判技巧

本课核心知识要点：

1. 渠道经理拜访质量的提升
2. 渠道经理商务谈判技巧提升

“要成为一名合格的渠道经理，居然有如此多的素质能力要求，我现在有些怀疑自己了……”听了包教授刚讲完的一课，马亮有些头脑发懵。

“你要有自信，”包教授鼓励道，“就我看来，你的性格和头脑还是很适合做渠道经理的，至于专业知识技能，只要足够勤奋，是可以不断学习积累的。”

“多谢包教授夸奖。请问您能提供一些快速提升能力的好方法吗？”

“渠道经理的能力提升是个漫长的过程，几乎没有捷径。接下来我筛选出四项渠道经理常用能力，让你能学以致用。第一项就是拜访和商务谈判技巧。”

渠道经理拜访质量提升

俗话说，“没有拜访就没有销售”。拜访客户、与客户进行面对面的商谈是渠道经理的重要工作之一。渠道经理的拜访对象主要是大经销商或总代理商以及一些采购量较大的企业客户。

客户拜访，勤能补拙。打铁还需自身硬，渠道经理应该从四个方面提升。

“铜头”：渠道经理需要拜访的对象，往往是实力强、经验丰富的“硬骨头”，所以必须具备敢于碰壁的精神，遭遇挫折不退缩，再次进行挑战。

“铁嘴”：渠道经理要能说更要会说，每句话都要说到重点上，这样既不会引起客户反感，也能让对方觉得你有水平。

“橡皮肚子”：渠道经理必须具备极强的自我调控能力，不管对方的态度如何，始终都能保持不卑不亢的态度，这样才能不被对方所压制。

“飞毛腿”：客户反映问题，渠道经理需要采用第一时间的原则，迅速赶到现场处理；客户没有反映问题，渠道经理也需要定期进行回访。

同时，渠道经理要对拜访流程作出合理安排，分为拜访前、拜访中和拜访后三个阶段；做到“三准备、三必谈、三必到”，这样才能实现整体拜访效率最优化（如图6－3）。

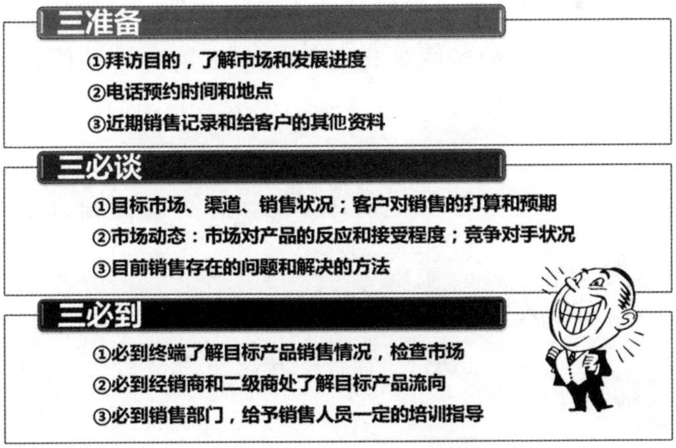

图6－3　SMOP 工具 54——渠道经理客户拜访的原则

拜访之前，渠道经理需要作好充分的准备，包括对象客户的性格、喜好、规模实力、与本企业的关系、提出的问题及要求应对等；拜访过程中，掌控好谈话的节奏和重点，既要有寒暄，又要快速地将拜访的重点内容讲清楚；拜访结束后，不管拜访的成果如何，客户是否满意，都要表达谢意，这样才有利于将来的合作。

以上的客户拜访理念和注意事项，渠道经理不仅要自己贯彻，同时需要传达至每一位团队销售人员，形成良好的拜访工作作风。

渠道经理商务谈判技巧提升

谈判是一场话术和智慧的交锋，同样也是一场信息的交锋。一位谈判高手需要长期的磨练，只有掌握了信息优势，才能在谈判中占得先机。

商务谈判是签订合同或订单前的重要准备过程，渠道经理面临的往往是大合同、大订单，所开展的商务谈判也更加正规，环境更加复杂。能否通过商务谈判实现企业渠道利益最大化，是优秀渠道经理的一项重要评判标准。商务谈判也是参与双方对某些重大问题的一种沟通方式。只有良好的沟通，才能为他人所理解；只有良好的沟通，才能得到必要的信息；只有良好的沟通，才能获得客户的信任和鼎力相助。谈判的终极目标是实现共赢。

一场正规的商务谈判通常会包括以下六个步骤：一是谈判准备；二是制定战略；三是谈判开局；四是相互谅解；五是讨价还价；六是达成协议。渠道经理在谈判之前，需要对谈判的内容及相关问题作出充分的准备和理解，同时评估企业自身和谈判对象的优劣势并进行比对。在谈判的过程中，要迅速掌握谈判对手的性格、谈判特点等信息，并作出恰当的应对。对于自己的立场和原则，一定要贯彻到底，在任何状况下都要处变不惊，不能表现出明显的动摇或犹豫。在协商过程中应细心捕捉有利信号，预测对方的底线。谈判中可以让步，但绝不能暴露自己的底线，即便谈判达成了亦是如此。商务谈判虽然说的是“谈”，其实过程中“听”的作用更为强大（如图 6 –4）。

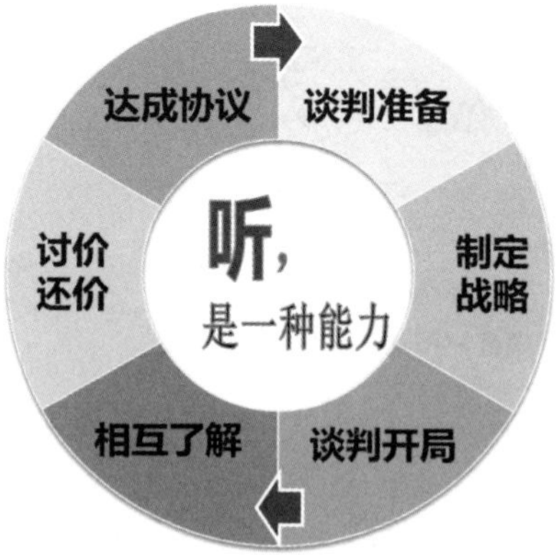

图 6 –4　SMOP 工具 55——商务谈判的过程

由此可见，谈判就是一场谈判双方

的利益博弈。由于谈判双方的实力不同，商务谈判会呈现出完全不同的展开方式。从博弈的角度，谈判可以分为四种（如图6－5）。

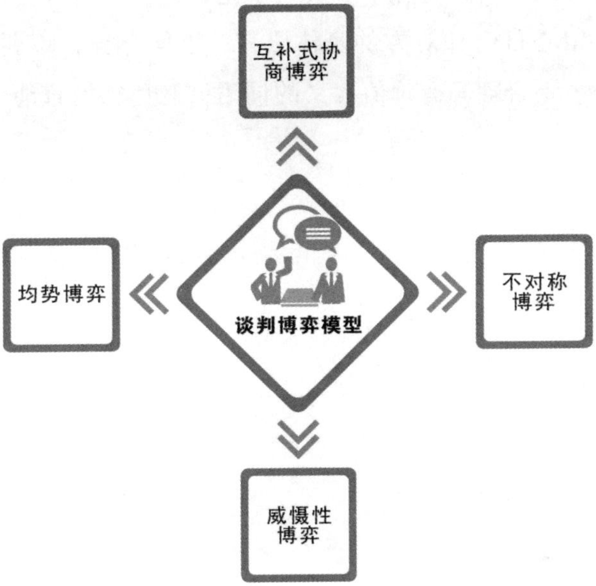

图6－5　SMOP 工具56——商务谈判博弈模型

互补式协商博弈：这是一种最为理想的商务谈判类型，谈判双方的利益点恰好能完成互补或是不相冲突，因此能快速地达成一致。

均势博弈：谈判双方势均力敌，或是对利益点互不相让，一旦谈判条件不统一，很容易陷入僵局，需要双方同时让步才能使谈判取得进展。

不对称博弈：谈判双方的实力、信息、关注点不对称，这种情况很容易使谈判内容走偏，让谈判的重点问题得不到良好的解决，需要谈判双方进行有效沟通。

威慑性博弈：谈判的其中一方处于绝对的强势地位，谈判条件过于苛刻的话也很容易使谈判不欢而散，所以需要明确自己的底线，预估对方的底线。

从四种谈判类型看，谈判达成的实质就是双方利益点达成一致，知己知彼是谈判中最重要的因素；同时渠道经理还要做到尊重和真诚，坦率有效地提问；认真倾听，少说多听；谈判前，制定一个明确、具体和现实的目标；不要对你的建议作太多解释，以免削弱分量；经常进行概述、小结；利用休会控制节奏；避免不必要的争论，作一些诠释性的、幽默的和积极的评论；留心自己和对方的身体语言；求同存异，不要总批评对方，不使用不公正、不合理等有价值含义的词语；避免感情宣泄、人身攻击或讥讽等。

第47课

打造有战斗力的渠道营销团队的方法

本课核心知识要点：

1. 渠道营销团队战斗力的标准
2. 内、外部营销团队的建设和协调
3. 企业内部资源的整合和利用

“你们渠道管理团队有多少人？是如何分工的？”包教授问道。

“目前30多人，参考销量、区域和产品线进行的人力规划。”马亮回答道。

“你认为你的团队有战斗力吗？”包教授追问道。

“当然。”马亮抢答到。

“你凭什么认为你的团队是有战斗力的？”包教授犀利地问道。

马亮听到包教授的反问后，一时有点头脑发懵。他心里明白有一支有战斗力的渠道团队对于企业有多么重要，但是自己并没有深深挖掘和研究渠道团队战斗力的具体表现，这就使自己和周围很多人工作中都会不自觉地陷入到一个误区——遇到问题一说都明白，可要做的时候，却找不到方向和方法的根本原因。

包教授看到马亮陷入思考状，引导性地说：“各个企业对渠道团队战斗力的理解常不一样，因此工作表现和工作结果也会大相径庭。标准的高度往往会决定工作的高度。”

“包教授，可以谈谈你对渠道团队战斗力的评价标准吗？”马亮问道。

“评价团队战斗力的标准有很多，结合这么多年的工作实际，我觉得从以下方面打造可以做到更快速、更直接。”包教授回答道。

渠道团队战斗力的标准

战斗力常被用于对团队工作状态进行评价。

企业制定自己企业的战斗力指标，要考虑企业发展规划、产品和产品线状况、销售规模、销售和产品的生命周期、资金状况、既往经验等。

建立良好的战斗力评价系统，不仅可对团队的工作状况进行评价，更重要的是可以建立起符合企业共识的标准和价值观，促进团队的建设、成长和成熟；结合实践，在渠道团队战斗力指标的构建中，可以参考：①是否有优秀的领军人物；②是否有高素质的员工；③是否有严格科学的业务规划；④是否有细化的业务管理体系；⑤是否有符合实际的操作流程；⑥对团队是否建立了激励性的业绩考核；⑦团队是否有良好的职业心态。如图 6－6。

图 6－6　SMOP 工具 57——渠道团队的 ZDL 指标体系

上述的七项指标是从人、管理、流程和心态几个方面总结的。企业不能片面地把战斗力归结为人的因素，而忽略了体系的建设，只有人和体系完美结合才会创造出更大的战斗力。

内、外部渠道团队的建设和协调

渠道团队从管理的角度可以划分为内部团队和外部团队。

内部团队指企业直接管理的渠道队伍，主要负责企业与经销商之间的对接，将企业产品推广至各级经销商，同时还要协同经销商共同开发当前市场。

内部营销团队的建设，可以参考企业常规营销团队的建设方法。首先，招聘每一位营销人员都要严格考察，不仅要具备良好的沟通能力、基础的营销知识技能，更重要的是要具备坚持不懈的热情和百折不挠的精神；其次，要注重营销团队的结构优化，促成团队成员的能力互补、性格互补，例如现阶段可以引入一些“90后”员工，虽然他们经验不足，但接受新事物能力强，更能适应网络化营销需求；最后，加强团队培训，无论成员能力高低、经验深浅，都要从基础培训做起，严格要求规范。

外部团队则由渠道成员组成，主要是各级经销商和终端网点。外部团队负责对接企业和终端客户，肩负着将产品最终推向市场的任务。

外部团队的建设，首先需要向全体渠道成员灌输正确的营销理念，提升其市场和客户开发的主动性，去寻找客户而不是坐等客户到来；其次，理顺营销层级，细化营销任务，让每一级经销商都有一个明确的、合理的销售目标；最后，制定激励政策，外部营销团队不同于内部营销团队，企业有时难以下达强制性命令，所以运用激励手段往往更能提升渠道成员的营销意识和营销成果。

内部和外部团队不是相互割裂的，他们同属于渠道团队这一整体，但是在管理方式上则有所区分（如图6－7）。

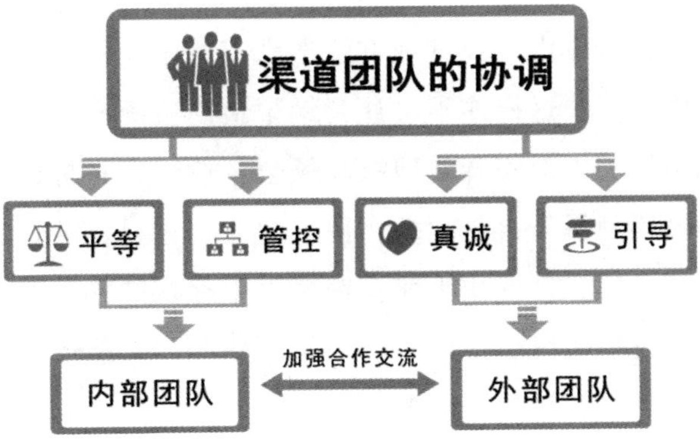

图6－7　SMOP 工具58——渠道团队的建设和协调模型

渠道经理要作好内部团队管理，关键在于保证平等性。渠道经理和内部团队之间要保证平等，渠道经理不能妄自菲薄，也不能盛气凌人，要经常换位思考，才能做到“己所不欲，勿施于人”；对于内部团队成员，要平等对待，无论是奖励还是处罚，都要严格按照制度进行，而不是看能力、看资历、看过去的贡献。

对于内部团队的日常行为，要加强管控。指标到个人，同时还要进行阶段性检查监督，不能只看最终结果而完全不管过程，这样不利于营销人员良好工作习惯的形成。还要加强对个人的营销行为管控，不能奉行“业绩达标就 OK”的思想，营销人员是否合规操作，是否低成本操作，同样是考察的重点。

渠道经理要作好外部营销团队管理，要维持真诚心。对各类渠道商以诚相待，可以解决或避免许多问题，不要为达成销售业绩就对渠道商进行虚假宣传，这样无法真正提高渠道营销能力。

对于外部团队的日常行为，要加强引导。渠道经理需要理清利益分配方式，让各级经销商都能获取合理的利益，这样外部团队才能长期维持且活力十足。特别是在当前环境下，线上渠道兴起并蓬勃发展，这为外部团队管理提出了新的要求，如何平衡线上与线下渠道的利益分配，是每一位渠道经理都需要考虑的。此外，要串联好不同类型的渠道网络，线上渠道与线下渠道加强配合，最终向着 O2O 模式转变，将其当作企业渠道营销建设的奋斗目标。

内外部团队在工作内容及管理方法上都有所不同，但是两个团队之间仍需要加强合作交流，这样才不会让营销渠道产生断档和脱节，才能更好地连接企业和市场。内部团队要理解和领会企业销售目标，并传达给经销商，同时协助经销商提升自身业绩，促成整体销售目标的达成。而经销商则要积极搜集市场信息，寻找当前营销渠道中存在的问题，快速反馈至内部团队，由企业分析研讨后提出相应对策。如此，才能形成一个具备高度整体性和协调性、具有战斗力的渠道团队。

企业内部资源的整合和利用

生产企业在整个渠道链条中处于核心的位置，不仅是因为他们负责统筹整个渠道的建设和运营，而且在实力上往往处于绝对的优势地位。经销商能否快速成长，渠道能否快速扩张，很大程度上要看企业的支持方向和力度。

企业内部往往具备着经销商所不具备的资源优势，资源优势具有强大的力量，通常包括有形资源和无形资源，这些都是团队建设和经销商“行军”过程中的宝贵“军粮”（如图6－8）。

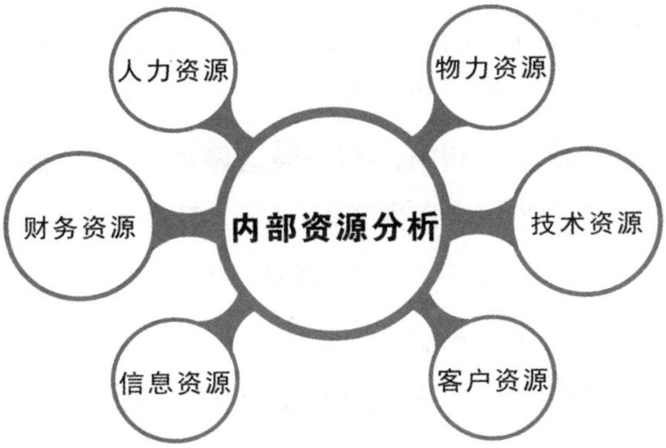

图6－8　企业内部资源的类别划分

企业内部资源主要分为以下六个模块：①人力资源不仅指用于执行具体任务的人员，也包括一些具备专业技术知识的专业人才；②物力资源即各类物资，如产品、赠品、宣传用品等；③财务资源即资金支持，包括直接的资金注入以及给予的赊销额度等；④技术资源指企业在产品、服务、销售等方面所能给予的专业知识支持；⑤信息资源包括市场信息、产品信息、渠道信息等；⑥客户资源指企业自主开发的一些重点客户，随着企业扩张可适当将一些客户资源交由经销商负责服务。

渠道经理在进行渠道建设或优化的支撑工作时，应当优先使用企业内部资源，当内部资源实在无法满足需求时再考虑调动外部资源。同外部资源相比，企业内部资源在应用上有许多优势，具体如下：

首先，成本低。外部资源通常情况下都会伴随着应用成本，比如资金，调动外部资金必然要支付较高的利息，而企业内部资金则可以免去这份支出。而且，企业内部资源是现成的，如果不充分利用反而是一种浪费。

其次，效率高。企业内部资源可以很快地搜寻、调取，这要比从外部进行搜索、考察的速度快许多。比如人力资源，从企业内部直接进行人员调配显然比临时从外部招聘人员速度更快。

最后，效果好。渠道经理对企业内部资源最为熟悉，应用起来自然得心应手，而对于外部资源则需要进行整合、分析，且未必能很好掌控。比如技术资源和信息资源等，运用企业内部的相关资源通常能很快掌握，且在运用过程中也能及时发现问题或不足。

企业内部资源的整合和利用，不是渠道经理一个人能够决定的，也不能是随意决定的，必须经过合理的资源规划，具体如下：

第一，资源比例全局调整。一家企业，特别是规模大、经营久的企业，其内部的资源配置往往不会100%合理，一些部门中往往会存在一些闲散资源或是非必要资源等，这些是便于直接利用的企业内部资源，渠道经理应当作好统计，上报上层部门获得批准后进行资源汇总。资源比例的全局调整必须在企业上层部门的配合下进行，确保调整后的资源不影响各部门正常运作。同时，资源的整合往往都会带来财务数据的变动，所以必须同财务部门作好衔接配合，确保资源与财务同步变动。

第二，工作中的资源利用。当渠道成员的工作或发展无法满足企业需求，需要企业进行必要支持时，渠道经理通常可以运用三种方式调动企业内部资源。第一种是调动整合后的闲散资源，这是最容易调动的资源，且不会对企业内部运营造成影响；第二种是调动公共资源，如技术资源、信息资源、客户资源等，这类资源调动通常也不会对企业运营造成影响，但是需要企业其他部门的配合；第三种是紧急资源调动，当有紧急的渠道任务发生时，如果优先度高于企业内部的一些任务时，渠道经理可向上级申请其他部门的援助，以顺利应对渠道紧急任务。

第三，内部资源回收复位。对于可重复利用的内部资源，渠道经理应当负责安排在完全渠道工作后予以回收或复位，特别是从企业调动的紧急资源，更要加快复位速度，以免影响企业其他方面的运营。对于直接供应给经销商的资金和物资，则要规定偿还期限，让经销商按时归还。

渠道经理只有按以上三点开展企业内部资源的整合和利用工作，才能高效运用资源以完成渠道相关任务，同时不会造成资源的无谓浪费以及对企业运营的不良影响。

第48课

政府关系管理是企业营销坚强后盾

本课核心知识要点：

1. 政府关系管理的常见误区
2. 政府关系管理体系构建的原则和组织构架、模式
3. 政府关系管理体系的优化和提高
4. 渠道经理的政府关系管理修炼

“马亮，企业的外部资源和内部资源一样重要，在整合和利用企业内部资源的同时，千万不要忽略对企业外部政府关系资源的盘点和梳理。”包教授说道。

“企业政府关系资源？”马亮问道。

“对。企业政府关系资源是政府关系研究的内容，它虽不属于渠道管理的研究范畴，但是渠道工作者需要认真学习和研究，这是因为渠道管理的许多工作都离不开政府部门的支持，其中有直接支持，也有间接支持。”包教授讲解道，“直接支持主要指各类申请的审批以及与政府的联合行动等；间接支持则主要指各种法规政策的引导规范。”

“作好政府事务工作，可以使企业的渠道运营免受或减轻政策层面上的不利影响，使企业能够提前应对各类政策风险，加速渠道相关工作的开展效率，对渠道管理起到保驾护航的作用。只有将不同学科内容融会贯通，才可成就大的事业。”马亮深有感悟地说道。

“日常工作中常常会遇到许多政府关系管理方面的问题，我可以问问包教授吗?”马亮问道。

“那你把问题一个个地提出来，我们来进行讨论。”包教授高兴地答应了。

一场激烈的谈论就这样开始了。

政府关系管理中的常见误区

问：政府关系是不是“不正当竞争”的手段?搞定了个别政府官员，就可以大行其道，作为在市场竞争中成长起来的企业，我们对此现象很是反感，学习政府关系管理，将丧失企业的原则，不学习，又会损失市场?

答：政府关系管理决不是请客吃饭，金钱加美女；目前行业中的腐败现象，使得大家一提起政府关系就认为政府关系是腐败的根源。如果企业不提高对政府关系管理的正确认识，就会走入误区和死穴。

常见的错误认识有：认为政府公关就是请客吃饭；政府做事暗箱操作；政府官员常在水边走，鞋不可能不湿；有事找政府，无事不登三宝殿；政府关系就是和官员的个人关系；政府关系没什么用途；政府是为企业服务的机构；官员一人说了算；政府官员是铁打的营盘，流水的兵……；上述的错误认识使得人们通常会陷入政府关系的庸俗论、无用论、万能论、对立论。中国的传统文化讲求关系和面子，这是中国政府关系的特殊性，但是不能将人情、感情庸俗化，庸俗化的政府关系也许会取得一城一池，但是不会形成企业管理的竞争核力。

只有树立正确的认识理念才可以让政府关系管理在渠道管理中发挥作用。政府关系管理是一门公共关系管理的科学，有着科学体系、实践总结和理论基础。企业既不能忽视与政府官员关系的维系，更要重视与一级政府部门关系的维护，最高层次的政府关系应该是站在政府的角度，参政议政，帮助政府建立健康的公共规则。

政府关系是企业公共关系的一部分，企业无论大小、经营性质，在当前政府为主导的新政面前，都会与政府产生千丝万缕的联系。政府、政策从来没有像今天这样和企业的生产经营关联得如此紧密，“招标、目录”等有时成了企业一剑封喉的工作，成为企业营销的前提，危机处理的频率也越来越多，一旦处理不当，直接关乎企业的生存。

政府关系管理体系构建的原则

问：企业在构建政府关系管理体系中，对谁负责最终结果的问题陷入了争论。有人以为是政府事务部，有人认为是区域经理。在政府关系管理体系的构建中，界定部门和个人的职责有哪些原则？

答：构建企业的政府关系管理体系通常需要从战略化、系统化、区域化、全员化四个角度考虑（如图6－9）。

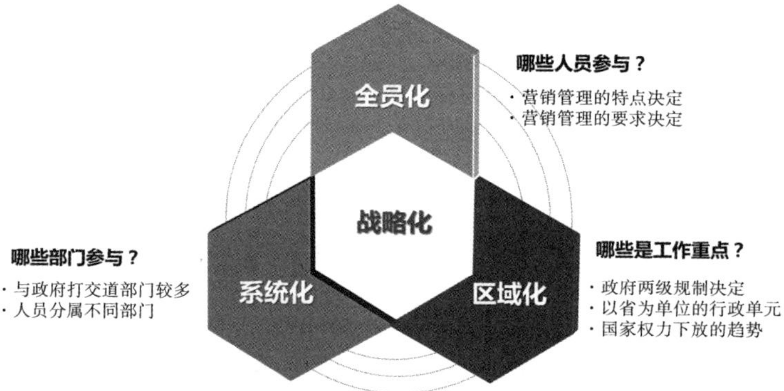

图6－9 SMOP 工具59——构建企业政府关系管理体系的四化原则

1. 政府关系管理战略化

由于企业对政府关系管理的认知不同，构建政府关系体系的企业可以分为三类：一是先知先觉者，成立了政府事务管理部，协助公司领导负责公司的相关工作；二是后知后觉者，在急剧变化的环境中，为了应对政府事务方面工作，临时成立一个机构进行处理，或不设部门，设立专人开展工作。三是不知不觉者，面对现状却无所作为，无从下手，等待天上掉馅饼类的奇迹发生。

之所以出现以上三种情况，是因为企业政府关系管理的战略高度不同。只有将政府关系管理上升为一种管理科学，一种助推行业健康发展的路径，一种实现营销生产力的保障等必不可少的战略，才能真正发挥管理的效能，成为企业公共关系中“环境应变力、文化制导力、资源整合力、形象影响力”的粘合剂，起到统领全局的作用。

2. 政府关系管理系统化

构建政府关系管理体系是一个系统工程，涵盖了企业经营管理的方方面面。现有企业的政府关系管理内容通常包括以下四个部分：一是与营销有关的资格准入，如招标、目录、物价等；二是与营销危机处理有关的公安、工商、飞行检查等；三是与产品有关的注册、立项、验证、实验等；四是与企业生产经营有关的建设、科研、认证、证照办理等。

目前企业中上述政府事务工作常会分布在营销、生产、研发、质量、办公室等多个部门中，由于工作分散，没有有效的整合和资源共享，效率低下。因此建立系统化的管理体系、成立专门部门、设定专门人员、进行整体规划，是各行各业通行的、最有效的做法。

系统化也表现在企业对政府关系的盘点要系统全面，对各级关系进行有目的、有计划的分析，并制定出执行方案。各级关系包括与官员的关系、与政府部门的关系、与中介的关系、与协会组织的关系、与媒体的关系、与竞争者的关系等。另外，系统化还表现在企业的工作分工要系统区分不同层级，明确不同层级人员的责权利，尤其是对于分公司、办事处管理体系的企业，需要专职或兼职负责整体、系统、区域的政府事务，按照企业统一部署开展工作。

3. 政府关系管理区域化

当前我国政府规制分为两级，一是中央，二是地方，为了贯彻十八大简政放权的思路，政府赋予省级较大的再次规制的权利，这势必使企业政府关系管理的重点走向中央和区域两级。因此，区域化的政府事务工作已经成为现阶段政府关系管理体系的一个新特征。

由于地方政策规制的差距往往很大，企业必须发挥区域经理的作用，使他们成为区域政府事务项目的第一责任人。明确区域经理的政府关系管理职责，如作好省级各种政府关系维护；收集市场信息、及时上报；提出区域政府关系策略和方案；进行企业形象、产品宣传；协调内外关系；运作区域政府事务项目等。

4. 政府关系管理全员化

在政府关系管理四个方面的工作中，参与者包括了企业的最高层到最基层的每个层级人员，因此政府关系管理体系具有全员性的特征。

企业的各个层级人员在政府事务的项目中是一个有机配合的整体，缺一不可，因此，企业必须树立全员化政府关系管理的理念，克服以前认为政府关系管理只是政府事务或市场准入部门、部分人员工作的错误认识，因此要从开展全员正确的公关意识培养入手，使全员熟练掌握政府事务项目的正确实施方法，提高与政府部门和官员打交道的技巧，正确地理解政策、运用政策，影响和改变政府的政策规制，方可战无不胜。

要实现政府公关管理全员化，企业的领导者认识到位最为关键。员工更愿意做领导要求的事，而不是正确地做事，这是一条管理的规则，如果领导不去进行全员化的要求，那么必将会出现政府关系管理被忽略的局面出现，这样会使管理大打折扣。

政府关系管理体系的结构和模式

问：理念决定实施的方法。如何用科学方法把握企业政府关系管理体系构建中的重点？企业政府关系管理体系的结构如何？有多少种模式？

答：按照我国政策规制的体系，政府、学者和大型医药企业往往是规制的参与者，中小型企业往往是被规制者，一般企业可能不能成为国家政策规制的参与者，但是可以成为省级、地市级、县级的参与者。企业需要具备的理念是不能坐等，不能顺势而为，而要做到顺势有为，才能领先一步。

分析现状目前企业政府关系管理体系，方法和重点可以概括为三个方面。

1. 资源整合、形成合力

每个企业，尤其是大型企业的政府资源可谓丰富，进行资源整合不仅是企业战略的要求，更是竞争的要求。企业需要将两级（国家、地方）的政府资源进行盘点，通过政府关系管理机构进行有效串联，搭建企业政府事务平台。

2. 重构体系、系统管理

建立政府事务平台，专门负责政府关系系统的建立和维护，指导、协助、服务于各分支机构，建立纵向管理系统，形成伞式结构，全国一盘棋。另外需要定期进行全国性或区域或系统的公关活动，树立统一形象，为分支机构搭桥铺路。建立健全各级政府、组织的沟通渠道。

3. 抓住重点、解决问题

政府关系管理的核心工作是项目管理，企业不同发展阶段需要确定不同的公关重点。如，通过对政府部门的公关，争取在各地的政策规制中制定出有利于本企业、产品未来发展的规则，寻找市场发展的机遇。

政府事务平台是企业运营管理的重要组成部分，是企业的第二生命线。企业在进行组织的变革时需要坚持“实用、效率”的原则。通常一个企业，政府事务平台包含于企业管理中的三个管理平台，一是决策管理平台，二是运营管理平台，三是项目管理平台（如图 6 - 10）。

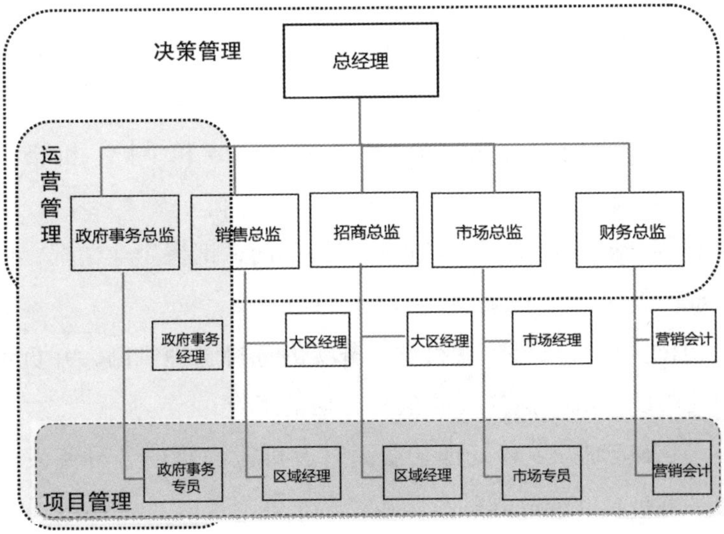

图 6 - 10　企业的三级管理平台——政府事务平台

从图 6－10 中可见，决策管理平台由企业的高级管理人员组成，负责企业各个系统的运营战略决策的制定；政府关系管理是企业运营管理中的一个子系统，负责企业该系统的运营规划和执行；项目管理平台是由具体的执行者组成，负责具体项目的操作。

此管理运营组织图既体现了政府关系管理在企业决策中的战略化，也体现了公司部门间衔接的系统化，同时还体现了政府关系管理的区域化和公司全员参与化的新特点。

政府事务平台通常由企业的政府事务部、市场准入部等负责，其工作的主要内容可概括如下：

（1）熟悉和掌握政府有关文件和各项政策、法规；

（2）组织和开展有关政策的调查，分析各种信息，制定和调整企业经营方针、策略；

（3）建立完善企业与政府有关主管部门的经常性信息交流和联系制度和流程；

（4）积极、主动地与运营有关的二级政府部门进行沟通，并协调和拓展这些关系；

（5）参加由政府部门组织的各种社会公益活动；

（6）及时了解政府部门对企业的意见和看法，听取政府部门对企业的评估和建议；

（7）与销售部门配合完成招标、目录的进入和维护、价格备案调整工作；

（8）作为新闻窗口或新闻发布的支持部门，把握企业情况，向外界提供企业信息；

（9）协助企业决策层建立科学、务实的危机管理机制，并负责日常危机信息的搜集以及危机预警（防范）方面的工作；

（10）具体应对并妥善处理企业随时有可能面临的各种突发性的危机事件，切实维护企业或品牌的社会声誉和良好形象。

分析国内企业状况，以政府事务部在企业组织结构中的地位不同可以划分为四种不同的组织模式：

第一种，总经理直接领导型。该模式由总经理直接负责政府事务部门管理，管理层级少，效率较高，是当前较为理想的一种方式。适用于大、中、小各类企业（如图6-11）。

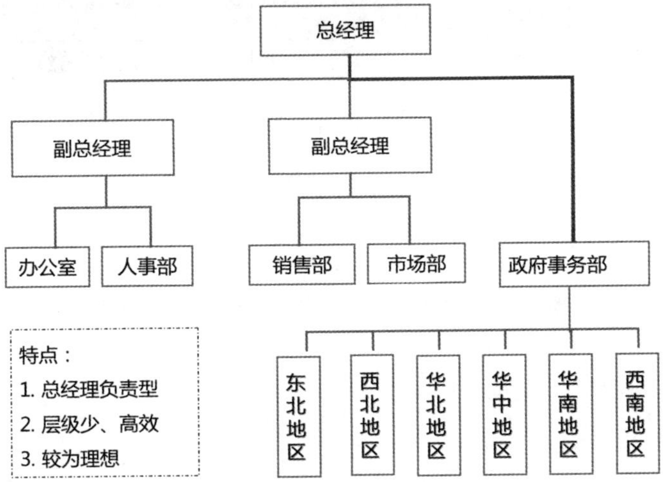

图6-11 政府关系管理组织结构——总经理直接领导型

第二种，部门平行型。该模式由公司的副总经理负责政府事务部门管理，部门与其他业务部门平行，效率相对较高，是目前大多数企业采用的模式。通常情况下，负责政府事务的副总经理，熟悉公司的整体状况，有较好的政府资源，与企业总经理的理念和思路相近，在公司具有特殊的地位。此模式易出现部门割据，推诿责任现象发生（如图6-12）。

第三种，部门隶属型。该模式下的政府事务部门通常隶属于企业的一个部门，如销售部、市场部、行政部或办公室。多以事务性工作为主，缺少整体规划和设计。由于层级较多，工作效率较低。从运营效果上看，此模式是一种不太理想的组织模式。该模式决定于企业领导人对政府关系管理的认识和重视程度（如图6-13）。

第四种，借用外力型。很多企业在当前形势下，采用利用专业公关公司的方式解决政府关系管理中的相关事宜。此模式相对目的直接明确，以

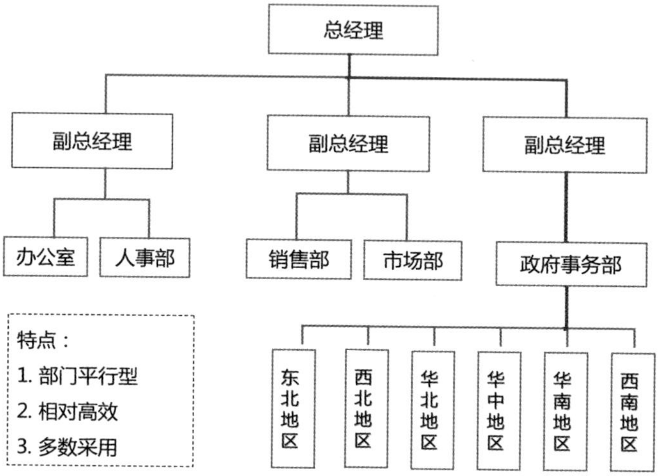

图 6－12　政府关系管理组织结构——部门平行型

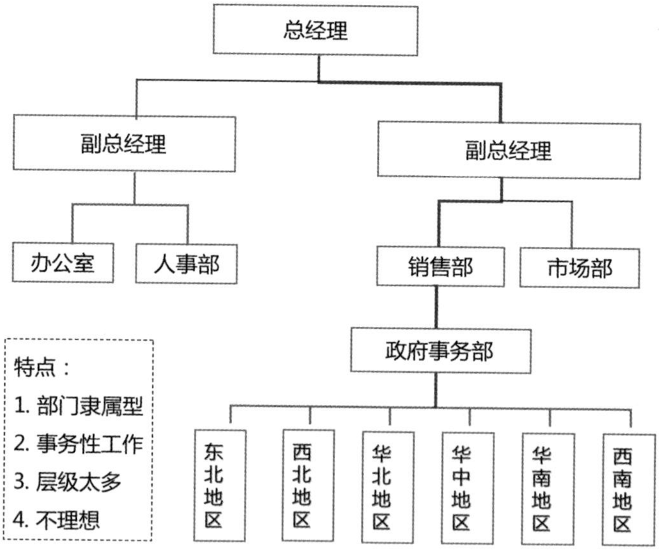

图 6－13　政府关系管理组织结构——部门隶属型

事对事，但缺少统一规划，公关公司对企业的整体状况不了解，难以形成稳定和可持续发展的管理体系（如图 6－14）。

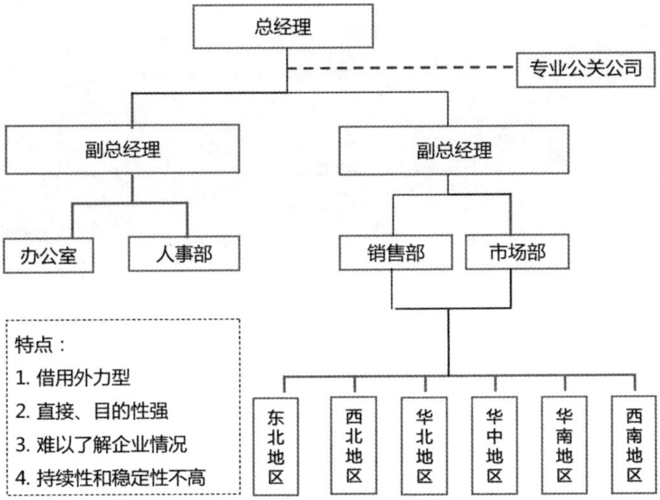

图 6 – 14　政府关系管理组织结构——借用外力型

从上述四种模式的特点、优势、劣势分析，不难看出不变的是企业的领导和具体的执行层面，而变化的是层级和管理的系统。不论企业采用的是哪一种模式或者是几种模式的综合，其目的都是为了配合企业组织体系的建设。组织结构是为企业的经营目标服务的，企业不论采用何种模式，都需要企业按照实际情况进行工作分解，建立与公司运营体系相适应的组织结构，只有适合的才是最好的。

政府关系管理体系的优化和提高

问：企业政府关系体系如何优化？在优化和提高中企业需要注意哪些问题？

答：任何管理体系的建立都需要具有系统化、流程化、明晰化、可操作化的特征。企业政府关系管理建立和优化模型（如图 6 – 15）可以帮助企业系统和规范地进行政府关系管理规划，做到将人的影响因素降到最低，提高和升华企业的管理水平。

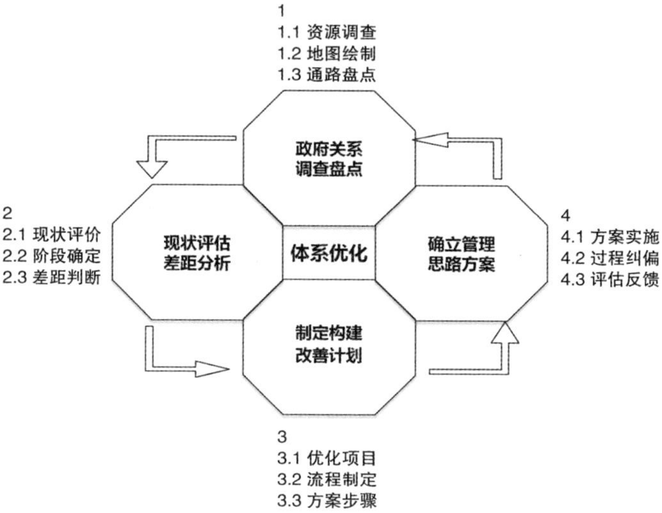

图 6－15　SMOP 工具 60——企业政府关系管理体系的优化模型

该模型包含四个管理模块，每个模块细分为三个关键步骤；共从十二个步骤对整体体系的建设和优化进行了设计。四个模块包括政府关系调研盘点、现状评估差距分析、制订构建改善计划、确立管理思路方案。

第一，企业要清晰自己政府关系的现状，明确哪些可为哪些不可为，对于可为之事必须纳入系统管理，不可为之事也需要进行客观评价，分析清楚与政府的沟通渠道，利用好直接沟通和间接沟通两条渠道，充分发挥协会和团体的作用，在心态上实现顺势而为到顺势有为的转变。

第二，在进行企业政府关系状况优劣势的判断上，要掌握基本的调整思路，区分正确的做事和做正确的事。由于政府关系管理是一个长期持久的工作，对政府的影响往往不能一蹴而就，因此，做正确的、适合新变化的事是企业的首选，而正确的做事可以次之考虑，如果不能分清楚这样两个概念，企业往往会陷入繁杂的工作中，降低企业的整体效率。

第三，建立模型的主导目的是为了对现有体系进行改善，因此，在改善计划中，要进行项目的优先排序，以项目管理的方式逐一将各个事项进行计划，避免眉毛胡子一把抓。

第四，政府关系管理关键在执行。体系是保障，人员是重点。企业的执行层面必须深刻理解企业的战略思想，具有一定的政府关系管理的理念和意识，能够对系统的执行提出不断的调整建议，使系统越来越完善。

渠道经理的政府关系管理修炼

问：如今的政府事务工作，已不再是割裂化、零散化的简单政府公关。随着企业间的渠道竞争上升到平台化的高度，政府事务工作的核心也向着战略化、系统化、全员化、区域化的方向发展和迈进。渠道经理应该如何提高政府事务的管理能力？

答：渠道经理要作好政府事务工作管理，可以从以下五个层面进行系统性修炼。

1. 思想上充分地重视

渠道中的政府事务工作，要在核心人物，即渠道经理的领导下开展，同时还需要企业上层部门的配合。渠道经理需要定义政府事务工作的使命，根据内外部环境设定政府事务工作的流程和要求，并最终付诸实施。政府事务工作是企业产品力、品牌力、创新力等关键能力的粘合剂和催化剂，是战略层面中不可或缺的一环。

2. 职责上充分地明确

渠道中政府事务工作的负责人应该是渠道经理，但是对于一些渠道覆盖度高的大企业，渠道经理难以独立完成所有政府事务工作，因此需要进行任务派分。一般情况下，各个区域的政府事务工作由该区域的销售负责人主持。政府事务工作的责任人职责及考核标准设定，应依照渠道规模和营销模式而定。

3. 客户网络充分地利用

作好政府公关工作，VIP 客户资源的管理是重要的实现方式之一。VIP 客户通常在当地具备一定的地位，拥有丰富的社会资源，并且形成了良好的关系网。这类客户能在企业进行政府公关中的流程、方式方法、政策、风险防范等方面都给出宝贵的建议和帮助。

4. 公关费用充分地把握

在政府事务工作的执行过程中必然会伴随公关费用的产生，而费用的管理也是一个难点。公关费用过少，工作处处受限、难以展开；公关费用过多，无疑会加重企业的财务负担。对于必要的支出，如政府公益活动支持、节假日的沟通交往、差旅费等，必须予以保障，同时应尽可能优先借助企业内部资源完成。

5. 执行中充分地信息化

信息化管理会在企业内部管理中不断扩大应用范围，政府事务工作同样需要信息化管理。政府事务负责人需要加快信息收集，及时向上级传递。通过信息情报系统，充分利用情报价值，进行准确分析、评估、分类，并确定优先级别，让企业领导者能及时、准确地了解行业内的政策风险及机遇。

如今的政府事务工作对于渠道管理来说，是一项不可或缺的系统性工作，因此也需要渠道经理运用系统性管理手段予以统筹规划。

本章小结

本章节从做最好的渠道经理角度论述了渠道经理的素质能力要求、客户拜访和商务谈判要求、如何打造有战斗力的团队和政府关系管理，突出了渠道经理必须有卓远的心志方可成大事。核心内容如下：

1. 渠道经理从合格到优秀需要具备基础胜任能力和专业胜任能力，共包括八个方面，即沟通表达能力、逻辑分析能力、协调推进能力、市场信息分析能力、产品技术知识能力、渠道规划建设能力、渠道管理支持能力和营销策划实施能力。不同的阶段，渠道经理需要具备不同的素质和知识，可以帮助渠道经理学习提升。

2. 渠道经理的拜访可以分为拜访前、拜访中和拜访后三个阶段；做到“三准备、三必谈、三必到”，实现整体拜访效率最优化。商务谈判需要培养谈判的技巧，了解谈判的类型和应对策略。

3. 渠道营销团队要具有战斗力：需要建立良好的战斗力评价系统。在渠道团队战斗力指标的构建中，可以参考以下七个要素：是否有优秀的领军人物，是否有高素质的员工，是否有严格科学的业务规划，是否有细化的业务管理体系，是否有符合实际的操作流程，对团队是否建立了激励性的业绩考核，团队是否有良好的职业心态等。

4. 政府关系管理是渠道经理能力提升中功夫以外的功夫。政府关系管理是一门公共关系管理的科学。企业与政府的关系包括三个层级：一是与政府官员关系，二是与一级政府部门的关系，三是站在政府的角度，参政议政，帮助政府建立健康的公共规则。

5. 构建企业的政府关系管理体系通常需要从战略化、系统化、区域化、全员化四个角度考虑。

6. 政府关系管理模型包含四个管理模块，包括政府关系调研盘点、现状评估差距分析、制订构建改善计划、确立管理思路方案。每个模块细分为三个关键步骤，从十二个步骤对整体体系的建设和优化进行了设计。

后　记

马亮未完成的课程

就像与时间赛跑，一年时间飞快地过去。

今天的马亮已经不是年初那个稚嫩的马亮了，在老板、同事、客户眼里，他俨然已经成为一个职业的渠道经理。

在新年到来之际，马亮带着自己获得的荣誉证书，来到了包教授家。

为了庆祝马亮这一年取得的成绩，包教授特意打开一瓶珍藏多年的红葡萄酒。两人边饮边聊。

在这一年时间里，马亮从对渠道一无所知到成为行家里手的蜕变，他付出了巨大的努力，但是回想起来才发现，正如一位朋友所讲“涉过无数水，过去就是浅滩；只要选择了终点，无论中间多难，回头看，都是一马平川”。

虽然他为自己这一年中取得的各项成绩感到欣慰，但深知自己最大的收获并不是所取得的成绩、赢得的赞誉，而是结识了包教授这位良师益友。在他看来，包教授的课为他打开了一扇新的大门，简直就是智慧的结晶，赋予了自己无限的成长空间。

“渠道微积分的课程在这一年的学习和实践中，全部内容都讲完了。马亮，你能把这门课程作一个简要的梳理总结吗?”包教授问道。

马亮默默地思考了一会，课程中的每一个工具和图表一一在他脑海中闪现。

他站起来答道：“我们共学习了六个部分的内容，首先了解了现代渠道及渠道管理的基础知识，包括供应链理论、现代物流、营销竞争、渠道管理误区等，提出了渠道微积分的概念和结构；然后，我们对渠道微积分中的渠道结构管理、渠道成员管理、渠道运营管理和渠道绩效管理进行了学习；后来我们又针对如何成为一名卓越的渠道经理进行了学习。”

包教授点了点头，说：“不错，总结得很精炼，也很清晰。看来你是把老师讲述的内容已经转化为自己心中的知识了。只有这样才能够灵活运用，融会贯通。这就是学习的真谛。”

马亮深深地向包教授鞠了一躬，说道：“包教授，承蒙您这段时间的无私教导，您的大恩情学生记在心里，日后……”包教授伸出手，示意马亮不必再说下去了。

“你对我最好的回报就是将我传授给你的知识在工作中充分应用，并通过你自己的智慧不断优化。还要把你的所学像我帮助你一样帮助周围的人，帮助别人成功，也是我们每个人的成功。”

只见包教授拿出纸笔，边写边说：“渠道微积分的课程学完了，但是你职业发展的课程才刚刚开始，需要你学习的东西还很多，请记住功夫永远在功夫之外。我希望你能够不断地学习，不断进步；周期性地检讨自己，且实时地提醒自己。”

包教授将手中的纸递给马亮。马亮一看，内容如下：

我现在的状态	我理想中的渠道经理
我所收获的知识点	工作应改善的行动计划

“希望你新年里能将这个表中的内容填写完毕，并真正朝着自己的理想、按照自己的行动计划去践行，实现职业生涯的完善之旅。”包教授语重心长地说。

马亮坚定地点了点头，用眼神向包教授传递了自己的信念和信心。

“干杯!”两人一饮而尽。

马亮十分清楚，这来之不易的学习仅仅是一个开始。作为一名渠道经理，他未来的路上将充满更多的挑战，需要他不断地学习，用自己的知识和智慧不断克服!